KB071210

리모트
워크
레볼루션

나는 일에 관해 이야기할 때 신뢰의 중요성을 자주 언급한다. 직원들에게 신뢰를 얻고, 고객과 신뢰를 쌓아야 한다고 말이다. 이 책은 디지털 환경에서 사람들 사이에 신뢰와 유대감을 형성하고 유지하는 방법에 대한 청사진을 제시한다.

　-에릭 유안Eric S. Yuan, 줌Zoom 창립자이자 CEO

세달 닐리는 거의 20년 동안의 조사를 바탕으로, 코로나19 이후 시대의 일터에서 생산적이고 즐거운 가상의 루틴을 만드는 방법에 관해 중요한 답을 제시한다. 우리는 코로나19 이전에 일하던 방식으로 돌아가기는 어렵다. 이 책을 읽고 현재의 팬데믹이 불러올 또 다른 세상을 준비하길 바란다.

　-래리 컬프Larry Culp, 제너럴일렉트릭GE, General Electric CEO

어느 때보다 시의적절한 책을 누구보다 적합한 사람이 썼다. 닐리는 팀 커뮤니케이션에 대한 지식뿐만 아니라 사무실 바로 옆자리 또는 먼 거리에서 팀을 이끄는 최고의 방법에 대해서도 조예가 깊다. 그녀가 제시하는 생생한 사례와 통찰력 있는 해석은 공감과 다양성이 점점 중요해지고 있다는 것을 잘 보여준다. 원격 근무 환경에서 부딪히는 생산성 문제에 대한 그녀의 해결책은 미래의 일터에서 꼭 필요한 지침이 되어줄 것이다.

-로자베스 모스 캔터Rosabeth Moss Kanter, 하버드대학교 경영대학원 교수이자 베스트셀러 《자신감Confidence》, 《조직 밖에서 사고하기Think Outside the Building》의 저자

경제계뿐만 아니라 모든 사람들이 원격 근무가 우리의 미래에 어떤 영향을 미치고, 민간단체와 공공단체는 이러한 업무 환경에 어떻게 적응해야 하는지 궁금해하고 있다. 때맞춰 탄탄하게 입증된 연구를 바탕으로 닐리는 원거리에서 팀을 관리할 때 필요한 리더십과 분산된 팀이 생산성을 높이는 데 필요한 도구와 방법론은 무엇인지 적절한 답변을 전한다. 또한 신뢰와 정서적 교감이라는 심리적으로 중요한 요소를 팀원들 사이에 어떻게 형성할 수 있는지 적절한 지침을 알려준다. 현재 우리는 원격 근무로 인한 결과가 어떻게 펼쳐질지 알 수 없지만, 조직의 진화와 가장 선순환적인 경영 모델을 운영하려 한다면 닐리의 책을 읽어야만 한다.

-비토리오 콜라오Vittorio Colao, 보다폰Vodafone Group 전 CEO

닐리는 새롭고 세계적인 가상 일터에서 마주한 과제를 받아들이고, 그 기회를 활용하는 방법이 담긴 우리에게 정말 필요한 책을 선사해주었다. 이 책은 계속 새롭게 정의되는 세상에서 뛰어난 성과를 내고 싶은 사람이라면 누구나 읽어야 할 책이다.

　　-리사 스키트 테이텀^{Lisa Skeete Tatum}, 랜딧^{Landit} 창립자이자 CEO

이 책은 다양한 사례와 연구에서 얻은 통찰력을 바탕으로 분산된 팀과 서로 다른 시간대에 일하는 팀원들 사이에 신뢰와 포용의 문화를 만들고 이끄는 방법을 자세하게 설명한다. 서로 떨어져 있는 상황에서 진정한 협업을 이루기 위해 무엇이 필요한지를 알려주는 책이다. 닐리는 디지털 도구를 포함하여 사회적 신호와 맥락의 중요성 등 다양한 요소를 아울러 모든 조직이 난관을 이겨내고 잠재력을 충분히 발휘하는 데 필요한 가이드를 완성했다.

　　-에릭 리스^{Eric Ries}, 장기증권거래소^{LTSE} CEO이자 《린 스타트업^{The Lean Startup}》,《스타트업처럼 혁신하라^{The Startup Way}》의 저자

갑자기 비즈니스 세상이 완전히 바뀌었다. 원격 근무 형태가 많은 산업에서 피할 수 없는 일인 만큼, 특히 가상 환경에서 인력을 관리하며 겪는 이점과 과제를 다루는 팀장들은 이 책을 반드시 읽어야 한다.

　　-리즈 청^{Liz Cheng}, GBH와 월드채널^{WORLD Channel}의 TV 부문 제너럴 매니저

장기적 전략이든, 팬데믹으로 인해 어쩔 수 없이 하게 된 일이든, 원격 근무 프로그램이 성공하려면 체계적인 접근법이 필요하다. 이 책은 가상 환경에서도 팀이 응집력과 생산성을 발휘할 수 있도록 신뢰와 통합의 기틀을 마련하는 최적화된 프레임워크와 실질적인 행동 지침을 담고 있다. 수년 동안 실제 사례를 연구하여 도출된 이 책의 중요한 가르침을 얼마나 잘 따르느냐에 따라 조직이 새로운 시대에 그저 생존만 할 것인지, 완벽히 적응하여 성공할 것인지가 결정될 것이다.

-데이비드 지운타David L. Giunta, 미국 나티시스인베스트먼트매니저스 Natixis Investment Managers 회장이자 CEO

세일즈를 하든 제조업에 몸담든 회계 업무를 보든, 작은 조직에 있든 큰 조직에 있든, 회사, 학교, 병원, 정부기관 어디서 근무하든, 어느 나라에 살든, 성공하고 싶은 현대 사회의 관리자라면 이 책을 꼭 읽어야 한다.

-모튼 한센Morten T. Hansen, UC버클리UC Berkeley 교수이자《아웃퍼포머Great at Work》,《협업Collaboration》의 저자,《위대한 기업의 선택Great by Choice》의 공저자

원격 근무,
일하는 방식의 새로운 표준이 되다

2020년 초, 어느 미세한 입자가 하루아침에 전 세계의 노동인구를 원격 근무자로 바꿔 놓았다. 코로나19의 출현으로 중국, 카타르, 인도, 호주, 브라질, 나이지리아 등지의 전 세계 근로자들이 사무실에 있는 짐을 챙겨 자신의 집에 새로운 일터를 마련했다. 줌, 마이크로소프트 팀즈Microsoft Teams, 구글 챗Google Chat, 슬랙Slack과 같은 디지털 협업 도구는 유용한 보조 수단에서 이제는 동료들과의 일상적인 상호작용을 가능케 하는 주요한 업무 수단이 되었다.

이런 급속한 변화는 전례 없는 현상이지만, 원격 근무Remote Work 자체는 새로운 것이 아니다. 미국 내 기업과 글로벌 기업에서 가상 업무 방식을 도입한 지는 30년 가까이 되었기 때문이다. 당연하게도 원격 근무로 인한 기회를 가장 먼저 발견한 곳은 기술 기업이었다. 유명한 기술 기업인 시스코Cisco는 1993년 실리콘밸리에 체계적인 원격 근무 프로그램을 가장 먼저 도입한 기업 중 하나다. 시스코의 직원들은 광대역 기술을 이용해 어느 지역에서나 본사와 소통하며 재택근무를 하거나 유연근무제를 시행했다. 시스코는 2003년도에 1억 9,500만 달러를 절약했을 뿐만 아니라 직원들의 생산성이 향상되었고, 기업의 이 모든 변화는 어느 정도 원격 근무 덕분이라고 발표했다. 또한 1990년대 말, 스타트업에서 벗어나기 시작한 썬마이크로시스템즈Sun Microsystems는 글로벌 확장 전략의 일환으로 직원의 35퍼센트를 가상 업무 프로그램에 참여시켰다. 그로부터 10년이 채 지나지 않아, 이 기업은 캘리포니아에 위치한 (약 7만 3,000평 규모의) 사무실 유지비용을 15퍼센트 줄여 5억 달러를 절약했다. 동시에 지리적으로 팀을 분산시켜 운영하면서 현지의 시장 접근성도 높였다.

그 무렵부터 원격 근무를 통한 글로벌 협업이 놀라운 속도로 성장하기 시작했다. 기술 기업의 최첨단 업무 방식으로 시작했던 원격 근무는 이제 거의 모든 산업 분야에서 필수적인 요소가 되었다. 2000년에서 2015년 사이에 미국의 다국적 기업들은 국내 인력을 430만 명 고용한 데 비해 해외 인력은 620만 명 고용했다. 이것은 미국의 본사와 소통하기 위해 디지털 기술이 필요한 사람들이 수백만 명이나 증가한 것뿐만 아니라, 몇 킬로미터나 떨어진 집에서 재택근무를 하는 국내 직원 또한 수백만 명이나 된다는 것을 의미한다. 맥킨지글로벌인스티튜트McKinsey Global Institute는 2030년에는 전 세계 노동인구가 35억 명에 이를 것이라고 예측했다. 원격 근무는 점차 일반적인 업무 형태로 자리 잡고 있다. 우리의 미래는 원격 근무에 있다.

그러나 이런 추세나 예측 가운데 어떤 것도 몇 주 만에 거의 모든 기업을 원격 근무로 전환하게 만든 팬데믹을 설명하지는 못했다. 좀처럼 오지 않던 원격 근무 혁명은 갑작스럽게 등장한 심각한 코로나바이러스로 인해 가속화되었다. 기업은 새로운 가상 인력을 수용하기 위해 클라우드, 저장소, 사이버 보안, 기기 및 도구 등을 빠르게 디지털화하고 있다. 당신도 이 거대한 변화의 물결에 몸을 싣고 있을 것이다.

원격 근무가 가져올 기회를 어느 정도 경험한 만큼, 일부 기업들은 원격 근무를 하나의 일상적인 업무 형태로 영구적으로 유지할 것으로 보인다. 2020년 4월 가트너^{Gartner group}에서 실시한 설문조사에 따르면, 기업 317곳 중 74퍼센트가 코로나19 이후에도 원격 근무를 더욱 확장해 무기한으로 지속할 계획이라고 대답했다.

그 변화에 점진적으로 대응하고 있는 페이스북^{Facebook}(현 메타 ^{Meta Platforms})은 10년 이내에 전체 직원의 절반 정도를 재택근무자로 전환할 계획이다. 스톡홀름에 본사를 둔 패션 브랜드 CDLP는 조직 개편을 통해 전 세계적으로 50퍼센트의 원격 근무자를 배치할 계획이다. 트레이더들이 재택근무를 실시한 후 생산성이 세 배나 향상된 것을 경험한 JP모건체이스^{JPMorgan Chase}는 원격 근무 인력을 영구적으로 유지하는 방안을 고려 중이라고 밝혔다. 반면에 스위스 금융 그룹 UBS는 이미 직원의 3분의 1을 원격 근무로 운영할 것을 영구적으로 허용한다고 발표했다. 유럽에서 두 번째 규모의 자동차 제조 기업인 그루프PSA^{Groupe PSA}는 '새로운 민첩성 시대'라는 슬로건을 선포하며 비생산직 부문 직원의 경우 원격 근무로 전환하는 제도를 도입했다. 인터넷 기업인 박스^{Box}는 팬데믹 이후에도 전체 인력의 15퍼센트 이상은 풀타임으로 원격 근무를 지속할 계획이다. 마찬가지로 암호 화폐 거래소인 코인베이스^{Coinbase}는 코로나19로 인한 제한이 풀린 후에도 원격 근무를 하는 직원이 전체의 20~60퍼센트가 될 것이고 점차 그 수를 늘려가겠다고 발표했으며, 앞으로 '원격 근무 우선' 기업이 될 것이라고 선언했다. 뉴욕의 닐슨리서치^{Nielsen Research}는 약 3,000명의 직원을 대상으로 근무일 대부분을 재택근무로 전환하겠다고 밝혔다. 네이션와이드 보험회사^{Nationwide Insurance}는 코로나19 봉쇄령 기간 동안 운영비용을 절감했을 뿐만 아니라 직원의 성과에도 아무런 지장이 없다는 것을 확인한 후, 20개 지사 중 16곳의 직원들을 원격 근무자로 전환하겠다고 발표했다. 타타컨설턴시서비스^{Tata Consultancy Services}의 경우는 2025년까지 직원의 약 75퍼센트를 원격 근무로 배치하겠다고 발표했다. 인도의 다국적 기업들도 이 흐름에 합류하고 있다. 팬데믹 후에도 인포시스^{Infosys}는 직원의 35~50퍼센트를, HCL테크놀로지스^{HCL Technologies}는 직원의 약 50퍼센트를 대상으로 원격 근무를 실시하겠다고 밝혔다. 이와 같은 변화의 사례는 여기서 그치지 않는다.

트위터^{Twitter}와 스퀘어^{Square}의 CEO인 잭 도시^{Jack Dorsey}는 시

간제나 일시적인 원격 근무가 아니라 직원들에게 '영구적으로' 재택근무를 할 수 있는 선택권을 제공하는 대담한 행보를 보였다. 슬랙과 쇼피파이Shopify 등 다른 기업들도 대다수 직원에게 무기한 원격 근무를 확장하겠다고 발표하며 이 흐름에 동참했다. 떠오르는 신생 기업인 컬드삭Culdesac은 한 걸음 더 나아가 샌프란시스코 지사를 아예 전면적인 원격 근무 형태로 전환해 사무실 없는 '홈리스' 유목 문화를 새롭게 만들어가겠다고 발표했다. 지금까지 예로 든 기업들 외에도 많은 기업이 이런 변화를 따를 것이라고 생각한다.

이미 알아챘겠지만, 원격 근무에 이점이 많다는 데는 의심의 여지가 없다. 먼저, 출퇴근에 드는 시간이 사라질 것이다. 기업의 운영비용을 대폭 줄일 수 있고, 막대한 출장 경비도 더는 필요하지 않다. 거주 중인 나라나 도시에서 다른 지역으로 옮길 수 있는지 고려하지 않고 직원을 고용하는 일이 가능해져, 직원들의 해외 이동 제한에 따른 문제도 해결된다. 이런 흐름은 일부 지역의 천문학적 단위의 사무실 임대비용을 현저히 감소시켜 경기 침체에 반가운 해결책이 될 수 있다. 마찬가지로 지방과 대도시 간의 빈부 격차와 같은 사회 문제를 해소하고, 기업의 입장에서는 새로운 인력 풀을 형성하는 기회를 마련할 수 있다. 기업이 출산 휴가와 관련하여 유연 근무제도를 도입하면서 원격 근무를 수용한다면 조직 내 성별 격차도 줄일 수 있을 것이다. 또한 가스 배출이 감소하여 환경적인 지속 가능성에 주목할 만한 영향을 끼칠 것이다.

그러나 전 세계의 근로자와 리더에게 준비되지 않은 원격 근무는 시원한 해법이 돼주지 못한다. 원격 근무 자체가 만병통치약은 아니라는 말이다. 실제로 당신은 가상 근무가 본질적으로 지닌 많은 어려움 중에 일부 혹은 여러 문제를 경험했을 수도 있다. 고립되고, 화합이 잘되지 않고, 동떨어진 기분을 느끼는 것은 비단 당신만이 아니다. 정기적으로 동료들과 대면 접촉을 하지 않는 기간이 늘어날수록 유대감과 신뢰, 방향성에 대한 의문이 점점 더 커지고 심화된다. 팀이 화상회의로 인한 피로감을 경험하고 있다면 커뮤니케이션에 가장 좋은 도구가 무엇인지에 대한 고민이 커지기 마련이다. 많은 사람들과 마찬가지로 당신이 가장 우선적으로 해결해야 할 문제는, 재택근무 환경에서 시간을 효율적으로 활용하고 집중력을 높일 수 있도록 업무를 조직화하는 방법을 찾는 것이다. 민첩하게 움직여야 하는 애자일 팀Agile teams이라면 지리적 근접성에 의존하는 기존의 밀접한 협업 방식을 분산된 환경에서도 제대로 작동할 수 있도록 업무 프로세스를 전환해야 한다.

리더의 경우 직원들에게 동기 부여를 하고 생산성을 유지하는 동시에 먼 곳에서 진행 상황을 모니터링하는 방법을 찾는 것이 걱정거리이다. 글로벌 팀워크는 다양한 지역과 문화를 아울러야 하기에, 어떻게 원격 근무자들이 국경을 초월해 효과적으로 업무에 참여하고 협업할 수 있을지에 대한 고민이 커질 수밖에 없다. 무엇보다 전 세계가 밀접하게 연결된 오늘날 리더십이란 세계를 아우르는 능력이라는 것이 코로나19로 인해 극명하게 드러났다. 따라서 세계적인 사건에 어떻게 대비하고 발 빠르게 대처할 것인가에 대한 연구는 원격 근무 혁명에서 핵심적인 부분이다.

《리모트워크 레볼루션》은 입증된 자료를 기반으로 시급한 문제에 대한 해결책을 제시하고, 팀원들과 함께 모범 사례를 익히고 적용하는 방법을 알려주는 실질적인 가이드를 제공한다. 이 책에 담긴 축적된 지식과 기술은 팀과 리더에게 기존의 업무 루틴을 깨고, 개인과 팀, 조직 전체에 이득이 되는 행동을 구체화하여 활용할 수 있도록 도와준다. 원격 근무에서 발생하는 문제를 생생한 사례를 들어 설명하면서, 팀과 리더가 조직 내에서 최고 수준에 오르기 위해 앞으로 해결해야 할 과제가 무엇인지 보여준다. 이 책의 각 장은 원격 근무를 성공적으로 운영하기 위해 꼭 필요한 심리학, 사회학, 과학기술 분야의 선두적인 전문가들의 연구를 바탕으로 얻은 결과물이다.

나는 거의 20년 동안 원격 근무와 글로벌 조직을 깊이 연구해 왔다. 하버드대학교 경영대학원의 교수로서, 그리고 이전에는 스탠퍼드대학교에서 박사 과정을 밟으며 프랑스, 독일, 일본, 미국에 본사를 둔 기업은 물론 호주, 브라질, 칠레, 중국, 프랑스, 독일, 인도, 인도네시아, 이탈리아, 한국, 일본, 멕시코, 러시아, 싱가포르, 스페인, 대만, 태국, 영국, 미국 지사에 분산된 팀과 글로벌 조직 수천 곳을 대상으로 연구하고 컨설팅을 하며, 고문으로 참여하고, 사례 연구 보고서를 작성하고, 학생들을 가르쳤다. 그러나 이 경험을 통해 질문에 답을 찾는 것만으로는 충분하지 않다는 것을 깨달았다. 실제로 원격 근무에 대한 책과 기사가 넘쳐남에도 질문이 끊이지 않고 있다. 단순히 그 정보나 해답을 제공하는 것만으로는 핵심 아이디어를 적용하는 데에도, 행동을 영원히 변화시키는 데에도 도움이 되지 않는다는 뜻이다. 사람들은 일상으로 복귀하면 쉽게 예전의 루틴으로 돌아가고, 자신의 팀이 긴밀하게 협업하지 못하는 데 의문을 품고 좌절감을 느낀다.

그 때문에 나는 이 책의 내용과 구성 모두 원격 팀원과 리더가 유대감을 형성하고 함께 성장하는 데 필요한 실무적인 내용을 직접적으로 다루는 데 초점을 맞췄다. 컨설팅과 고문으로 일한 경력을 바탕으로 내린 결론은, 분산된 팀이 지속적인 성공을 달성하기 위해 갖춰야 할 가치와 규범, 행동을 내면화하는 가장 좋은 방법은 업무 루틴과 자연스럽게 동기화되는 시의적절한 콘텐츠를 제시해야 한다는 것이었다. 리더가 이 책에서 다루는 주요 내용을 팀에 적용하여 팀원들이 원격 근무의 성공 요인에 집중하도록 만든다면 더할 나위 없이 이상적일 것이다. 그렇게 시간이 지나고 통찰력이 쌓이면 당신과 팀원들은 가상 팀워크 역량을 키우고 이전에는 불가능했던 결과를 도출하게 될 것이다. 이 책의 일부 또는 전체를 살펴보고 적용한다면, 모든 팀원에게 자신의 조직에 맞는 공통의 언어와 업무 수행 방식을 제시할 수 있을 것이다.

새로운 통찰력이 효과적으로 뿌리내리도록 이 책의 마지막에는 각 장에 소개된 다양한 실행 방안을 간략하게 정리한 실천 가이드 action guide를 수록했다. 헬스장에서 몸을 단련하듯, 배운 것을 되짚어 본다면 관련 방안에 대한 기억력을 발휘하는 데 도움이 될 뿐만 아니라 그 과정에서 팀의 유대감을 높일 수 있다. 하나씩 복습해 나가면서 당신과 팀원의 정보를 대입한다면, 한 번 읽고 사라져버리는 것이 아니라 당신의 머릿속에 영원히 새겨질 것이다. 복습 활동을 통해 독자는 배운 것을 단계적으로 다시 떠올리고, 기술하고, 분석하고, 모범 사례를 자신의 팀에 적용하는 법을 알게 될 것이다.

코로나19가 일으킨 격변적이고도 전 세계적인 원격 근무로의 이행이 막바지에 이르렀을 수도 있지만, 사실 이 책은 오랜 준비 끝에 탄생했다. 이 책에 축적된 통찰력과 지침은 빠른 출간을 위해 성급하게 만들어낼 수 없는 것이고, 일시적인 미봉책도 아니다. 신뢰, 생산성, 디지털 도구, 리더십, 그리고 성공까지 아우르는 행동 지침과 모범 사례는 수년에 걸쳐 개발된 것이다. 그중 몇몇 전략은 적용하기 어렵다고 느낄 수도 있지만, 그럴 때는 당신과 동료들이 매우 중요하고 오래 지속될 기초를 다지고 있다고 생각하길 바란다. 100퍼센트 원격인 세상이 오지는 않을 것이다. 대신 가상의 분산된 글로벌 업무 형태가 근로 제도에 큰 부분을 차지할 것이고, 이러한 변화는 우리의 이력, 역량, 성과를 확장시켜 여러분 자신과 조직을 지금보다 훨씬 더 강하게 만들어줄 것이 분명하다.

목차

7장
비대면 리더십
원격 근무 팀을 이끌 때 중요한 것은 무엇일까?

8장
글로벌 위기
글로벌 위기에 팀을 어떻게 대비시킬 수 있을까?

1장
론치와 리론치

당신의 원격 근무 팀은
재평가 시간을 갖고 있는가?

CHAPTER 1:
How Can We (Re)Launch to Thrive in Remote Work?

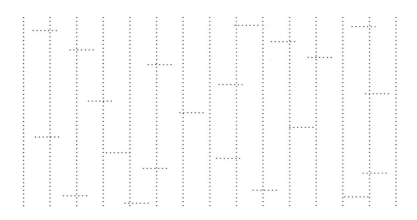

　　헤드셋을 통해 들리는 고객의 이야기를 들으며 제임스는 홈 오피스 의자에 몸을 깊숙이 기대었다. "당신이 내 아이들의 미래를 망쳐놨어요." 고객인 클리프의 목소리에는 분노만큼이나 큰 실망감이 잔뜩 묻어 있었다. "그 집을 사려고 수년 동안이나 어렵게 돈을 모았다고요. 어떻게 이런 일이 벌어지게 내버려뒀습니까? 당신을 믿었고, 내가 할 수 있는 모든 것을 했다고요."

　　제임스는 아무 말도 할 수 없었다. 미국에서 가장 빠르게 성장하고 있는 주거용 부동산 기업에서 일하는 그는 클리프의 말이 전부 옳다는 것을 알고 있었다. 제임스는 클리프 가족의 내 집 마련이라는 꿈을 이뤄줄 수 있을 것이라고 확신했지만, 이제는 고객의 신뢰를 저버렸다는 사실을 깨닫고 후회와 죄책감으로 깊은 무력감에 사로잡혔다. "죄송합니다. 정말 죄송합니다." 제임스가 할 수 있는 말은 그뿐이었다. 클리프처럼 첫 내 집 마련을 위해 노력하는 모범적인 고객에게서 제임스는 일의 보람을 느꼈다. 하지만 지금은 그 어떤 사과로도 그의 팀이 저지른 실수를 만회할 수 없었다. 통화를 마친 후, 제임스는 의자에 몸을 푹 기대고 무엇이 잘못되었던 것인지 고민에 빠졌다.

제임스는 클리프와 처음 나누었던 대화를 기억하고 있었다. 역시 전화 통화였다. 클리프는 휴가 한 번 제대로 가지 않고 지금껏 힘들게 번 돈을 열심히 저축했다고 말했었다. 그 후 몇 주 동안 클리프는 캘리포니아의 비싸고 경쟁이 심한 부동산 시장에서 아내와 세 아이가 쓸 충분한 공간과 학군까지 고려한 제대로 된 집을 찾기 위해 노력했다. 그의 꼼꼼하고 결단력 있는 모습을 보며 제임스는 깊은 감명을 받기까지 했다. 클리프는 필요한 신청서와 각종 증명서도 재빠르게 준비해 제출했다. 제임스가 주택담보대출 승인이 났다는 소식을 전하자, 클리프는 얼마나 기뻐했던가! 클리프는 제임스가 봐왔던 번번이 불평만 해대는 고객과는 달랐다. 약속보다 대출 심사가 느리게 진행되었을 때조차 클리프는 참을성 있게 기다렸다. 당시 제임스는 클리프에게 안심할 수 있는 좋은 소식을 전해줄 수 있어서 기뻤다. "고정금리로 대출을 받을 수 있게 되었어요. 조속히 처리하겠습니다. 상황이 좋아 보여요. 계약을 마무리해야 하니 다음 주에 전화 드릴게요."

"정말 기대되는군요. 벌써 집 열쇠가 손안에 들어온 것 같아요." 클리프는 이렇게 말했다.

부동산은 변수가 많은 시장이다. 그 통화 이후, 제임스가 클리프의 대출 신청 건을 맡겼던 원격 팀의 상황이 완전히 바뀌었다. 금리 변동으로 인해 기회를 잡으려는 사람들이 몰려 대출 신청이 급작스럽게 늘어났기 때문이다. 제임스와 그의 팀에게 고객들의 문의가 빗발쳤다. 안타깝게도 그들은 갑자기 바빠진 업무에 고객에게 수동적으로 대응했다.

일주일이 지나고, 또 한 주가 지났다. 클리프는 일이 어떻게 진행되는지 알고 싶어서 다시 전화를 걸었다. "대출 받고 계약을 마무리하려고 팀 전체가 애쓰고 있습니다." 제임스는 이렇게 설명했다. 그는 클리프를 안심시키려고 어조에 신경 쓰며 "내부적으로 서류 작업을 마치는 대로 문자 드리겠습니다"라고 말했다. 제임스는 클리프의 대출 진행을 맡은 팀원과 이야기를 나눈 지 얼마나 오래되었고, 다들 정신없이 바빴다는 말을 하지 않았다.

그 전화를 끝으로 오늘 처음 통화한 것이기에, 제임스의 심장은 철렁 내려앉았다. 게다가 클리프는 예상치 못하게 수입이 줄었다는 소식을 전했다. 정리해고를 피하고자, 그의 회사에서 클리프의 직급을 대상으로 25퍼센트의 연봉 삭감을 결정했다는 것이다. 클리프의 목소리가 분노로 떨렸다. "내 수입이 갑자기 줄어서 대출 자격 미달이 될 상황이라고 그쪽에 군이 알릴 필요는 없었어요. 신용 기록도 아주 좋고요. 지난주였다면 대출 자격에 아무런 문제가 없었으니까요! 당신 회사가 이렇게 시간을 끌지만 않았어도 지금쯤이면 새집 열쇠를 이미 손에 넣었을 거라고요!"

제임스는 클리프가 기회를 놓친 것은 변동성이 큰 부동산 시장의 특징 때문이라고 생각하고 싶었다. 그러나 사실은 그의 원격 팀이 준비가 안 되어 변동성에 제대로 대처하지 못했고, 일 처리를 너무 느긋하게 한 탓에 결국 고객의 대출을 성사시키지 못했다는 것을 잘 알고 있었다. 제임스와 팀원들이 손발을 맞춰보았더라면, 그들이 늘어난 고객의 관심에 어떻게 대처할지 사전에 회의를 열어 조직화된 계획을 세울 시간을 가졌더라면 어떠했을까. 반나절만 할애해 업무 프로세스를 검토하고 개편하는 것만으로도 상황이 달라졌을 것이다. 그들은 리론치relaunch 시간, 말하자면 업무 프로세스를 재정립할 자리를 가졌어야 했다.

당면한 안건을 처리하기 위해 집단 차원으로 명확한 계획을 세우는 시간인 론치launch, 그리고 주기적인 리론치나 재평가 시간은 특히 원격 근무에서 '결정적'인 역할을 한다. 원격 근무자들의 경우 지리적으로 다양하게 분산되어 있기에 구체적인 계획이 업무에 필수적이다. 제임스와 그의 팀처럼 비대면으로 일할 때는 아주 작은 변수만으로도 업무를 진행하는 데 차질이 생길 수 있다.

재평가 시간을 가져야 한다니 납득이 잘 안 될 수도 있다. 업무가 산더미처럼 쌓여 있고 마감해야 할 일들로 정신없는 상황에서 무엇인가를 실제로 하는 것이 아니라 '팀워크에 대해' 논하는 시간이 필요하다니 사치스럽게 느껴질 것이다. 제임스와 마찬가지로 사람들 대다수는 잠깐이나마 업무 진행 상황을 살필 겨를도 없이 정해진 시간 내에 급히 일을 처리하기에도 바쁘다. 하지만 이런 식의 사고방식은 너무도 잘못되었다. 효율적인 팀워크 연구의 선구적인 전문가 J. 리처드 해크먼J. Richard Hackman(그에 대해서는 3장에서 더 자세히 설명할 것이다)은 수십 년 동안의 조사를 통해 실제 일상에서 이루어지는 협업은 업무 전체로 봤을 때, 그 비중이 약 10퍼센트밖에 되지 않는다고 설명했다. '60-30-10법칙'을 주장한 해크먼은 팀 성공의 60퍼센트는 팀의 '사전 작업prework'이나 기획에서 결정되고, 30퍼센트는 초기의 론치 시간에 결정되며, 실제 일상적인 팀워크가 발휘되는 과정에서 이루어지는 일들은 10퍼센트만 영향을 미친다고 말했다.[1]

어떤 팀이든 적절한 론치 시간을 거치지 않으면 성공은커녕 팀은 더 나빠질 수 있다. 사무실 근무든, 원격 근무든, 이 두 유형을 합친 하이브리드 근무든, 팀이 제 역할을 하려면 올바른 구성 요소와 올바른 준비 과정이 필요하다. 너무 뻔한 말처럼 들리겠지만, 앞에서 예로 든 여러 이유를 핑계로 이를 간과할 때가 많다. '사전 작업'은 기능, 구성, 디자인 등과 같이 팀의 형태를 결정하는 과정이어서 팀을 꾸리기 전에 진행되는 반면, '론치'는 팀을 형성하는 순간에 이루어진다. 해크먼의 말처럼 팀 론치는 구성원 전원이 가장 효율적인 업무 방식을 이해하고, 그것에 동의하는지 확인하는 과정을 거치면서 팀에 '생명을 불어넣는' 시간이다.[2] 업무를 즉시 시작해야 한다는 조급한 생각에 론치 단계를 건너뛰거나, 대충 훑고 지나가는 팀의 경우 방향을 잃고 크게 휘청거리는 사례가 많다.

팀 론치 그리고 주기적인 리론치 시간은 팀의 여정에 맞춰 성과를 이끌어내는 장치이다. 리론치는 원격 팀을 화합하는 데 중요한 요소로, 특히 코로나19와 같은 상황에서 팀을 원격 근무로 전환할 때 더욱 중요하다. 리더는 더 적극적이고 사전적인 조치로 주기적인 재평가 자리를 자주 마련해야 한다. 보통 팀 론치 시간은 1시간에서 1시간 30분가량 진행되는데, 두 차례에 걸쳐 나눠 진행하기도 한다. 이 시간에는 모든 구성원이 열린 토론에 참여해 팀으로 함께 일할 최적의 방법을 논의하고 의견을 제시해야 한다. 원격으로 일할 경우 팀 론치는 디지털 기술이 허용하는 선에서 최대한 사람들이 교류할 수 있는 화상회의로 진행하는 것이 적합하다.

이 장에서는 팀 구성원이 반드시 동의해야 하는 팀워크의 네 가지 필수 요소[3]를 설명하며 팀 론치의 이론과 실천에 대해 다룰 것이다.

---

1. 팀이 추구하는 목적을 분명하고 명료하게 정리한 공동의 목표
2. 각 구성원의 역할, 기능, 제약에 대한 공동의 이해
3. 예산부터 정보에 이르기까지 사용 가능한 자원에 대한 공동의 이해
4. 팀원들이 효율적으로 협업할 수 있는 방법에 대한 공동의 규범

위의 네 가지 항목 마지막에 '공동'이란 단어가 쓰인 것을 눈여겨보길 바란다. 이처럼 론치 시간의 핵심 목표는 바로 '일치

alignment(팀의 목표와 방향성을 일치시키는 것-옮긴이)'이다.[4]

　리론치는 팀이 이 네 가지 핵심 항목을 얼마나 잘 따르고 있는지를 주기적으로 평가하는 것이다. 나는 우스갯소리로 리론치를 연인들의 데이트에 비교하곤 한다. 두 가지 상황 모두 무엇이 중요한지 다시 논의해보고 현재, 과거, 미래를 고려하여 무엇을 해야 하고, 어떤 점이 달라져야 하는지 알아보는 대화가 오가기 때문이다. 일반적으로 팀은 최소한 분기에 한 번씩은 리론치 회의를 열어 현 상황을 점검해야 한다. 원격으로 근무할 때는 달라지는 역학 관계에 따라 방향을 설정하거나 재설정할 필요가 있기 때문에 6주에서 8주에 한 번씩은 리론치 시간을 갖는 것이 중요하다. 리론치 시간에 팀원과 리더는 각 구성원이 어떤 상황인지 파악하고, 각각이 지닌 문제를 어떻게 접근할 것인지 논의하며, 궁극적으로 모든 구성원이 팀 목표를 달성할 수 있도록 한 방향을 바라보게 만들어야 한다.

　다시 말하지만 리론치는 한 번 하고 마는 이벤트가 아니다. 업무 환경이 계속 달라지는 만큼 리셋 버튼을 한 번 누르는 것만으로는 부족하다. 주기적인 리론치는 상황이 좋을 때도 중요하지만, 제임스의 사례처럼 불확실한 시기에는 아주 중대한 역할을 한다. 팀이 업무 활동을 위한 새로운 매개 도구를 도입해 그에 따른 새로운 의사소통 규범을 확립해야 하는 경우도 생길 수 있다. 정부가 발표한 새로운 규정이나 법률이 사람들의 업무 형태에 영향을 줄 수도 있다. 코로나19로 인한 팬데믹이 발발한 후 처음 몇 달 동안 수백만 명이 재택근무로 전환된 것처럼 말이다. 국가, 시장, 산업 전체가 갑작스러운 변화를 맞아 팀이 목표를 재조정해야 할지도 모른다. 이러한 상황에서 주기적인 리론치는 팀의 방향을 신속하고 조직적으로 전환해주는 유일한 체계적 메커니즘이다.

공동의 목표를 일치시키는 게 먼저다

많은 사람들이 생각하는 것과 달리 팀 일치는 동의와 같은 뜻이 아니다. 실제 협동의 걸림돌로 오인되는 '불일치'야말로 아이디어를 재정비하고, 실수를 찾아내고, 하나의 집단으로 성장하는 데 중요한 역할을 한다. 팀 일치의 성공과 실패를 가르는 요인은 팀원들이 동의하느냐 하지 않느냐가 아니라, 그들이 '무엇'에 대해 동의하지 않는가이다. 이와 관련된 스티브 잡스의 유명한 말이 있다. "모두가 샌프란시스코로 가려 할 때 그곳까지 어떤 길로 갈지 논의하느라 오랜 시간을 들이는 것은 괜찮다. 그런데 한 사람은 샌프란시스코에, 또 다른 사람은 남몰래 샌디에이고에 가고 싶기 때문에 논쟁에 너무 많은 시간을 낭비하게 되는 것이 문제다.(1997년)" 다시 말하자면 팀이 '방식'에서 의견이 갈릴 수 있지만(이것은 팀의 활발한 업무 과정의 일부이다), 그 논의가 시작되기 전에 목표, 즉 '무엇'을 좇는지에 대한 이해부터 같이해야 한다는 것이다. 잡스의 비유에 대입하자면, 가장 먼저 팀원들은 샌프란시스코로 가겠다는 목표에 동의부터 해야 한다. 여기서 목표란 특정 상품을 출시하겠다는 것일 수도 있고, 고객층을 넓히겠다는 것일 수도 있다. 팀 론치는 다음 단계로 나아가기 전에 분명하고 구체적인 팀의 목표를 설정하는 자리이다.

팀이 함께 성취할 목표에 대해 공동의 합의를 이끌어내려면 론치 시간에 반드시 대화가 이루어져야 한다. 리더와 팀원이 자신의 의견을 전하고, 질문하고, 문제점을 제기하고, 다른 사람들의 의견에 응답하는 과정을 거칠 때, 구성원들은 자신의 관점에서 목표를 이해하고 따를 수 있게 된다. 이때 리더는 큰 그림에 대화의 초점이 맞춰지도록 이끌어야 한다. 세부적인 '방식'에 대해 옥신각신하는 대화도 필요하지만, 그것은 차후의 일이다. 팀의 목표가 '업계 내 이해관계자에게 가치를 제공한다'라는 식으로 단순해도 괜찮다. 팀원 전체가 목표에 동의하고 이를 달성하기 위해 전적으로 매진하겠다는 태도, 이 한 가지 조건만 충족하면 된다.

팀원의 역할을 정의·재정의한다

놀랍게도, 팀 내에서 자신의 위치나 역할을 잘 모르는 사람들이 많다. 론치 시간은 팀원들 각자의 역할이 무엇이고, 팀의 목표에 어떻게 기여할 수 있는지를 분명하게 정리하는 좋은 기회이다. 그 자리에서 한 팀원이 이전에 유사한 프로젝트를 해본 적이 있다고 언급할 수도 있다. 또 다른 팀원은 경험이 부족하다는 것을 인정하면서 배우고자 하는 열의를 표현할 수도 있다. 또 어떤 팀원은 팀 목표를 달성하는 데 필요한 특별한 기술을 갖고 있다고 밝힐 수도 있다. 경기장에서 선수마다 서로 다른 역할을 수행하는 스포츠 팀처럼, 리더는 론치 시간을 통해 구성원 각자가 책임져야 할 업무를 파악하여 알려줄 수도 있다. 팀원들은 자신의 역할뿐만 아니라 다른 사람들의 역할까지도 이해하고 있어야 한다.

개별 팀의 역할과 팀원 각자의 책임을 명확히 하면 협업에 드는 개인의 시간과 관심에 대한 기대치를 조정할 수 있다. 원격 팀원들은 보통 다른 팀에 동시에 소속된 경우가 많다.[5] 다중 팀에 속해 있거나[6] 다른 팀과 상호 의존적인 관계를 가진 팀원들의 경우 각 팀에 얼마나 시간을 할애해야 할지 기대치가 서로 다르고, 그로부터 충돌이 빚어지기도 한다. 해당 직원이 다른 팀의 업무에 더욱 집중하고 있음에도, 리더는 그가 자신의 팀을 우선시한다고 착각할 수도 있다. 사실 팀 동료나 관리자의 눈에 잘 띄지 않는 업무를 맡아 진행하는 경우는 흔한 일이다.[7] 사무실에서 근무하는 팀에서는 누군가 자리를 비우면 바로 눈에 띈다. 그러나 원격으로 근무하는 팀은 팀원이 시간을 어떻게 쓰는지 확인할 명백한 증거가 없다. 이러한 제약에 대해서도 론치 시간에 솔직히 이야기를 나눈다면 팀원 각자의 역할에 따라 시간을 얼마나 할애할 것인지 기대치를 설정할 수 있다.

서로에 대한 기대치가 일치하지 않으면 팀의 효율이 떨어지는 것처럼, 반대로 기대치를 조정한다면 팀의 효율을 높일 수 있다. 실제로 팀원들 각자가 겪는 특별한 제약 사항과 업무 처리 방식에 대한 의견을 솔직하게 공유하는 환경은 강점으로 작용한다. 다중 팀에 속한 직원이 겪는 복잡한 상황을 이해하기 위해서는 리론치 시간을 마련해 그들에게 추가로 더해진 업무 부담을 논의하는 기회를 제공하는 것이 좋다. 팀원이 늘어난 업무를 어떻게 감당하고 있는지 알아야 팀 차원에서 서로 지원하고, 마감 기한을 관리하고, 짊어진 업무량을 조정하는 것이 가능해진다.

사용할 수 있는 모든 자원을 파악한다

팀으로 일하는 이점 가운데 하나는 업무를 완수하는 데 다른 팀원들의 특별한 지식과 기술의 도움을 받을 수 있다는 점이다. 팀원들이 같은 사무실에서 근무한다면 대면하여 협력하면서 서로의 자원을 활용할 수 있다. 그러나 팀원들이 떨어져 있을 경우 대면하여 이루어지는 상호작용은 제한적이거나 아예 없다. 두 가지 시나리오를 생각해보자. 첫 번째는 당신이 팀원들과 몇 년째 같은 사무실에서 일하고 있는 경우다. 당신은 중요한 프로젝트의 세부 사항을 논의하려고 팀원들과 함께 회의실에 모여 있다. 당신은 동료들의 장단점을 알고 있기 때문에 서로의 의견을 나누거나 특정 정보를 제안하거나 물어보는 일이 쉽다. 두 번째는 팀원들과 계획을 논의하고 있지만 같은 사무실에서 일하는 것이 아니라 원격으로 근무하는 경우다. 그러면 당신은 단지 화상회의나 온라인 채팅방으로만 팀원들과 소통할 것이다. 온라인상에서 동료들과 함께 일해본 경험이 있다면 정보를 공유하고 의사결정을 내리는 상호 연계된 환경을 구축하는 것이 얼마나 어려운지 잘 알 것이다.

물질적인 차원에서 생각하면 론치 시간은 팀이 목표를 이루기 위해 필요한 정보, 예산, 기술, 내적·외적 네트워크를 파악하는 자리이다. 세세한 사항까지 하나하나 결정하지 않아도 되지만, 론치 시간에는 팀의 현재 자원을 파악하고 어떤 자원이 필요하며 어떻게 그 자원에 접근할 수 있는지에 대해 전반적인 합의를 이끌어내야 한다. 특히 원격 근무 환경에서는 팀원 개개인이 업무에 필요한 기술과 지원 시스템을 갖추고 있는지 확인해야 한다. 팀원 모두가 적절한 인터넷 접속 환경을 갖추고 있을 것이라고 당연하게 여겨서는 안 된다. 어떤 사람은 장비를 업그레이드해야 하거나 추가적인 장비가 필요할 수도 있다. 모든 직원에게 적절한 재택근무 환경이 갖춰지도록 경제적 지원을 확실히 제공해야 한다.

리론치 시간은 팀의 가용 자원을 다시 검토하는 자리이다. 이를테면 코로나19의 여파로 팀의 예산과 다른 조직들과의 파트너십이 달라졌을 수 있다. 개개인과 리더는 팀이 업무를 추진해 나갈 때 사용할 수 있는 도구가 무엇인지 지속적으로 팀원들에게 알려주어야 한다.

함께 상호작용을 위한 규범을 만든다

다음과 같은 시나리오를 생각해보자. 여섯 명으로 구성된 어느 원격 근무 팀이 들뜬 모습으로 최신 채팅 애플리케이션을 스마트폰에 다운로드하고 있다. 그들은 다섯 개의 국가에 흩어져 일하고 있지만, 이제는 이메일보다 좀 더 자유로운 채팅 애플리케이션을 활용하여 언제라도 소통할 수 있게 되었다. 그러던 어느 날, 같은 시간대에 있는 직원 네 명이 채팅 앱에서 소프트웨어 프로그램의 버그를 수정하는 방법에 대해 즉흥적으로 대화를 나누었다. 그러다 보니 다음 날 팀 전원이 모여 회의하기로 한 안건까지 이야기하게 되었다. 격의 없이 즉석에서 사담을 나누다가 네 명의 팀원은 서로의 아이디어를 솔직하게 주고받았고, 덕분에 예정된 회의에서 논의할 과제에 대해 상당한 진전을 이루었다.

혹자는 이 팀원 네 명이 미리 회의를 준비한 점에 '가산점'을 줘야 한다고 생각할지 모르지만, 팀의 전체적인 화합을 고려했을 때 좋은 징조가 아니다. 위 시나리오로 다시 돌아가 보자. 다음 날 회의에서 나머지 두 직원은 자신들이 무엇인가 놓쳤다는 것을 바로 눈치챘다. 두 사람이 이해할 수 없는 말이 오갔고, 한창 대화에 열중한 직원 네 명은 두 사람의 질문에 답하지 않고 지나쳤다. '왜 우리가 제외된 거지?' 두 사람은 의아한 생각이 들었다. 이 중 한 명은 옹졸해 보일까 봐 걱정스러운 마음에 그 이야기를 꺼내지도 못했다. 다른 한 명은 얼마 전 회의 시간을 정하는 문제로 불평한 적이 있는 터라 투덜대는 사람으로 낙인찍히고 싶지 않아 가만히 있었다. 두 사람만 제외된 것이 의도적인 일은 아닐 거라고 생각하면서도 이들은 네 명의 팀원에게 언짢은 마음이 들었고, 앞으로 소외되는 일이 또 생기면 어쩌나 하는 걱정도 들었다. 두 사람의 원망은 점차 깊어졌고 이내 팀은 분열되기 시작했다. 이것은 내가 직접 목격한 사례이고, 실제로 비슷한 사건을 겪으며 팀의 화합이 깨진 경우를 수차례 보았다.

예로 든 팀의 경우, 새로운 채팅 도구를 어떻게 활용할 것인지 규범을 정하는 론치 또는 리론치 시간을 가져야 했다. 그랬다면 팀의 결속을 유지하기 위해서는 전원이 소속감을 느낄 수 있어야 한다는 사실을 이해하는 기회를 가질 수 있었을 것이다. 이를테면 팀원 중 몇 명이 즉흥적으로 어떤 주제에 대해 채팅을 하게 되면, 잠시 대화를 멈추고 그 자리에 없는 다른 팀원들에게 알려야 한다는 식의 규칙을 정할 수 있어야 한다. 팀이 어떻게 의사소통할 것인지 세부 사항을 정하는 것이 아니라, 의사소통을 위한 규범을 사전에 논의한다는 것이 핵심이다.

성공적인 원격 근무 팀은 서로가 함께 세운 집단 규범을 충실히 지킨다. 규범은 규칙과 다르다. 여기서 규범은 상호작용, 의사결정, 문제 해결에 도움이 되는 방향으로 이끄는 원칙의 집합에 가깝다. 따라서 함께 규범을 세우는 것이 필수적이다. 론치 시간 때 대화를 나누며 팀원들은 서로가 중요시하는 문제가 무엇인지 배우게 된다. 만약 팀원들 다수가 시간을 지키는 것을 중요하게 여긴다면, 론치 시간에 정해진 회의 시간에 늦지 않게 접속한다는 명확한 규범을 세울 수 있다. 이렇게 팀 전체가 따라야 하는 표준화된 기대치가 만들어진다. 정립된 규범은 시간 개념이 비교적 자유로운 소수가 다른 팀원들의 선호를 존중하도록 유도하는 장치로 작용한다.

업무 공간을 공유하는 팀은 복도에서 마주치거나 커피 기계 앞에서 대화를 나누는 것과 같이 일상적인 상호작용이 이루어지기 마련이다. 반면에 이런 기회가 없는 원격 근무 팀은 가상 의사소통 방식을 위한 규범을 정해 결함을 보완하는 것이 필수적이다. 이때 효과적인 의사소통 규범은 다음의 세 가지 주요 기능을 포함해야 한다.

○ 역할이나 지위에 관계없이 모든 팀원이 상호작용하고 유대가 이루어질 수 있는 방안
○ 심리적 안정감 또는 그룹의 친밀감을 조성하여 업무나 실수에 관한 사안에 대해 서로 자유롭게 의견을 표현할 수 있는 분위기
○ 원격 근무 팀원들을 결속시켜 업무적 고립감을 느끼지 않도록 하는 방안

| 의사소통 방식을 계획한다

가장 효율적인 팀들은 의사소통을 위해 아주 단순한 한 가지 규

범을 공유하고 있다. 그것은 회의 시간에 발언과 청취의 비율이 누구나 동등해야 하고, 팀장만이 아니라 모든 이에게 의견을 말할 기회를 부여한다는 것이다. 회의 후에도 사람들은 관련 주제에 대해 다른 팀원들과 허물없이 사담을 나누거나, 다음 회의에 도움이 될 만한 정보를 찾으며 논의를 계속 이어간다.[8] 원격 근무 팀의 경우는 팀 전원이 참석한 화상회의를 마친 후, 소셜 미디어를 통해 특정 팀원에게 메시지를 보내는 식으로 의사소통이 이어지곤 한다. "조금 전 회의 시간에 프로젝트와 관련해서 당신이 중요한 의견을 내준 덕분에 몇 가지 아이디어가 떠올랐는데…"라는 식으로 말이다. 이러한 일대일 채팅은 다음의 공식적인 팀 전체 회의에서 브레인스토밍 시간이 되었을 때 좀 더 수월하게 아이디어를 창출하는 데 도움이 된다.

론치와 리론치 시간은 회의를 진행할 때, 업무 전반에 걸친 팀원들 사이의 소통에 적용할 수 있는 최상의 방법을 결정하는 기회를 제공한다. 가령 내가 연구했던 한 원격 근무 팀에서는 (사무실에서 화이트보드를 쓰듯) 회의 중에 그림을 그리거나 글을 적을 수 있는 디지털 소프트웨어를 활용하는 것이 가상 환경에서 서로의 의도나 말의 의미를 정확히 전달하는 최선의 방법이었다. 이 팀은 시각 자료가 팀원들의 합의를 도출하고 상호 이해를 달성할 수 있는 가장 효율적이고도 실용적인 방법이라고 결정했다. 한 팀원이 "우리에게는 백문이 불여일견이라는 말이 딱 들어맞아요"라고 했듯이 말이다.

또한 팀은 업무 상황에 관해 긴밀하게 소통하는 방법도 미리 결정해야 한다. 예정보다 마감이 늦어질 것 같다는 소식을 팀원에게 언제 알려야 할까? 이 장 맨 앞에서 예로 든 제임스의 팀은 누가 무슨 일을 언제까지 처리하는지에 대한 협력 체계가 부족해서 어려움을 겪었다. 제임스는 개별 고객의 업무가 어떻게 진행되고 있는지 팀원들에게 한참 동안 아무런 이야기를 듣지 못했다. 팀이 갑자기 훨씬 바빠졌을 때 고객인 클리프 건의 업무 상황을 더욱 가시적으로 관리했더라면 팀원 모두가 심적 고통을 겪을 일은 없었을 것이다.

의사소통 규범은 언제 연락을 취하고, 언제 진행 상황을 확인해야 하는지에 대한 기준도 정한다. 팀원들 사이의 업무 관련 에티켓을 결정하는 것이다. 재택근무를 하는 원격 팀의 경우 회사와 집의 경계가 모호해질 수 있다. 따라서 일반적인 업무 시간 내에서만 연락한다거나, 온라인 회의 시간을 정해 변동 없이 유지하는 것과 같이 경계를 분명하게 구분 짓는 규범을 정하면 일과 사생활이 뒤섞이면서 찾아오는 혼란이나 피로, 불만을 완화할 수 있다.

| 심리적 안정감을 주는 환경을 만든다

사무실에서 함께 일하는 팀은 그렇지 않은 팀에 비해 업무를 둘러싼 충돌이 잦은 편이다.[9] 이런 탓에 언뜻 원격 근무 팀의 걱정거리가 한 가지 줄어든 것처럼 보일 수 있다. 그러나 원격 근무 팀으로 일한 경험이 있는 사람이라면, 화상회의에서 미소를 짓고 고개를 끄덕인다고 해서 반드시 모두가 동의한다는 의미는 '아니라는 것'을 잘 알 것이다. 공공연히 드러나는 갈등이 없다고 해도 사람들 사이의 팽팽한 긴장감은 생겨날 수 있으며, 이 긴장감에 대해 서로가 터놓고 이야기하며 해소하지 못하고 모니터 뒤로 계속 가려진다면 부정적인 영향이 발생하기 마련이다. 사실 업무로 인해 충돌이 일어나는 것은 좋은 일이다. 사람들의 의견이 나뉘거나 맞설 때 대화를 통해 더욱 혁신적이고 개선된 아이디어가 탄생할 수 있기 때문이다(갈등을 관리하는 방법은 7장에서 자세히 설명할 것이다).

심리적 안정감, 즉 처벌 받거나 동료들에게 망신을 당할지도 모른다는 두려움 없이 위험을 감수하고 실수를 인정하는 업무 환경을 조성하는 것이 생산적인 팀워크의 핵심이다. 처음 이 개념을 독자적으로 개척하고 그 영향력에 대해 광범위한 연구를 해온 나의 동료 에이미 에드먼드슨Amy Edmondson은 심리적 안정감이 없으면, 동료 특히 상사에게 반대 의견이나 의구심을 표현하는 것을 두려워하게 된다고 밝혔다. 그리고 이 점이 팀의 성공을 저해한다고 말했다.[10] 이 같은 두려움을 없애려면 리더와 팀은 누구나 마음 놓고 자신의 의견을 밝히고 질문하는 환경을 적극적으로 조성해야 한다. 실수가 드러났을 때 어떻게 해야 향후 이런 문제를 줄일 수 있는지 서로 논의해야 한다. 이런 환경이 보장되어야 팀은 지속적으로 배우고 참여하며 성장할 수 있다.

원격 환경에서의 의사소통 규범 역시 심리적 안정감을 기초로 마련되어야 한다. 이를테면 팀 론치 시간에 모욕적인 발언을 하면 무관용 원칙을 적용하겠다는 기준을 정하거나, 팀원 사이에 합의를 이루지 못한 사안을 어떻게 처리할 것인지 표준화된 절차를 세우는 것이다. 팀장이 자신의 실수를 인정하고, 팀원들의 생각과 의견을 구하는 태도를 보임으로써 심리적 안정감이 보장된 업무 환경을 만들어나갈 수 있다.

| 누구도 고립감을 느끼지 않도록 한다

원격 근무 팀이 화합과 심리적 안정감을 조성하는 데 뛰어나다고 해도, 원격 팀이라는 형태는 본질적으로 사람들이 고립된 기분을 경험할 수밖에 없는 구조다. 다른 시장에 진입 가능성을 높여 지리적 범위를 확대하거나, 사무실 환경보다 더 많은 자율성이 확보되는 것과 같이 원격 근무의 다양한 이점을 뒷받침하는 충분한 연구 결과가 밝혀졌지만, 원격 근무자들이 느끼는 업무적 고립이 업무 수행을 저하시키고 이직률을 상승시키는 원인이라는 점 또한 여러 연구를 통해 드러났다.[11] 그러나 업무적 고립감이 직무 수행에 끼치는 부정적인 영향은 약간의 대면 상호작용과 화상회의, 음성 대화 서비스 등 여러 통신 기술의 도움으로 낮출 수 있다. 동료들에게 쉽게 닿을 수 있다는 생각만으로도 고립감을 완화하는 데 도움이 되기 때문이다.

원격 근무를 위한 론치 시간은 떨어져 일하는 팀원들의 접근성을 높일 수 있는 규범을 사전에 정하는 자리이다. 이때 팀원들 사이의 물리적 거리에서 발생하는 고립감을 완화하는 방법을 직접적으로 제시하는 것이 좋다. 예를 들면 고립된 업무 방식을 탈피하기 위해 정기적 또는 주기적으로 대면해 교류하는 자리를 계획할 수 있다. 직접 대면 접촉하는 것이 불가능할 경우 기술을 이용한 소통 도구는 좋은 대체 수단이 될 수 있다. 사실 물리적으로 함께 있다고 해서 고립감이 해결되는 것은 아니다. 사무실에서 온종일 함께 앉아 업무를 하더라도 서로가 말 한마디, 눈길 한 번 주고받지 않는다면 마찬가지로 고립감을 느낄 수 있다. 리더가 규범을 전달할 때 고립감은 모두가 함께 극복해야 할 요소임을 분명히 한다면, 팀원들이 심리적으로 유대감을 느끼는 데 큰 도움이 된다.

좋은 리더의 조건

론치 시간은 리더가 팀을 향한 의지를 보여주는 기회이기도 하다. 세계 최대 규모의 조직들을 위해 직원 평가 및 성과 관리 소프트웨어를 개발하는 워크휴먼Workhuman의 컨설팅 팀장인 제니퍼 레이머트Jennifer Reimert의 이야기를 해보겠다. 레이머트는 자신이 "땡큐" 비즈니스를 하고 있다고 표현하곤 한다. 워크휴먼에 입사하기 전, 그녀는 20년 동안 하이테크 기업에서 직원 보상과 복리후생 제도를 담당했다. 그곳에서 레이머트는 관리자들이 직원을 인정하고 고마움을 표하는 (그리고 동료들 사이에 감사함을 표현하는) 간단한 행동이 조직의 참여도를 높이는 강력한 힘으로 작용한다는 것을 목격했다. 원격 근무 상황에서는 관리자가 직원들의 긍정적인 기여를 항상 확인하지는 못한다. 그러나 동료들끼리는 가능하다. 다른 팀원들의 긍정적인 기여를 인정하고 표현하면 감사하는 조직 문화가 만들어지고, 그것은 선순환으로 이어져 팀원들이 중요하게 여기는 가치로 강화된다.

레이머트는 처음에 사회생활을 원격 근무자로 시작했기에 이런 가르침을 몸소 배울 수 있었다. 그녀가 하이테크 기업에 입사할 당시, 남편이 이스트 코스트에 위치한 대학원의 MBA 프로그램에 합격하면서, 그녀는 회사에서 약 4,800킬로미터나 떨어진 곳으로 이사하게 되었다. 경영진과 논의한 끝에 동부표준 시간대로 그녀의 위치가 캘리포니아, 오리건, 영국, 아시아 지역의 직원으로 구성된 원격 근무 팀과 일하는 것이 적합하다고 판단되었다. 그로부터 약 20년 후 워크휴먼에서 일을 시작한 그녀는 그동안의 경험을 바탕으로 원격 근무 팀의 론치·리론치를 위한 몇 가지 원칙을 만들었다. 이 원칙의 중심에는 강한 팀을 만들려면 팀 여정의 모든 단계에서 팀원들에게 깊은 헌신을 보여주는 리더가 필요하다는 믿음이 있었다.

팀 론치의 일환으로 레이머트는 그녀의 원격 팀원들과 일대일로 통화했다. 그녀는 자주 이 방 저 방 집 안을 옮겨 다니며 통화하거나, 날씨가 좋은 날에는 산책하며 대화를 나누었다. 이런 식으로 활동하면 상대방의 이야기에 집중이 더 잘되기 때문이었다. 리더이자 한 인간으로서 그녀는 타인의 이야기를 경청하고, 공감하고, 호응하고자 했다. 팀원들과 통화할 때면 그녀는 상대방이 편안함과 친근함을 느낄 수 있도록 자신의 이야기를 먼저 시작한다. 어느 정도 어색함이 사라졌을 때쯤, 팀 론치에 대해 무엇을 기대하고, 또 우려되는 점은 무엇인지를 물으며 솔직한 피드백을 구한다. 그녀는 팀원 개개인의 관심사와 강점, 개선하고 싶은 점, 팀에서 어떤 경험을 얻고자 하는지도 묻는다. 마침내 이 대화는 팀의 목표에 부합하는 개인의 관심사, 역량, 목표를 발견하는 것으로 이어진다. 레이머트는 직접 만나지 않고 함께 일해야 하는 집단에서 조직의 일치를 이루는 데 이런 개인적인 접촉이 아주 중요한 역할을 한다는 것을 깨달았다.

팀원들이 가상 환경에서 업무를 함께하며 서로를 알게 되는 만큼, 레이머트는 팀원 각자가 팀에 기여하는 바를 놓치지 않기 위해 의식적인 노력을 기울인다. 이 소소한 고마움의 표시는 팀의 화합에 큰 도움이 된다. 그녀는 또한 팀원들에게 어떤 문제가 생기면 언제든지 자신을 찾아오도록 가상공간에 소통 창구를 열어놓는다. 그녀는 팀원을 지지하고 공감하려고 최선을 다하면서도, 오랜 경험을 통해 얻은 한 가지 중요한 교훈을 항상 마음에 새긴다. 모든 사람을 만족시킬 수는 없다는 점이다. 다시 말해 항상 100퍼센트의 만족을 이끌어낼 수 없다는 데 초조해할 필요가 없다는 뜻이다.

레이머트의 접근 방식은 원격 근무 팀을 조직하고 일을 시작하는 데 필요한 중요한 리더십 자질을 보여준다. 리더가 모범을 보여야 한다는 것이다. 그녀가 팀원들과 나누는 일대일 소통은 심리적 안정감과 포용적인 팀 문화를 조성하는 의사소통 방식에 좋은 본보기로 작용했다. 팀원들도 그녀의 소통 방식을 따르게 된 것이다. 같은 맥락에서 리더가 처음부터 자신의 취약함을 드러내는 용기 있는 모습을 보여준다면 팀 내에서 리더의 역할이 약해지는 것이 아니라 '강해진다'.

팀이 '목표, 역할, 자원, 규범'이라는 네 가지 영역에서 일치를 이끌어낼 때 팀원들은 의욕이 생기고, 팀의 목표에 몰입하도록 만들 수 있다.

론치와 리론치 시간을 갖는다

■ **방향을 설정한다.** 론치와 리론치 시간은 팀의 목표를 분명하고 정확하게 설정하는 자리이다. 팀원들은 모두의 마음속에 같은 목표가 있다는 것을 알 때 한마음 한뜻으로 더욱잘 협력한다.

■ **함께 일하는 방식을 논의한다.** 심리적 안정감과 포용적인 분위기, 유대감을 형성하는 의사소통 방식을 전제로 규범을설정한다.

■ **팀원이 처한 상황을 파악하고 부족한 부분을 채운다.** 팀원 각자가 목표에 어떻게 기여하고, 개인이 처한 내부적·외부적제약은 무엇이며, 어떤 점을 향상시킬 수 있는지 논의한다.

■ **필요한 자원을 구한다.** 팀이 목표를 달성할 수 있도록 팀원들에게 필요한 정보, 예산, 기술, 네트워크를 논의한다. 이러한 자원이 마련되지 않았다면 어떻게 확보할 수 있을지 논의한다.

■ **리더로서 헌신하는 모습을 보여준다.** 팀 론치를 이끌고 있다면 팀원들에게 관심을 기울이고, 그들의 아이디어와 걱정거

리에 귀 기울이며, 가능한 자원을 지원해주는 모습으로 팀원들에게 감사하는 마음을 전할 수 있다. 특히 불안정한 시기에 리론치 시간은 팀에 대한 헌신을 강화하는 계기가 될 것이다.

2장
신뢰 쌓기

만난 적 없는 동료를
어떻게 신뢰할 수 있을까?

CHAPTER 2:
How Can I Trust Colleagues I Barely See in Person?

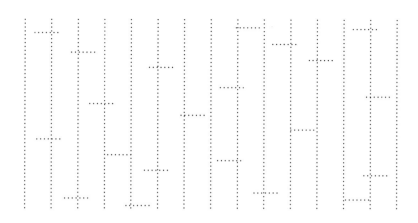

타라는 컴퓨터 화면을 빤히 쳐다보았다. 그녀는 근심에 빠져 있었다. 소프트웨어 업데이트의 버그 원인을 알아내려고 이틀이나 매달렸지만, 결국 자신이 해결할 수 없음을 인정해야 했다. 그녀가 속한 소규모 팀의 엔지니어 누구도 해결책을 찾지 못했기에, 회사의 다른 누군가에게 도움을 요청해야 했다. 무려 30개국에 1만 7,000명이 넘는 직원이 근무하는 수십억 달러 규모의 기술 기업에서 말이다. 그렇다면 그녀는 누구에게 도움을 청해야 할까? 설사 적당한 인물을 찾았다 해도, 한 번도 본 적 없는 사람에게 연락해야 한다는 사실이 너무 두려웠다. '이런 일도 처리하지 못하는 무능한 사람처럼 보이면 어떡하지?' 입사한 지 얼마 되지 않은 그녀는 회사에 좋은 인상을 남기고 싶었다. 수많은 물음표가 그녀의 머릿속을 헤집었다.

그러던 중 불현듯 '아하' 하고 깨달음이 찾아왔다. 몇 주 전, 메일함에 사내용 소셜 미디어 플랫폼을 시작한다는 전체 메일이 수신되어 있던 것이 떠올랐다. 그 메일에는 사내용 소셜 미디어의 목적은, 지리적으로 분산된 직원들이 지식 공유를 활발하게 할 수 있는 자리를 마련하기 위한 것이라고 쓰여 있었다. "업무용 페이스북이라고 보면 됩니다." 사이트로 연결하는 링크 위에 이런 문구가 적혀 있었다. 타라는 페이스북을 업무 외적인 사교용으로 생각하는 터라, 공과 사의 경계가 흐려질지도 모른다는 생각에 잠시 멈칫했다. 하지만 그녀는 도움이 간절히 필요했고, 곧장 이메일을 열어 몇 분 안에 가입을 완료했다.

타라는 사내용 플랫폼에 쉽게 익숙해졌다. 그녀는 바로 스크롤을 내려 동료 직원들의 반려동물 사진을 구경하고, 등산을 주제로 한 글도 읽었다. 타라의 눈에는 사람들이 확실히 '사교적으로' 플랫폼을 이용하는 것처럼 보였다. 게시물을 훑어보던 중 어느 수영하는 사진 포스팅이 그녀의 시선을 끌었다. 수영을 열렬히 좋아하는 사람으로서 그녀는 플랫폼에서 자신과 관심사가 같은 소프트웨어 개발자를 발견하여 몹시 반가웠다. 마리솔이란 이름을 가진 개발자의 프로필을 보니, 서른 중반에 어깨까지 오는 갈색 머리를 한 여성의 사진이 있었다. 타라는 마리솔의 피드에서 이전 게시물을 살폈다. 타라와 비슷한 어려움에 처한 어느 신입 엔지니어가 프로그래밍 문제로 그녀에게 조언을 구했고, 마리솔이 신속하게 열정적인 태도로 명쾌한 답변을 달아준 글이 보였다. 타라는 안도의 한숨을 내쉬었다. 타라는 마리솔을 만나본 적이 없었지만 어색하거나 거절

당할 걱정 없이 그녀에게 연락을 취해도 될 것 같다는 생각이 들었다. 그렇게 타라는 마리솔에게 연락했다.

간단히 말해서, 타라는 마리솔을 신뢰하기로 결심했다. 사회과학자들은 신뢰trust를 타인의 말과 행동, 결정에 대해 확신을 갖고 따를 수 있는 정도라고 정의한다.[12] 사람들이 하는 말, 행동, 결정이 확신을 심어준다면 우리는 상대를 신뢰한다는 것이다.

신뢰란 고정된 개념이 아니다

모든 직원이 한 건물에서 근무할 때는 가까이 있지 않더라도 동료들과 신뢰감을 형성하는 것이 가까운 휴게실로 가서 커피를 리필하는 것만큼이나 쉽다. 같은 공간에서 일할 때는 다른 부서나 팀에 속한 동료들과 자연스럽게 사담을 나누게 된다. 상대가 어떤 사람이고, 어떻게 행동하는지 온갖 사적, 공적 정보가 쌓여 서로 신뢰감을 주고받는 것이 한결 쉽다. 나는 이것을 신뢰 형성 프로세스라고 부르는데 관습적 신뢰conventional trust, 기본 신뢰default trust가 여기에 해당한다.

그러나 거의 만날 일이 없는 원격 근무 팀원들이라면 누가 신뢰할 만한 사람인지 어떻게 알아볼 수 있을까? 원격 근무를 할 때는 동료의 관심사를 발견하고, 서로 편하게 소통하는 일련의 과정을 어떻게 만들어갈 수 있을까?[13] 한 공간에서 근무하는 사람들은 오랜 시간에 걸쳐 상호작용을 반복적으로 경험하고 같은 맥락을 공유하며 신뢰를 키워나가지만, 개인들 사이의 소통과 사회적 신호가 상대적으로 빈약한 원격 근무 팀에서는 쉽지 않은 일이다. 그렇다면 장기간 원격으로 근무해야 하는 현실에서 오랜 기간 쌓아온 유대관계는 어떻게 다를까? 이것은 코로나19가 우리에게 던진 과제이다. 일상적으로 즉흥적인 대화를 나누며 신뢰를 쌓던 환경에서 벗어나, 앞으로도 재택근무를 하며 홀로 일하는 상황이 더 많아질 것이다. 주기적인 대면 회의에서 서로의 몸짓이나 손짓, 보디랭귀지, 표정을 읽는 것이 더는 불가능해진 지금, 어떻게 타인을 신뢰할 수 있을까? 지리적으로 멀리 떨어져 있는 누군가를 대상으로 어떻게 신뢰를 쌓아갈 수 있을까? 디지털 의사소통 도구에 의존해 업무를 진행하는 상황에서 동료들 사이에 형성된 신뢰를 어떻게 '읽어낼' 수 있을까? 새로운 팀원들과 새로운 관계를 어떻게 만들어가야 할까?

더욱이 신뢰란 깨지기 쉬운 개념이다. 동료가 책임을 다하지 않거나, 정보를 공유하지 않거나, 내집단 및 외집단을 형성할 때 신뢰가 무너질 가능성이 크다. '편파적'이거나, 불필요해 보이는 정리해고를 갑작스럽게 진행하는 관리자 역시 직원들로부터 신임을 잃는다. 또한 지속적으로 성과를 내지 못하는 직원은 상사와 동료들로부터 신뢰를 잃는다. 여기서 문제는 신뢰란 한번 무너지면 다시 회복하기가 어렵다는 점이다. 신뢰란 신뢰하거나, 신뢰하지 않거나 둘 중 하나인 단순한 개념이라고 생각하는 사람들이 많지만, 일터에서의 신뢰를 연구해온 사회과학자들은 그보다 미묘하고 복잡한 개념으로 보고 있다. 팔레트에 다양한 색의 신뢰가 담겨 있고, 상황에 따라 다른 색의 신뢰를 골라 쓴다고 이해하면 될 것 같다.

타라가 마리솔에게 가진 신뢰는 사회과학자들이 '충분 신뢰passable trust'[14]라고 부르는 유형으로, 원격 근무 팀에서 반드시 필요한 신뢰이다. 충분 신뢰는 타인과 소통하고 함께 일하는 데 필요한 최소한의 신뢰이다. 달리 말하자면 타인의 말과 행동에 미루어 우리가 갖는 일정 수준 이상의 신뢰를 뜻한다. 충분 신뢰는 (대면으로 또는 온라인으로, 또는 둘 다의 상황에서) 겉으로 드러나는 행동을 바탕으로 형성된다. 위의 사례에서 타라는 소셜 미디어 플랫폼에서 다른 직원과 마리솔이 나눈 댓글을 보고 그녀에게 충분 신뢰를 가졌다.

사내용 소셜 미디어 플랫폼에서 '만난' 동료에게 타라가 느꼈던 충분 신뢰에 더해 사회과학자들은 '신속 신뢰swift trust'라는 개념을 정립했다.[15] 위기의 상황에 함께 놓인 비행 팀과 경찰관 집단에서 처음 밝혀진 신속 신뢰는 제한된 시간 내에 함께 완수해야 하는 특수한 프로젝트나 임무를 맡은 팀원들 사이에서 '신속하게' 형성되어야 하는 높은 수준의 신뢰이다. 신속 신뢰가 형성되면[16] 팀원들은 서로를 신뢰하지 못할 입증된 이유가 있기 전까지는 무조건적으로 신뢰한다. 일례로 얼마 전 나는 총장, 학장과 함께 일할 새로운 학과장직을 발탁하기 위한 인사자문위원회로 위촉되어 대학 내 여러 학부 교수들과 팀을 이룬 적이 있다. 우리는 서로 잘 모르는 사이였지만 제법 민감한 사안을 함께 처리해야 한다는 임무로 묶여 있었다.

그 위원회 내에서 오간 논의가 철저히 비밀로 유지되어야 했기에 우리는 즉시 서로를 신뢰하기로 결심했다. 달리 선택권이 없었다.

이 장에서는 앞에 소개한 충분 신뢰와 신속 신뢰란 무엇이고, 기본 신뢰와는 어떻게 다르며, 두 신뢰가 원격 근무에서 왜 필수적인지 다룰 것이다. 당신과 동료들이 이 두 가지 유형의 신뢰를 함께 쌓을 수 있는 메커니즘에 대해서도 이야기할 것이다. 또 고객과 인간적인 신뢰를 형성한 금융 서비스 기업의 사례도 살펴볼 것이다. 신뢰란 시간이 필요하고, 고정된 상태라기보다는 역동적인 개념이다. 내가 '신뢰곡선trusting curve'이라고 지칭한 개념을 통해 원격 근무 팀에서 신뢰가 어떻게 작용하는지 살펴보면 이해하는 데 도움이 될 것이다.

동료를 '얼마나' 신뢰해야 하는가

여러분에게 '학습곡선learning curve'은 익숙한 개념일 것이다. 본래 어떤 업무를 수행하는 능력의 향상 속도를 시간 또는 비용 대비로 나타낸 학습곡선은 오늘날 특정 기술이나 과제에 능숙해지기까지 얼마의 기간이 필요한지 계산하는 개념으로 쓰인다. 사람들마다 학습곡선 상의 향상 속도가 다르다. 예컨대 재능을 타고난 운동선수는 몸을 많이 쓰지 않는 사람에 비해 새로운 운동 종목을 접할 때 학습곡선에서 향상 속도가 더욱 빠르게 나타난다. 마찬가지로 업무에 따라 배움에 필요한 시간은 달라진다. 코딩 기술을 배우는 것은 프레젠테이션 템플릿을 활용하는 법을 배우는 것보다 더 오랜 시간이 필요하다. 보통 학습곡선은 '높은high', '낮은low' 또는 '완만한shallow', '가파른steep'으로 표현한다. 우리가 기억할 것은 학습곡선은 시간이 지나야 드러난다는 것이다. 학습곡선을 X축과 Y축의 그래프로 나타낼 때, 가로축인 X는 언제나 '시간'이다.

신뢰곡선도 시간에 따라 변화하는 그래프로 나타낼 수 있다. 이때 그래프의 가로축 역시 '시간'이지만 세로축은 '신뢰'이다. 대면 상호작용이 일반적인 환경에서 신뢰는 보통 시간이 지남에 따라 천천히 쌓여, 시간이 갈수록 커지는 형태를 띤다. 한편 원격 근무 팀은 한 번씩 대면 상호작용이 일어난다 할지라도 그런 혜택을 누릴 수 없고, 신뢰를 형성하기 위한 다른 접근법이 필요하다. 원격 근무 상황에서 "내가 동료를 신뢰하는가?"라는 질문이 잘못된 이유가 여기에 있다. 원격 근무 팀에서는 "동료를 '얼마나' 신뢰해야 하는가?"라고 질문해야 한다. 이 장에서 원격 근무에 대입할 수 있는 다양한 유형의 신뢰를 설명하며, 각 신뢰가 신뢰곡선에 어떻게 나타나는지 살펴볼 것이다.

머리로 하는 신뢰, 마음으로 하는 신뢰

신뢰는 팀을 하나로 잇는 가교이자 성과를 이끌고 협력과 조화를 가능케 하는 힘이다. 그러나 신뢰는 강요할 수 있는 개념이 아니다. 개인이 스스로 판단하고 정할 문제이다. 동료를 신뢰하면, 동료가 자신의 몫을 다할 것이고 내가 비밀을 털어놓아도 지켜줄 것이라는 믿음이 생기고, 나의 약한 모습도 드러낼 수 있다. 이렇듯 팀에서 신뢰란 팀원들이 집단의 이익을 위해 행동할 것이라는 기대심리를 내포한다.[17]

타인과 함께 일하는 상황에서 미묘한 차이의 다양한 신뢰가 형성되는데, 그것을 어떻게 파악할지 기준이 되는 두 가지 신뢰가 있다. 바로 '인지적 신뢰cognitive trust'와 '정서적 신뢰emotional trust'가 그것이다.

인지적 신뢰는 동료를 믿을 수 있고 의지할 수 있다는 믿음에 근거한다. 인지에 기반한 신뢰가 동기로 작용한 팀은 동료가 업무를 수행할 자질이 충분한지 머리로 판단한다. 이 신뢰는 시간이 지남에 따라 점차 형성되고 많은 경험과 상호작용을 통해 사실 또는 거짓으로 밝혀진다. 예로 동료가 전 직장에서 상당한 경력을 쌓았거나, 당신이 인정하는 대학을 졸업했다는 사실을 접했을 때 인지적 신뢰가 쌓인다. 프로젝트를 함께하는 동안 동료가 믿을 만한 사람임을 일관되게 보여주었느냐에 따라 인지적 신뢰는 커질 수도, 작아질 수도 있다.

이와 달리 정서적 신뢰는 동료가 타인에게 발휘하는 관심과 배려에 근거한다.[18] 정서적 신뢰를 바탕으로 한 관계는 긍정적인 감정과 정서적 유대감에 의존한다. 이런 긍정적인 정서는 팀원들이 공통된 가치와 사고방식을 공유할 때 탄생한다. 가령 동료에게 멘토가 되어주거나, 팀원들 사이에 돈을 조금씩 모아 동료에게 선물을 해주는 것은 정서적 신뢰로 가능한 일이다. 정서적 신뢰를 바탕으로 한 관계는 우정과 유사한 형태를 띠고 마음으로부터 우러나온다. 정서적 신뢰를 쌓기 위해 더 많은 시간이 필요한 것은 아니지만, 원격 근무 팀에서는 형성하기 힘든 신뢰 유형이다.

충분 신뢰는 인지적 신뢰에 의존하는 반면, 신속 신뢰는 정서적, 인지적 신뢰 둘 다에 영향을 받는다. 충분 신뢰는 보통 원격 팀의 필요조건이지만 충분조건은 아니다. 팀 외에 조직 전반적으로 의사소통할 때 필요하고, 그런 상황에서 자주 발견되는 충분 신뢰는 조직을 돌아가게 하는 원동력이다. 하지만 충분 신뢰는 시간이 지날수록 더욱 깊어지는 신뢰 유형이 아니며 감정과 연계되지도 않아서 팀, 특히 원격 팀을 단합하게 하는 특별한 힘으로 작용하지는 않는다('그림 1'의 인지적 신뢰곡선[19]과 '그림 2'의 정서적 신뢰곡선 참고).

두 신뢰곡선의 그래프를 보면, 원격 팀원들 사이의 인지적 신뢰는 제법 빨리 높은 수준으로 쌓이는 데 비해 정서적 신뢰는 비슷한 수준에 이르기까지 시간이 더욱 오래 걸린다. 따라서 원격 팀원들은 비교적 낮은 수준의 정서적 신뢰와 상대적으로 높은 수준의 인지적 신뢰를 바탕으로 함께 일한다고 볼 수 있다. 한편 정서적 신뢰를 쌓기까지는 오래 걸리지만, 결국 인지적 신뢰 수준으로 올라가는 것을 확인할 수 있다. 두 신뢰 유형은 상호 배타적인 관계가 아니다. 둘 중 무엇이 더 좋고 나쁘다의 문제가 아니라, 원격 팀을 조

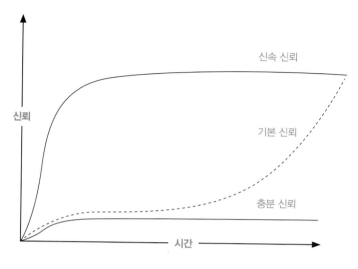

신뢰

신속 신뢰

기본 신뢰

충분 신뢰

시간

[그림 1] 세 가지 유형의 인지적 신뢰곡선

직하거나 이끌 때 어떤 유형의 신뢰가 존재하는지, 또 신뢰가 잘 형성된 경우 이것이 협력과 생산성을 높이는 데 어떤 역할을 하는지 이해하는 것이 중요하다. 그렇다면 당신의 팀에 어울리는 신뢰가 무엇인지 어떻게 파악할 수 있을까? 어떤 신뢰가 필수적일까?

이제부터는 다양한 유형의 신뢰가 어떻게 작용하고, 그 신뢰를 어떻게 형성할 수 있을지 자세히 살펴보겠다. 신뢰의 다면적인 차원을 이해하고, 당신과 팀원들이 신뢰곡선에서 어디에 위치하는지 이해한다면, 팀을 운영하고 리더십을 발휘하는 데 필요한 신뢰 경험과 요소를 파악할 수 있을 것이다.

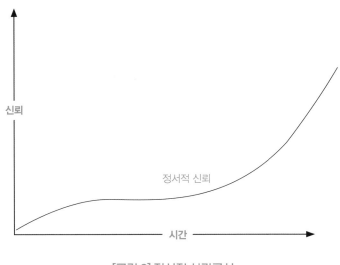

신뢰

정서적 신뢰

시간

[그림 2] 정서적 신뢰곡선

이 정도면 인지적 충분 신뢰

앞의 사례에서 타라가 마리솔에게 필요한 도움을 얻는 데는 충분 신뢰면 족했다. 타라가 자신의 문제를 해결하려고 마리솔과 정서적 관계를 형성할 필요는 없었기 때문이다. 충분 신뢰로도 가능했고, 이후 더욱 깊고 밀도 있는 신뢰 유형으로 발전되지 않아도 되었다. 만일 6주 후 타라가 마리솔에게 또 다른 질문을 한다고 해도 두 사람 사이의 충분 신뢰는 변하지 않을 것이며, 그 정도의 신뢰로도 관계에 문제가 없을 것이다.

한 사무실을 지속적으로 공유하며 업무 습관을 맥락적으로 이해할 기회가 없고, 대체로 디지털 기술로만 소통하는 가상 집단에게는 충분 신뢰가 특히 유용하고, 널리 활용되며, 일반적이다.

일정 기간의 인지적 신속 신뢰

제롬은 팀 플레이어로서 제 역할을 잘하고 협력하는 것이 무엇인지 안다고 생각했다. 전직 간호사였던 그는 응급실에서 의사와 동료 간호사들과 함께 환자의 생명을 살리는 일을 했다. 응급실에서 데드라인이란 말 그대로 생과 사를 오가는 문제였고, 서로에 대한 신뢰가 팀의 성공을 좌우하는 열쇠였다. 그런데 중년의 나이에 접어들어, 세계적인 의료 기기 회사로 이직한 후 그가 생각했던 신뢰와 팀 빌딩team building의 개념이 흔들리기 시작했다.

제롬은 동료 네 명과 함께 신제품 마케팅 프레젠테이션을 준비했다. 그러나 팀원들이 모두 다른 나라에 거주하고 있어서 협업은 전적으로 가상공간에서 진행되었다. 모두 한 번도 같이 일해본 적이 없는 사람들이었다. 제롬이 병원에서 근무할 때는 매일 동료들과 몸을 부대끼며 일했고, 함께 분초를 다퉈가며 환자를 분류하고 치료했다. 그런 그가 수천 킬로미터나 떨어져 있는 낯선 상대를 어떻게 의지할 수 있을까? 그것도 컴퓨터 모니터로만 소통하면서 말이다.

제롬은 팀원들이 건넨 첫 대화가 온통 취미나 휴가 계획 같은 일상적인 이야기일 뿐, 역할 분담이나 팀의 규칙에 대한 논의가 전혀 없었기에, 팀원들이 일을 진지하게 여기지 않는다고 생각했다. 하지만 경계심을 낮추고 대화에 참여하면서 그는 곧 팀원들이 호의와 호기심을 갖고 성실한 자세로 협력하고 있음을 알았다. 칠레에 사는 엔리케는 스케줄을 정리하는 업무를 맡았다. 아르헨티나의 마리아와 프랑스의 실비는 다양한 아이디어를 제시했다. 미국에 사는 트루드는 지금껏 제시된 사항을 간략하게 리스트로 정리했다. 네 사람은 팀 전원의 동의 아래 가장 혁신적인 아이디어를 선택했다.

이렇게 열심히 일했던 만큼 트루드가 "비상!!! 아이디어가 통과하지 못함!"이라는 제목으로 다급한 메일을 보내 상사가 아이디어를 반대했다는 이야기를 전했을 때는 낙심한 팀원들 사이에 며칠이나 날 선 논쟁이 오갔다. 시간 압박에 경험이 많은 제롬은 동료들과 위기를 잘 넘길 방법을 찾았다. 처음 만들었던 리스트에서 다른 아이디어를 선택해 팀원들을 설득했다. 팀은 제롬의 의견에 동의했다.

마감 기한이 나흘 남자 팀원들은 온라인에서 실시간으로 소통했다. 한 사람이 로그오프를 해야 하는 상황이면 일이 중단되지 않도록 다른 팀원들이 이어받아 업무를 계속 진행했다. 몇 번의 초안이 오간 후, 그들은 기한 안에 프레젠테이션을 마쳤다. 서로 고생했다며 감사 인사를 나누고, 개인 연락처도 교환했다. 제롬은 그들이 계속 연락하며 지내지 않을 거라는 것쯤은 알지만, 그래도 공동의 업적을 함께 해냈다는 깊은 성취감을 느꼈다.[20]

가상의 원격 팀원들이 포트폴리오든, 경력이든, 가상공간에서의 의사소통 방식이든 상대의 역량에 대한 충분한 증거를 바탕으로 일정 기간 서로를 신뢰하는 신속 신뢰는 가상 팀워크 연구에서 가장 지배적으로 형성되는 신뢰의 형태이다. 서로에 대해 알아가며 쌓은 기본 신뢰에 비해 신속 신뢰가 불완전해 보이더라도 공동의 업무를 수행하기에는 충분하다.

곧바로 협업과 조화를 이뤄내야 하는 원격 근무자에게 필수적인 신속 신뢰는 개인의 배경이나 경험 측면에서 시간을 들여 관계를 쌓는 것을 중요시하는 사람에게는 무척이나 힘든 개념이지만,[21] 개인주의를 우선시하고 과업 지향적 성향인 사람들에게는 그리 어렵지 않다. 신속 신뢰는 팀원들이 기능적인 관계로 묶여 있는 팀에서 나타난다.[22] 보통 팀이 함께 일하기 시작하는 그 순간부터 생겨나고, 같이 일하며 소통하는 경험이 축적되면서 점점 강화된다. 다시 말해서 신속 신뢰는 처음부터 높은 수준으로 형성되어 시간이 지남에 따라 계속 높은 수준을 유지하지만, 신뢰가 깨지면 곧장 하향 곡선을 그린다는 위험이 있다.

신뢰를 높이는 지식

가상의 원격 팀에서 신뢰를 쌓는 조건은 공동 근무하는 팀과 별반 다르지 않다. 팀장이 분명하게 상위 목표와 목적을 세우고, 팀원들은 그것을 이해하고 따르는 것이다. 투명성, 즉 정보를 자유롭게 공유하는 환경[23]은 효율적인 의사소통, 분명하게 제시된 업무, 신용, 표준화된 내부 절차만큼이나 중요하다. 가상 원격 팀의 경우 앞에서 열거한 일반적인 조건에 더해 지역에 따른 분열과 차이가 신뢰를 형성하는 과정을 더욱 복잡하게 만든다. 이를테면 지리적으로 분산된 팀은 초기에는 서로에 대한 지식이 부족하고, 팀에 대한 소속감이 불확실할 때가 많은데,[24] 이때 자칫하면 팀원들이 고정관념에 사로잡혀 하위 집단으로 분열될 수 있다(하위 집단에 대해서는 7장에서 다룰 것이다). 하위 집단으로 나뉘는 경향에 대응하기 위해서는 신뢰를 높이는 데 필요한 두 가지 메커니즘, 즉 직접적 지식direct knowledge과 반사적 지식reflected knowledge을 쌓는 것이 특히 원격 팀에 중요하다.

| 팀원에 대한 직접적 지식을 쌓는다

멀리 떨어진 가상 동료의 성격과 행동 양식에 대한 '직접적 지식'이 더해지면, 팀원 사이에 신뢰와 유대관계를 쌓는 과정이 훨씬 더 효과적으로 진행된다. 원격 팀에서 정해진 업무에 곧장 투입되기보다 주기적으로 대면 회의를 진행한다면 서로에 대해 배우려는 노력을 기울이게 된다. 예컨대 일정 기간 팀원들이 거주하는 지역에 방문해 압박이 심한 상황에서 어떻게 일을 처리하는지, 팀원 중에 같이 점심을 먹는 파트너들은 누구인지 파악하는 것 모두 직접적 지식을 쌓는 것에 해당한다. 업무 계획상 출장을 가거나 물리적으로 가까이 가는 것이 어려운 상황이라면, 팀원의 삶과 업무 상황에 대해 개인적으로 물어보며 직접적 지식을 쌓을 수 있다. "홈 오피스는 얼마나 완성되었어요?", "점심시간에 보통 뭐 하세요?"와 같은 질문을 나누는 것이다. 가상 팀원들 사이에 서로 배경지식이 쌓일수록 동료가 역할을 잘해줄 것이라는 신뢰 또한 쌓인다.

사례를 하나 들어보겠다. 벤은 2주 동안 엘과 치밍 두 팀원과 함께 근무했다. 그 시간 동안 벤은 동료들의 생활 속에서 그들의 상황을 관찰할 수 있었다. 엘은 압박이 심한 상황에서도 침착했고, 브레인스토밍 때는 핵심 인사들에게 의견을 구했으며, 회사원들이 많이 가는 2층의 카페테리아에서 매일 같은 사람들과 점심을 먹었다. 그들과 함께 업무를 진행하며 벤은 두 사람 사이의 업무 분담도 파악했다. 벤이 얻은 직접적 지식 덕분에 두 사람의 태도와 행동, 동기를 이해할 수 있게 되었다. 이후 벤은 엘과 치밍이 하는 말과 행동을 더욱 잘 납득하고 수용할 수 있었다. 그 결과 주로 가상 환경에서 근무하는 세 사람 사이에 신뢰가 한결 빠르게 형성되었다.

| 반사적 지식으로 공감력을 키운다

직접적 지식만큼 그 실체가 분명하지는 않지만, 마찬가지로 가상의 원격 팀에서 신뢰를 형성하는 데 중요한 요소는 바로 '반사적 지식'이다. 이것은 멀리 떨어져 있는 동료의 시각에서 자신의 규범과 행동 양식을 바라볼 때 얻을 수 있는 지식이다. 반사적 지식은 타인의 눈에 내가 어떻게 보이는지 이해하고, 타인이 나를 경험하며 느끼는 감정에 대해 공감할 수 있도록 해준다. 동료들에게 이해받는다고 느낄수록 그들을 신뢰하는 것 또한 쉬워진다. 일례로 한 인도 출신의 엔지니어는 독일 동료들이 메일 회신도 느리고, 인도 직원들보다 근무 시간도 짧은 것 같다며 독일 직원들은 게으르다고 불평했다. 마찬가지로 독일 엔지니어들은 인도 동료들이 항상 티타임을 갖는다며 불만을 토로하면서, 인도 동료들은 열심히 일하지 않고 게으르다고 탓했다.

사실, 독일 엔지니어들은 메일을 수시로 확인하기보다는 신중하게 계획한 시간에 열어보며 일을 순차적으로 처리하는 방식에 익숙했고, 인도 직원들도 같은 방식으로 업무를 처리할 것이라고 여겼다. 인도 직원들은 실제로 두 명씩 짝을 지어 차를 마시러 자주 나가기는 했지만, 이것은 서로 조언과 정보를 나누고 문제에 대한 해결책을 찾는 시간이었다. 만약 이 두 그룹이 각각 업무를 어떻게 진행하는지 알았더라면 서로 불평을 늘어놓기보다는 상대의 역량과 동기를 신뢰했을 것이다.

이처럼 반사적 지식으로 팀의 하위 집단 사이의 부정확한 인식을 바로잡을 수 있다. 독일과 인도 엔지니어들의 사례에서는 게으름이 아니라 업무 방식의 차이가 불만과 불신의 원인이었다. 반사적 지식은 집단 사이의 이해를 높이고 잘못된 인식을 바로잡는다. 독일 엔지니어들이 인도 동료들의 시각에서 볼 수 있었다면, 자신들의 업무 방식이 비교적 독립적이고 매우 계획적으로 보인다는 것을 깨닫고, 인도 동료들의 협동적인 분위기를 높이 평가할 수 있었을 것이다. 마찬가지로 인도 엔지니어들이 독일 동료들의 시각을 통해 반사적 지식을 얻었다면, 상대적으로 계획적이지 못한 업무 방식을 되돌아보고, 체계적이고 계획적인 독일의 업무 방식을 인정했을 것이다.

자신이 속한 곳에서 통용되는 규범을 더 잘 이해할 때 다른 기준을 지닌 동료들과 공감, 친밀감, 신뢰감을 높일 수 있다.[25]

원격 환경에서 반사적 지식을 습득하는 능력을 기르려면 팀원들의 업무 방식에 대해 깊고 세심한 관심을 기울여야 한다. 팀원이 메일 또는 영상에서 어떻게 소통하는지, 온라인 공유 공간에 언제 로그인하고 로그오프하는지, 업무 시간 외에도 메시지에 회신하는지 등과 같이 말이다. 어떤 팀원은 오후 9시에도 열정적으로 회신하는 반면, 또 어떤 팀원은 밤늦게 울린 메시지 알람 소리에 스트레스를 받은 듯한 어조로 다음 날 아침에 회신할 수도 있다. 팀원들 서로의 규범이 다를 경우 상대를 관찰하면서 자신의 행동을 맞춰갈 방법을 찾을 수 있다. 상대와 규범이 일치한다면, 반사적 지식을 통해 동료가 당신을 깊이 이해하고 있다는 확신을 얻을 수 있다.

원격 팀원들이 직접적, 반사적 지식을 활발하게 교류하기 위해서 리더는 가상공간에서의 소통이 업무에만 국한되지 않도록 하는 그룹 문화를 적극적으로 조성해야 한다. 소셜 플랫폼에서 팀원들끼리 돌아가며 짝을 지어 일상적인 대화를 하거나, 온라인으로 티타임을 가지며 담소를 나누거나, 화상회의 전후로 교류하는 시간을 마련하면 좋다. 원격 팀은 사적인 교류를 나눌 수 있는 최선의 방법을 찾아야 한다.

이때 가장 중요한 것은 이런 교류의 목표가 업무에 관한 토론을 나누는 자리가 아니라, 개인이 서로를 알아가는 데 있음을 팀원들이 이해하는 것이다. 업무 외적인 개인의 관심사와 루틴, 취향, 사무 공간 등에 대해 서로 묻고 답하는 시간이다. 이러한 소통으로 팀원들이 서로에 대해 알게 되면 상대의 상황과 의견에 관한 직접적 지식을 얻을 수 있고, 상대의 시점에서 자신을 바라보며 반사적 지식도 얻을 수 있다.

자기 노출로 유대감을 쌓는다

다른 사람들과 정서적 신뢰를 어떻게 잘 형성할 수 있을까? 가장 강력한 방법은 자기 노출로, 자신을 타인에게 드러내는 것이다. 자기 노출은 우정, 애정, 치료상의 관계를 포함해 다양한 대인 관계에서 반세기 넘는 시간 동안 널리 연구된 개념이다. 사람들과의 관계에서 신뢰를 높이는 방법은 모두가 자기 노출을 하는 것이고, 이것은 일반적으로 친밀감과 호감도를 향상시킨다.

팀원들에게 자신을 노출할 때는 솔직하고 의도적이며 자발적이어야 한다. 자기 노출은 회의에서의 발언, 메일 또는 채팅창, 소셜 미디어 플랫폼에 올리는 사진이나 영상 등으로 표현할 수 있다. 시각적으로 확인할 수 있는 사회적 신호와 관찰 가능한 정보가 타인과의 유대감을 형성하는 데 필요하지만, 이런 신호와 정보가 극히 제한적이거나 없는 원격 근무자들에게는 자기 노출이 특히 중요하다. 수신자에게 의미 있는 자기 노출의 요소를 정리해보면 다음과 같다.[26]

○ 깊이: 친밀감의 정도

○ 범위: 정보량

○ 기간: 정보 교환의 시간

○ 상호성: 자기 노출이 일방적인가, 상호적인가

○ 정직성: 정보가 얼마나 '진정성 있게' 전달되는가

○ 속성: 정보가 해당 수신인에게만 한정적인 것인가

○ 서술적 대 평가적: 예컨대 "저녁 먹었어요" 대 "에티오피아 요리를 좋아해요"

○ 개인적 대 상관적: 예컨대 "'나'는 해산물을 좋아해요" 대 "나는 '당신'과 해산물을 같이 먹는 게 좋아요"

이러한 요소가 의미하는 바는, 정서적 친밀감이 형성되려면 그룹 미팅의 전후 또는 동료들 개개인과 나누는 온라인 소통에서 일상적인 대화를 나누며 자기 자신을 어느 정도는 드러내야 한다는

것이다. 이를테면 "제가 자동차 정비소에 가야 해서 그 시간에는 만날 수 없어요"라거나, "그것을 좀 더 일찍 보냈어야 했는데, 제가 기기가 익숙하지 않아서 고생하고 있어요", "새 고객이 코네티컷 출신이에요. 저도 거기서 자랐거든요!", "당신이 요하네스버그에서 찍은 사진을 올린 거 봤어요. 저도 가족들과 남아프리카에서 1년 동안 살았거든요"라는 식으로 말이다. 상대에 대해 알아갈수록 호감도와 친밀도가 높아진다. 이러한 정보를 공유하지 않는다면 원격 근무자들은 일에 대해서만 소통하는 일차원적이고 업무적인 관계에 그치고 말 것이다. 한 공간에서 근무하면 동료들과 함께 쉬는 시간에 자연스럽고 우연하게 상대에 대해 알아가지만(동료가 금요일 오후 4시 정각이면 카푸치노를 만들어 마신다는 것을 알듯이 말이다), 원격 환경에서는 개인의 특이 사항과 습관을 알아가고 공유하기 위해 특별한 노력을 기울여야 한다.

물론 자기 노출의 경우 특정 맥락 내에서 무엇이, 어디까지 수용될 수 있는지 그 경계를 파악하고, 개인의 정보를 어느 정도까지 노출할 용의가 있는지 정해야 한다. 이를테면 마케팅 팀원들과는 최근에 자신이 받았던 수술이 어땠는지 자세한 이야기를 나누고 싶지 않지만, 원격 진료의 경우 주치의에게 공유해야 할 정보로는 적절하다. 또 타인에게 솔직한 모습을 드러내고 싶더라도 (성차별과 같이) 누구에게도 모욕적인 소재는 결코 용납될 수 없다.

멀리 있는 고객과 신뢰 쌓기

리더라면 더욱 잘 알겠지만 동료, 상사, 직속 상관과 내부적으로 신뢰를 형성하는 것은 대단히 중요하다. 이러한 점은 외부 파트너, 특히 고객의 경우도 마찬가지이다. 그런데 사무실을 방문하거나 업무상 식사를 함께하거나 콘퍼런스에 참석하는 등과 같이 고객 및 외부 파트너와 정서적, 인지적 신뢰를 형성하는 기존 방식이 불가능해졌을 때는 어떻게 해야 할까? 존의 사례를 들어 알아보도록 하자.

리더인 존은 디지털 미디어를 활용해 멀리 떨어진 고객과 효과적으로 신뢰를 형성하는 방법을 찾아냈다. 존의 팀은 고객의 유동자산 500만 달러 이상을 관리한다. 그들은 고객의 요구와 관심사에 맞춰 투자 전략을 세우는 자문 역할을 하고 있다.

전통적으로 고위층 고객과 신뢰를 쌓고 관계를 형성하는 일은 대면으로 진행되어왔다. 그러나 기존의 대면 방식, 말하자면 '하이터치high-touch(인간적이고 감성적인 접촉을 일컫는다-옮긴이)' 접근법은 점점 축소되는 추세였다. 코로나19 팬데믹으로 인해 직접적인 만남이 사실상 완전히 봉쇄되기 전에도 예산 삭감과 항공 요금 및 경비 인상으로 대면 만남이 1년에 2, 3회로 줄어 신뢰를 형성하고 유지하는 데 한계가 있었다. 그렇기에 존의 팀은 디지털 전략을 활용해야 했다. 이 방식으로 편리해진 점도 있었지만, 한편으로는 창의력과 시간, 의도적인 노력이 더욱 필요했다. 존이 고객과 쌓고자 하는 신뢰는 신속 신뢰도 충분 신뢰도 아니었다. 결국 존의 팀은 기본적인 인지적 신뢰와 오래 지속되는 정서적 신뢰를 가상 환경에서도 향상시킬 수 있음을 보여주는 사례가 되었다.

존과 그의 팀은 첫 번째로 의미 있는 접촉의 횟수를 크게 늘려나가는 것이 필요하다고 생각했다. 이러한 접촉 또는 접점은 소셜 미디어와 화상회의, 이메일 등 다양한 디지털 도구를 활용해 만들어낼 수 있다고 여겼다. 다양하고 폭넓은 방식으로 상호작용의 빈도를 높이는 기회를 만드는 것이 그들의 목표였다. 두 번째로는 가상 환경에서의 대화를 최대한 대면 대화처럼 느끼게 할 방법을 찾아야 했다. 그래서 때로는 정장 혹은 캐주얼 차림으로 상황에 맞는 복식을 갖추고, 적절하게 조명을 활용해 가능한 얼굴을 또렷하게 보여주고 분명하게 의사소통할 수 있도록 신경 썼다. 신뢰를 형성하는 데 중요한 세 번째 요소는 간결성과 정확성이다. 광범위한 정보를 프레젠테이션으로 전달하는 대면 미팅과 달리 온라인으로 소통할 때는 가장 핵심적인 사항을 분명히 밝히고, 단 몇 줄로 정확하게 전달할 줄 알아야 한다. 존은 뉴스레터를 면밀히 살펴 고객의 포트폴리오에 해당할 만한 정보를 찾고, 핵심 내용을 세 줄로 요약한 뒤, 곧장 고객에게 전화를 거는 것으로 아주 간단하게 해결했다.

한편 좀 더 창의적으로 접근해야 할 때도 있었다. 존과 그의 팀은 다른 업계를 참고해 이른바 '꿀팁'을 소개하는 비디오 영상처럼 짧고 흥미진진한 이미지로 기존 프레젠테이션보다 훨씬 더 적은 시간을 들여, 훨씬 더 전달력 높은 신상품 소개 영상을 제작했다. 이러한 접근법으로 고객에게 인지적 신뢰를 얻었고, 존과 그의 팀이 수백만 달러의 자산을 관리할 만한 경력과 지식, 신용을 갖추었다는 고객의 인식이 강화되었다.

또한 존은 고객과 정서적 접점을 키울 방법도 찾았다. 일례로 그의 팀은 고객을 위해 온라인 깜짝 생일 파티를 열기도 했다. 존의 팀이 주문한 꽃이 고객의 집에 도착할 것이라는 연락을 받으면, 그 시간에 맞춰 존은 고객에게 전화를 걸었다. 초인종이 울리고 고객이 잠시 양해를 구하고 현관을 열면, 꽃 선물을 받는 고객의 얼굴을 실시간으로 확인하면서 축하해주는 것이다. 이런 경험은 두 사람의 관계를 특별하고도 정서적으로 가깝게 만들어주었다. 또 다른 사례를 들면, 팀원 중 한 명이 코로나19 팬데믹이 한창 심각했던 시기에 고객에게 마스크를 보낸 일이다. 마침 고객이 본인과 가족이 사용할 마스크를 찾지 못해 곤란했던 때여서 특히 의미 있는 선물이 되었다. 고객을 걱정하는 마음이 정서적 신뢰를 높인 것이다. 그 고객은 한창 논의 중이었던 투자 상품에 곧장 자금을 맡겼다.

존과 그의 팀은 전문적인 네트워크를 새로운 방식으로 활용해 고객과의 접점을 창출하기도 했다. 이를테면 그들은 소셜 미디어에 고객만을 위한 맞춤형 '동호회'를 개설했다. 그들은 와인에 관심이 많은 고객들에게 엄선된 와인을 보내고, 화상으로 연결해 온라인 와인 시음회를 열었다. 와인 소믈리에와 고객을 담당하는 팀원들도 그 자리에 함께했다. 테니스와 골프에 관심 있는 고객들을 위해서는 선수들과 짧게 촬영할 수 있는 시간을 마련했다.

이렇듯 노골적으로 상품을 판매하기 위해 초점을 맞춘 것이 아님에도, 개개인에게 집중한 고객 맞춤형 상호작용은 원거리에 있는 부유한 고객과 관계를 쌓고 신뢰곡선을 상승시키는 비결이 되고, 이것은 장차 업무와 관련해서 큰 이익으로 이어질 수 있다.

신뢰는 원격 팀을 하나로 뭉치게 하고, 업무 성과를 보장하는 원동력이나 다름없다. 오랜 시간에 걸쳐 상호작용을 반복적으로 경험하고, 같은 맥락을 공유하며 쌓은 기본적이고 관습적인 신뢰가 업무상 필요할 때도 있다. 어떤 경우는 상황이 반전되기 전까지 무조건적으로 신뢰하는 것이 필요할 때도 있다. 신뢰란 고정된 개념이 아니라 변화하는 개념이므로 신뢰곡선을 나침반 삼아 현재 신뢰를 쌓는 과정에서 어느 위치에 도달했는지, 신뢰가 가파르게 상승하는지 또는 완만하고 느리게 움직이는지, 그리고 신뢰 수준을 어느 위치까지 도달하고 싶은지를 파악해야 한다. 대면 접촉이 거의 이뤄지지 않는 환경이라면, 현재의 신뢰 규모와 강도를 인식하는 것이 중요하다. 원격 근무에서 신뢰곡선은 당신에게 무엇이 필요하고, 그것을 얻기까지 어느 정도의 기간이 걸리는지 판단하는 데 도움을 준다.

원격 팀에서 신뢰 쌓기

- **필요한 만큼의 신뢰 수준을 파악한다.** 원격 근무에서는 정보를 얻거나 업무를 수행하는 것이 가능한 정도의 불충분하고 불완전한 신뢰 수준을 파악하는 것이 중요하다. 동료와 업무를 함께 완수하려면 상대의 행동이나 말을 믿을 수 있는지 판단해야 하는데, 이를 알아내기 위해 필요한 정보를 관찰하고, 습득하고, 확인해야 한다.

- **상대를 믿는다.** 필요한 경우, 공동의 업무를 완수하기 위해 신속하게 동료를 신뢰해야 할 수도 있다. 이런 상황에서는 동료의 역량을 판단하는 데 필요한 정보를 확인하고, 우선적으로 상대를 신뢰하되 차차 정보를 수집해가면서 상대를 지속적으로 신뢰할 것인지 여부를 결정한다.

- **직접적 지식을 구한다.** 신뢰를 높이기 위해 팀원의 업무 환경에 대해 깊이 이해하도록 한다.

- **상대의 관점에서 자신을 바라본다.** 공감을 통해 타인이 경험하는 자신의 모습과 행동을 되돌아보며 깨달음을 얻을 수 있다. 이를 바탕으로 의미 있고 높은 신뢰 관계를 만들어나

갈 수 있다.

- **자신을 드러낸다.** 시간과 상호 친밀감이 없는 상황에서 형성 하기 더욱 어려운 정서적 신뢰는 긍정적인 유대감을 바탕으로 하는 동료 사이의 관심과 배려의 감정으로부터 전달된다. 이 유대감을 나누는 단계에 이르려면 팀원들에게 자신을 드러내 당신이 어떤 사람인지 보여줘야 한다. 자기 자신에 대한 이야기를 공유하면 팀원들과 더욱 가까워질 수 있고, 그로부터 정서적 신뢰를 쌓는 것도 가능해진다.

- **새로운 경로를 만든다.** 고객의 니즈에 귀를 기울이고, 고객과 인지적, 정서적 신뢰를 높일 수 있는 가상 환경에서의 경험을 만들어낸다. 고객과의 관계에서는 인지적, 정서적 신뢰 모두가 필요하다. 디지털 도구를 활용하면 고객을 향한 관심을 표현할 수 있고, 당신이 믿을 만한 파트너임을 보여주는 의미 있는 경험을 만들어낼 수 있다.

3장
생산성 향상

원격 근무 팀은
생산성을 창출할 수 있을까?

CHAPTER 3:

Can My Team Really Be Productive Remotely?

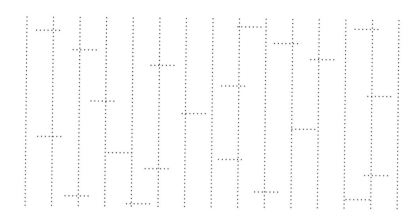

　　원격 근무 팀에 소속된 사람이라면 생산성 문제를 걱정하지 않을 수 없다. 그렇다면 생산성을 어떻게 측정할 수 있을까? 업무 추적은 어떻게 해야 할까? 사무실을 벗어나면 팀원들의 집중력이 분산되거나 태만해지는 것은 아닐까? 넷플릭스, 장난기 넘치는 반려동물, 잡다한 일들, 마음껏 즐기고 싶은 사교생활 등으로 업무에 매진하기가 어려울 수도 있다. 또한 아무리 의지가 굳건해도 재택근무가 지속될 때 찾아오는 신체적, 심리적 문제를 이겨내기는 힘들기 마련이다.

　　업무 방식이 완전히 전환되었든, 혼합형 근무제든 원격 근무를 하다 보면 자신이 맡은 일을 수행하고, 책임감을 발휘하며 최선의 노력을 다한다는 사실을 팀이 알아줄지 걱정이 들기도 한다. 한편 다른 팀원들과 연결성을 찾는 데 어려움을 느끼거나, 집의 환경상 업무에 필요한 집중력을 발휘하기가 힘들 수도 있다. 원격 근무자로서 당신은 자기 관리와 자기 주도가 충분히 가능한가? 아니면 가정(그리고 삶)과 업무의 경계가 무너질까 걱정하면서도 생산성을 높이기 위해 밤낮없이 분주하게 일하고 있는가?

조직의 목표를 달성하는 것이 팀원들에게 달려 있기에 팀장은 원격 팀의 능력을 걱정할 수밖에 없다. 팀이 업무를 진행하는 과정을 직접 확인할 수 없는 팀장은 최악의 상황을 상상하며 걱정하고 있을지도 모른다. 팀이 원격 근무로 전환하는 것 자체가 큰 변수이지만, 사실 한 공간에서 근무한다고 해도 리더 대부분은 직원의 생산성을 통제하기 어렵다. 항상 정해진 마감 기한에 맞춰 보고서가 제출되는 것도 아니다. 새로운 소프트웨어가 오류를 일으키기도 한다. 고객 서비스에 만족하지 못하는 고객들도 있다. 부품을 조립하는 노동자들 위에서 유리창으로 내려다보며 직원이 무엇을 하는지 빈틈없이 감시하는 19세기 산업시대는 이미 지난 지 오래다. 그럼에도 원격 팀의 관리에 따른 두려움으로 인해 멀리서도 원격 근무자들의 생산성을 유지하고자 오늘날 많은 기업이 모니터링 기술에 의지하고 있다.

이 장에서는 먼저 원격 감시 기술과 추적 도구의 역효과에 대해 다룬다. 그다음에는 어떤 '조건'이 성공적이고 생산적인 팀을 만드는지 평생 연구해온 영향력 있는 사회학자이자 선구자인 J. 리처드 해크먼의 연구 결과를 살펴볼 것이다. 형태는 다르더라도 원격 근무라는 개념이 등장한 지는 이미 수십 년이나 되었고, 따라서 원격 근무의 생산성에 대한 데이터 역시 충분한 상황이다. 다행스럽게도 긍정적이라고 말할 수 있는 데이터가 충분하다. 그러면 사무실을 벗어나 생산적으로 일하기 위해서는 근무자에게 무엇이 필요할까? 근무자들은 원격 근무가 보장하는 자율성과 유연성을 가치 있게 여기지만, 반면 팀에 대한 소속감 결여, 업무와 사생활의 경계 설정, 집중력을 발휘하기 어려운 집의 환경으로 인해 고충을 겪을 수 있다. 이 장을 읽고 나면 당신은 원격 근무자들의 생산성을 보장하는 환경을 만들기 위해 무엇이 필요한지 파악할 수 있을 것이다.

득보다 실이 많은 생산성 감시 도구

전자상거래 기업에서 근무하는 스물다섯 살의 한 직원은 본인 소유의 컴퓨터에 키보드 사용 내역과 웹사이트 방문 내역을 추적할 수 있는 소프트웨어를 설치하라는 관리자의 메일을 받고 큰 충격을 받았다. 메일을 계속 읽어 내려가면서 그녀는 벌어진 입을 다물지 못했다. 그 소프트웨어뿐만 아니라 핸드폰에 GPS 위치 추적 애플리케이션까지 다운로드해야 했다.[27] 직원의 업무 행동을 온종일 추적해 기업의 생산성을 보장하겠다는 의도였다.

또 다른 기업의 한 직원은 원격 근무를 할 때, 회사가 업무 태만을 감시하고자 10분에 한 번씩 컴퓨터 앞에 앉아 있는 직원 사진을 찍는 디지털 기기를 도입한 것에 대해 수치심과 불안감을 느꼈다.

이 감시 장치는 휴식 시간도 감시했고, 업무를 재개하기 1분 전에 모니터에 경고 메시지를 띄워 이를 확인하지 않을 경우 근로 시간으로 기록하지 않았다. 시급을 받는 직원에게는 임금이 삭감된다는 의미였다. 직원들은 화장실에 가거나 업무와 무관한 전화를 받으러 자리를 비울 때마다 경고 팝업창이 뜰까 봐 계속 불안해했다.

호주의 어느 번역 에이전시에서는 매니저가 번역 계약직 직원의 데스크톱에 뜬 윈도우창을 실시간으로 확인할 수 있었다. 마우스 커서가 움직이는 것도 빈틈없이 감시했다. 계약직 직원의 메일함에는 작업 상황을 물으며 신속하게 회신해 달라는 매니저들의 메일이 폭주했다. 아이러니하게도 한 공간에서 근무할 때는 이 같은 가혹한 조치가 없었다. 달성해야 할 목표가 있는 기업 입장에서는 지켜보는 사람이 없을 때 근무자들이 태만해질 것이 우려되며 매일 일정 부분 수행해야 하는 업무가 어떻게 진행되고 있는지 직접 확인할 수 없기 때문에 이런 일이 벌어지고 있는 것이다.

모니터링 기기를 제작하는 기업에서는 이런 기술을 '인식 기술 awareness technologies'이라고 부른다. 코네티컷에 있는 한 기업은 코로나19로 인해 수백만 명이 재택근무를 시작한 후로 매출이 세 배나 높아졌다. 이 기업은 이런 모니터링 도구가, 아무런 제재가 없을 때 업무적 책임을 등한시하는 사람들의 기질을 효과적으로 억제한다고 주장한다. 아무리 완곡하게 표현해도 숨은 행간은 분명하게 전달된다. 빅 브라더big brother(조지 오웰의 소설《1984》에 등장하는 '감시자'를 지칭하는 용어)가 감시하지 않는다면 직원들은 게으름을 부릴 것이라는 의미다.

어느 소셜 미디어 마케팅 기업의 경영자 역시 이 전제에 동의하는 듯하다. 재택근무를 시작하며 직원들이 말 그대로 시야에서 사라지자, 그는 전반적인 상황을 파악할 수 없는 데서 비롯한 갑작스러운 불확실성과 그로 인한 생산성 저하를 완화하고자 즉시 디지털 모니터링 기기를 설치했다.[28] 모니터링 기기를 제작하는 업체에서는 해당 기기가 훌륭한 억제책이라며 극찬하고, 관리자들은 직원의 생산성 데이터를 쉽게 볼 수 있다는 데서 위안을 얻지만, 사생활을 중시하는 사람들은 디지털 감시 기기의 확산과 그 잠재적인 기능에 격분하고 있다.

물론 원격 근무자를 향한 추적 기기 전부가 행동을 감시하는 목적으로 사용되는 것은 아니다. 일부 리더들은 직원들이 공동 근무할 때 경험하는 유대감을 조성하고자 재택근무 날에는 비디오카메라와 마이크를 켜고 일하도록 요청하기도 한다. 모니터상의 작은 창이라 해도 시청각적으로 팀원들과 함께할 때 원격 근무에서 초래되는 고립감을 해소하고, 팀원들과 자연스럽게 소통하며 사기를 높일 수 있다는 것이다.

생산성을 모니터하려는 목적이든, 아니면 악의 없이 그저 유대감을 지속하기 위한 장치든 직원들은 감시 도구를 싫어한다. 직원의 입장에서는 감시당하고 있다는 사실이 너무 의식되는 나머지 불안감이 높아지고, 고용주를 향한 충성심을 잃을 정도로 사기는 저하된다. 이러한 침해 행위에 반발할 경우 일자리를 잃게 될까 봐 참고 있는 사람들이 많다. 특히 지금은 경제가 안 좋은 시기니 말이다. 비교적 여건이 되는 사람들은 회사를 박차고 나가는 경우도 많다. 액센추어Accenture에서 실시한 설문조사에 따르면, 모니터링 기기의 감시 아래서 직원들의 스트레스와 무력감이 크게 높아지는 것으로 드러났다.[29]

또 딜로이트Deloitte의 조사에서 밀레니얼 세대는 기업이 개인의 웰빙보다 수익을 강조한다고 느낀다면 퇴사할 생각이 있다고 밝혔다.[30] 이 조사에서는 감시를 통해 이익을 얻는 사람들 측에서도 모니터링 도구를 불편하게 여기는 것이 드러났다. 조사에 참여한 전체 고위 경영진의 70퍼센트가 감시 데이터를 효과적으로 활용하는 데 불편함을 느낀다고 대답했다.

리더는 디지털 감시가 내포한 위험성을 반드시 이해해야 한다. 아무리 좋은 의도라 해도 디지털 감시는 '본질적'으로 고용주와 직원 사이의 신뢰가 결여되었다는 의미를 담고 있다. 특히 갑작스럽게 원격 근무로 전환된 후에 통제력을 강화할 목적이라면 더더욱 그렇다. 리더가 직원들을 향해 불신을 나타낼 때 효율적인 팀워크의 기반이 뿌리째 흔들린다. 생산적인 팀을 위한 가장 기본적인 조건이 결여되었는데, '인식 기술'이나 생산성을 향상시키려는 그 어떤 장치가 무슨 소용이 있겠는가?

팀의 성과를 이끄는 3가지 기준

J. 리처드 해크먼의 연구를 이해하지 않고는 팀과 팀의 생산성에 대해 논할 수 없다. 팀의 역학관계에 대해서 지금껏 그보다 잘 이해하는 사람은 없었다. 연구를 위해서라면 비행기의 조종석까지 오르는 일처럼 기상천외한 장소에서 팀 역학에 관한 진실을 밝히고자 노력했던 그는 약 40년 동안 주요 기업의 고위 경영진, 오케스트라, CIA 정보 분석 팀, 병원 의료 팀, 승무원 등 가능한 모든 맥락에서 다양한 집단을 분석했다. 오랜 기간 교수로 몸담았던 하버드대학교에서는 사람을 개발할 수 있다는 그의 신념이 전설로까지 남아 있을 정도다. 그는 존재만으로도 공간을 가득 채웠고, 굵은 저음의 목소리는 청중의 이목을 사로잡았다. 어떤 이유인지 세미나에서든 직접 대화를 나누든 해크먼을 마주칠 때면 항상 그는 지적 담론에 사로잡힌 채 끝없이 실증적 증거를 내세워 맹렬하게 자신의 주장을 펼치고 있었다. 고인이 된 후에야, 그의 키가 183센티미터를 약간 넘는 정도였다는 것을 알고 나는 크게 놀랐다. 우뚝 솟은 그의 존재감 탓에 그보다 훨씬 더 크게 느껴졌기 때문이다. 해크먼은 최소 두 세대에 걸친 학자들과 팀들에 지대한 영향을 끼친 인물인 만큼 나의 사고방식에도 큰 영향을 미쳤다.

해크먼은 몇 가지 기준으로 팀의 성과를 판단할 수 있다고 설명했다. 그가 남긴 항구적인 기여 가운데 하나로, 팀의 성공적인 성과를 이끄는 세 가지 기준[31]은 업계나 맥락에 관계없이 어느 팀에나 적용된다.

---

1. '결과 도출', 즉 기대 목표를 달성한다.
2. '개인의 성장', 즉 개인의 발전과 웰빙을 도모한다.
3. '팀 응집력', 즉 팀을 하나로 단결한다.

조금 후에 설명하겠지만, 이 세 가지 기준은 생산성이라는 이유로 원격 근무자와 조직을 모니터링하는 것이 실패하는 이유를 설명하는 데에도 핵심적인 역할을 한다.

'결과 도출'은 생산성을 평가할 때 묻는 가장 기본적인 질문 가운데 하나이다. 고객 지향 프로젝트에서 효율적인 팀은 적절한 상품 또는 서비스를 성공적으로 출시한다. 조직 내부적으로 효율적인 팀은 필요한 제 기능을 수행한다. 즉 전략 팀은 성공적으로 전략을 개발하고, 운영 팀은 성공적으로 조직을 운영하고, 테크 팀은 성공적으로 기술을 도입한다. 물론 프로젝트를 달성하거나 정해진 기능을 수행하는 데 '성공적'이란 의미를 하나로 정확하게 정의할 수는 없다. 생산 팀에서 제품을 예산 이하로 제작해 정해진 날짜 안에 출시하여 리더와 관계자들의 기대를 충족시키는 데는 성공했지만, 제품의 질을 희생시키고 고객에게 실망을 안겨줄 수도 있다. 따라서 팀마다 기대 목표가 무엇인지 분명하게 정해야 한다.

팀의 성과를 측정하는 두 번째 핵심 요소는 개인의 경험이다. 성공적인 팀에서는 팀원들이 서로의 웰빙 또는 '개인의 성장'을 돕는 것이 팀의 역할이라고 배우고 그렇게 느낀다. 그런 까닭에 성공적인 팀의 팀워크는 개개인에게 지식을 확장하고, 새로운 기술을 배우고, 새로운 관점에 노출되는 기회를 제공한다. 이러한 기회가 팀의 측정 가능한 성과에 직접적인 영향을 미치지는 못해도, 개인의 성장은 직무 만족도를 높이고, 그 결과 팀의 생산성이 높아지는 현상이 나타난다. 개인의 성장이란 요소가 조직에 존재하지 않으면 팀원들의 부정적인 정서가 높아진다. 누구나 한 번쯤 팀에서 자신이 성장하지도 못하고, 정서적으로도 충족되지 못하고 있다는 생각을 한 적이 있을 것이다. 그렇다면 팀에 대한 기여도는 떨어질 수밖에 없다. 팀이 효율적으로 운영되려면 팀원 모두가 본인의 역할과 자신이 팀을 위해 할 수 있는 일, 팀이 자신에게 제공할 수 있는 기회에 대해 낙관적으로 생각해야 한다.

마지막 평가 요소인 '팀 응집력'은 팀원이 하나로 단결하는 정도를 의미한다. 팀원이 개별적으로 일하는 것이 아니라 한 집단으로 함께 일하는 법을 배울 때 팀의 응집력이 구축된다. 이 배움의 과정에서 핵심 역할을 하는 것이 바로 사회적 유대감이다. 하나의 집단으로 효율적으로 협동하기 위해서는 팀원들이 충분한 유대감을 느껴야 한다. 시간이 필요한 일이다. 함께 일하는 경험을 바탕으로 팀원들은 협력을 증진시키고, 집단적 기술을 개발하며, 팀의 효율성을 극대화하는 전략을 세울 수 있다.

원격 근무 생산성에 대한 인식

좋은 소식이 있다. 일부 관리자들을 감시 도구에 의존하게 만드는 원격 근무에 대한 두려움은, 사실 아무런 근거가 없는 것으로 밝혀졌다. 여러 연구를 통해 원격 근무가 생산성에 해를 끼치지 않는다는 것이 드러났다. 도리어 원격 근무는 생산성을 '향상'시키는 것으로 밝혀졌다. 감시 전략을 채택하는 매니저들은 생산성에 대한 핵심적인 사실을 놓치고 있는 것이나 다름없다. 즉 생산성은 팀의 결과 도출, 개인의 성장, 팀 응집력이라는 세 가지 필수 요소에서 결정된다는 사실을 놓치고 있다. 이제부터 자세히 설명하겠지만, 원격 근무는 그 특성상 세 가지 요소가 다방면으로 충족된다. 가령 팀의 결과와 개인의 성장 관점에서 보면, 재택근무를 할 때 직원들은 업무 일정을 유연하게 계획할 수 있고, 작업 환경을 자유롭게 설정할 수 있으며(이를테면 실내 온도 조절 장치로 다툴 일이 없다), 출퇴근 시간도 아낄 수 있다. 이 장의 후반부에서는 원격 근무의 생산성을 높이는 데 필요한 핵심 사항을 살펴볼 것이다.

먼저, 원격 근무의 생산성에 대해 간략하게 검토해보자. 30년 가까이 여러 기업과 학자들은 현대 원격 근무의 효과에 대한 연구를 계속해왔다. 여기서 현대란 디지털 도구를 활용하여 가상 환경에서의 직무 수행이 가능하다는 의미이다(명확하게 설명하자면, 1600년대 말 런던의 상인이 대서양을 항해하며 북미 연안의 식민지 개척자들과 거래하던 방식을 말하는 것이 아니다). 서문에서 언급했듯, 첨단

기술 상품을 제조하는 기업들이 가장 먼저 현대 원격 근무 팀의 조직을 시도했다. 시스코가 1993년 실리콘밸리 지역에 원격 근무 프로그램을 도입하면서 직원 90퍼센트가 장소에 구애받지 않고 업무하는 거대한 실험에 참여하게 되었다. 직원들은 사무실은 물론 카페, 주방 식탁 등 자신이 원하는 곳에서 일하는 자유를 누렸다. 얼마 지나지 않아 시스코는 공식적인 사무실의 규모를 줄여 막대한 유지 비용을 절약한 덕분에 재정적 이익을 거두었다. 시스코는 원격 근무 덕분에 직원들의 집중력과 기여도가 향상되었다고 밝혔고,[32] 10년이 채 안 되는 기간 동안 생산성 향상으로 1억 9,500만 달러의 경비를 절감한 것으로 알려졌다.

또 다른 기술 기업인 썬마이크로시스템즈는(2009년 오라클^{Oracle}에 인수되기 10년 전) 다양한 배경의 인력을 구축했고, 직원들은 자신이 일하는 지역과 다른 시간대에서 다른 기능을 수행하는 동료들과 협력해야 했다.[33] 분산된 팀의 특성상 직원들은 더 유연한 근무 제도를 희망했다. 1995년부터 여러 대안을 고민해오던 썬마이크로시스템즈의 최고 경영진은 '오픈 워크$^{Open Work}$'라는 이름의 원격 근무 프로그램을 기획했다. 이들 경영진은 직원들이 언제, 어디서나, 기술에 구애받지 않고 업무를 할 수 있어야 한다고 결론지었다. 당시만 해도 상당히 독특한 발상이었다.

시스코의 원격 근무 계획과 유사하게 오픈 워크는 과학기술, 도구, 지원 프로세스와 같이 세 갈래로 진행되었다. 1995년에는 인터넷 연결이 수월하지 않았다. 핸드폰이 상용되던 시기도 아니었고,

블루투스와 클라우드는 아직 세상에 등장하지도 않았었다. 그 때문에 오픈 워크는 '보안 이동성mobility with security'이라는 혁신적인 기술을 선보였고, 개인 컴퓨터에서 접속이 가능한 모바일 액세스로 직원들이 업무 장소를 옮겨 다니며 일할 수 있게 했다. 당시 획기적이었던 또 다른 아이디어는 그날그날에 따라 직원이 썬 캠퍼스Sun campus, 드롭인 오피스drop-in office(예약하지 않고 사용할 수 있는 공용 오피스-옮긴이), 호텔링 사이트hoteling site(근무자가 자신이 원하는 시간을 예약해서 사용하는 오피스-옮긴이) 그 어디든 작업 공간으로 활용하도록 허용한 것이었다. 오픈 워크의 진입 장벽을 낮추고자 썬마이크로시스템즈는 원격 근무자들에게 인터넷, 전화, 하드웨어 비용을 매달 지불했다. 요즘에는 지역마다 공유 오피스가 성공적인 비즈니스이자 하나의 생활양식으로 자리매김했다. 매사추세츠에 외출금지령이 시행되기 전, 내가 사는 동네의 스테이플스Staples(사무용품 업체-옮긴이)에는 무료로 사용할 수 있는 지역사회의 회의실을 포함해 멋진 공유 오피스 공간을 만드는 공사가 진행 중이었다. 하지만 25년 전만 해도 썬마이크로시스템즈와 같은 기업은 새로운 업무 방식에 잘 적응할 수 있도록 직원 훈련을 고안해야 했다. 새로운 근무제도가 도입된 후 이 기업은 근무 날에 정해진 건물로 출근하지 않는 직원이 전체의 3분의 1이나 되었다. 원격 근무제도는 직원들에게 큰 호응을 얻었고, 10년이 채 안 되어 이 프로그램에 참여하는 직원은 약 60퍼센트로 처음의 두 배 이상 늘었다. 이 기업 또한 부동산을 15퍼센트 이상 처분하며 약 5억 달러를 절감했다.

점점 확산되고 있는 원격 근무 흐름에 호기심이 생긴 경영학자들은 원격 근무자의 실제 경험이 사무실 근무자에 비해 더 나은지 확인하고자 했다. 관련된 한 연구에서는 (팀원들 사이의 관계가 좋다는 전제하에) 출퇴근에 따르는 시간과 스트레스를 견딜 필요가 없기 때문에 직원들의 생산성과 직무 만족도가 높아질 것이라는 가설을 제기했다. 이 가설은 사실인 것으로 조사되었다. 원격 근무자들은 출퇴근에서 자유로워졌다는 데 큰 만족감을 느꼈다. 이른 아침에 열리는 회의에 제시간에 도착하기 위해서 불안해할 필요가 없어진 것이다. 신호등을 뚫어져라 쳐다보면서 언제 신호가 바뀌려나 초조해할 일도, 꽉 막힌 도로에서 난폭하게 차선을 변경하는 차를 급히 피할 일도 없었다. 비좁은 운전석에 앉아 있느라 또는 만원 버스에서 시달리느라 허리가 아플 일도 없었다. 주방에서 책상까지 걸어가는 정도의 시간이면 업무를 바로 시작할 수 있는 원격 근무자들의 생산성이 통근하는 동료들에 비해 30퍼센트가량 높았다고 연구는 밝혔다.

이러한 결과는 미국에서만 국한된 현상인 것일까, 아니면 다른 문화권에서도 비슷한 생산성 향상의 결과가 나타날까? 개인의 니즈와 집단의 니즈를 구분하는 기준이 문화적으로 다른 중국의 기업에서 이 실험을 한다면 어떤 결과가 나올까? 중국의 가장 큰 여행사인 씨트립Ctrip에서 재택근무가 조직의 성과와 생산성에 긍정적인 영향을 미칠지 알아보기 위해 경제학자 몇 명이 팀을 이루어 조사를 시행했다.[34] 연구 저자 가운데 한 명인 제임스 리앙James Liang은

이 여행사의 공동 창립자인 만큼 이러한 질문에 관심이 높았다. 흥미롭게도, 상하이 콜센터에서 근무하는 직원 996명에게 재택근무에 참여할 생각이 있는지 물었는데, 조사 대상자의 절반가량이 그렇다고 대답했다. 그러나 회사에서 재택근무 기준으로 설정한 6개월 재직 기간에 부합하고, 광대역 기술과 독립적인 사무 공간을 갖춘 직원은 249명에 그쳤다. 연구진은 그중 125명을 무작위로 선발해 재택근무를 진행했고, 나머지는 회사에서 계속 근무하도록 했다. 사무 공간 외에 바뀐 것은 없었다. 앞으로 9개월 동안 기존 업무인 고객 서비스라는 책임을 다하면 되었다.

이 연구진은 9개월 후에 어떤 차이를 발견했을까? 조사 결과 직원들이 재택근무를 더욱 선호하는 것으로 나타났다. 이외에도 두 그룹(원격 근무자 그룹과 원격 근무자가 아닌 그룹)이 전화를 받기 위해 로그인한 시간을 비교한 결과, 원격 근무자의 생산성이 그렇지 않은 그룹에 비해 13퍼센트 높다는 것을 발견했다. 재택근무자의 이직률은 회사에서 근무하는 직원에 비해 50퍼센트 낮았다. 9개월의 실험 기간 동안 씨트립은 생산성이 20~30퍼센트가 상승했고, 직원 1인당 연 2,000달러 정도의 비용을 절감했다. 이는 대체로 사무 공간의 축소와 성과 향상, 이직률 저하로 인한 결과였다. 이러한 고무적인 결과에 씨트립은 전 직원을 대상으로 재택근무를 확대했다. 이후 재택근무를 수용한 직원들의 성과가 22퍼센트 향상되었다.

지금까지 소개한 내용은 성과를 다양한 지표로 엄격히 관리하는 영리기업에서 원격 근무로 생산성과 재정적 이익이 향상된 사례다. 그렇다면 분기별 성과에 대해 걱정하지 않아도 되는 연방 정부 소속 기관의 직원들은 어떨까. 연구자인 라즈 초우두리[Raj Choudhury]는 파트너인 시러스 포로기[Cirrus Foroughi], 바버라 라슨[Barbara Larson]과 함께 미국 특허청[USPTO]을 대상으로 정부기관에서도 원격 근무가 생산성을 더 높이는지 살펴봤다.

연방 정부 소속 기관인 미국 특허청은 버지니아주 알렉산드리아에 위치해 열한 개의 건물을 사용하고 있다. 이 기관의 가장 중요한 임무는 "저작자와 발명자에게 저작 및 발명에 대한 배타적 권리를 한시적으로 보장함으로써 과학과 유용한 예술의 진흥을 촉진한다"는 미국 헌법 조항을 이행하는 것이다. 보호받고 싶은 기발한 아이디어가 있는 사람은 미국 특허청으로 가서 특허 심사원에게 심사를 받는다. 다국적 협업을 주제로 한 소프트웨어 시뮬레이션의 특허를 신청했던 나의 경험에 미루어 말하건대, 특허 출원에는 족히 몇 년이 소요된다. 특허 심사원은 숙련된 전문가들이지만 그리 서둘러 진행해주지는 않는다. 복잡하고 상당히 전문적인 서류가 여러 경로를 거쳐 꼼꼼하게 검토되는데, 그 과정에서 진행이 지연되고 정체될 일이 상당히 많다.

라즈 초우두리와 두 파트너는 미국 특허청에서 두 가지 원격 근무 프로그램을 분석했다. 하나는 특허청에서 약 80킬로미터 내에 거주하는 직원들이 원격으로 어디서나 근무하는 형식이었다. 다른 하나는 일주일에 최대 나흘 동안 재택근무를 하는 것이었다. 원격 근무 프로그램에 참여하려면 2년 동안 만족할 만한 성과가 있어야 했다. 해당 요건에 충족하는 약 800명의 심사원이 연구에 참여했다. 장소에 구애받지 않고 자유롭게 일하는 근무와 재택근무를 비교한 결과, 전자에 속한 심사원들의 생산성이 4.4퍼센트 높게 나타났다.[35] 또 한 번 생산성 향상의 결과가 분명하게 확인되었다. 자세히 말하자면, 특허 심사원들은 원격 근무를 선택할 자유가 주어졌다는 데 만족감을 느끼고 있었다. 지금껏 일터에서 자율성을 바라는 욕구가 일관되고 강력한 패턴으로 나타났는데, 자율성이야말로 원격 근무가 충족시켜 줄 수 있는 대표적인 특성이다.

원격 근무자에게는 자율성이 필요하다

원격 근무의 성공 여부는 자기 주도 능력과 자신의 업무 프로세스를 직접 관리하는 기회를 잘 활용하는 능력에 달려 있다. 해크먼이 강조한 개인의 성장은 원격 근무자들의 경우 어디서, 어떻게 일할지를 결정하는 자유까지로 그 범위가 확대된다. 원격 근무를 주제로 한 그의 수십 년 동안의 연구는 하나같이 자율성이 직무 만족도와 성과 면에서 중추적인 역할을 한다고 가리킨다. 여기서 자율성이란, 자기 지배self-govern 능력을 뜻한다. 원격 근무 환경에서 자율성은 업무 시간과 장소의 유연성으로 해석된다. 팀원들 사이의 협력이 필요한 상황을 제외하고 언제, 어디서, 어떻게 근무할 것인지를 스스로 통제할 수 있느냐가 중요한 문제이고, 여기에는 그럴 만한 이유가 있다. 업무에 대한 자율성은 신뢰와 신용의 상징이고 (그 결과 자신감을 향상시키고), 프로젝트에 대한 주인의식을 높이며 (그 결과 프로젝트의 성공에 개인의 기여가 커지며), 개인의 스케줄에 따라 업무 시간을 조정할 수 있기 때문이다(그 결과 효율성이 높아진다).

스케줄의 유연성이라는 마지막 장점은 일과 가족의 요구를 모두 살펴야 하는 원격 근무자들이 가장 중요하게 여기는 부분이자 가장 매력적인 이점 가운데 하나로 자주 언급된다. 이 장 초반에 언급했던 원격 근무자를 대상으로 한 모니터링은 자율성이 제공하는 것과는 정반대의 효과를 가져온다. 조직이 자신을 신뢰하지 못한다고 느낀 직원은 팀 프로젝트에서 주체성을 발휘할 수 없고, 정해진 스케줄에 따라 근무해야 한다는 압박감을 느낀다. 업무 감시는 과잉 교정의 전형적인 사례이자, 어떤 가능성도 미연에 차단해 일어날 확률이 거의 없는 최악의 시나리오를 방지하겠다는 말도 안 되는 통제이다.

자율성이 정말 업무와 개인의 성과에 영향을 미칠까? 한 연구진은 대형 통신사를 대상으로 연구를 진행하며 이 기업의 직원들에게 설문조사를 실시했다.[36] 조사 참가자들 가운데 83명이 원격 근무자였고, 144명은 사무실 근무자였다. 조사 결과 사무실에서 근무하는 직원보다 원격 근무자가 더 많은 자율성을 누렸고, 다양한 지식을 융합한 공동 프로젝트를 더 많이 진행했으며, 승진 가능성도 높은 것으로 나타났다. 한편 '압박에 근거한 strain-based (어떤 역할을 수행하느라 받은 스트레스가 다른 역할에까지 영향을 미쳐 불안이나 짜증 등의 심리적 압박 증상을 야기해 두 번째 역할의 효율성을 저해하는 갈등 유형-옮긴이)' 직장-가정 갈등에 쏟는 시간도 적은 것으로 나타났다. 이 연구는 업무 방식에서 유연성과 지배 능력이 커지는 것이 직장-가정 갈등을 낮추는 요인일 수 있다고 제안했다. 그뿐만 아니라 관리자와 마주하는 시간이 적기 때문에 경력 지원이 부족하다고 느낄지언정 원격 근무자들은 승진 및 부서 이동의 기회에서 그 어떤 어려움도 보고하지 않았다.

자율성 또는 자기 지배 능력이 보장될 때 개인의 몰입commitment 역시 가능해진다. 조직, 명분, 아이디어에 더욱 전념할수록 목표를 이루기 위해 더 많이 노력하는 것이 일반적이다. 몰입은 인재를 유지하는 데 중요한 지표이다. 또다시 직원을 채용하고 훈련시키는 과정이 거의 없이 안정적인 경력 직원에게 의지할 수 있는 기업의 입장에서는 인재 유지가 생산성 면에서 중요한 요소이다. 여러 연구를 통해 가상 환경에서 일하고 자신의 업무를 유연하게 조정할 기회가 주어질 때 조직과 업무에 대한 몰입이 깊어지고, 직원이 이탈하는 가능성도 낮아진다는 것이 밝혀졌다. 한편 탈진감은 이런 효과를 약화시킨다.[37] 당연하게도 탈진감을 경험할 때 거의 모든 유형의 직무 만족도에 중요한 요소인 직무 통제감이 사라지는 것으로 나타났다. 마찬가지로 업무량에서 비롯된 탈진감은 원격 근무자들이 중요하게 여기는 유연성을 약화시킨다.

한 연구진은 소규모 팀이 아닌 미국 전역으로 분산된 거대 조직에 속한 원격 근무자에게는 자율성의 효과가 달라지는지 궁금했다. 연구진은 설문조사, 인터뷰, 관리자의 성과 평가 등 최소한 세 가지 방법을 동원해 직원 행동과 생산성에 대해 조사했다. 이 조사에는 1,000여 명의 직원이 참가했다. 그중에는 원격 근무를 하는 직원도 있고, 그렇지 않은 직원도 포함되었다. 앞서 예로 든 연구와 공통적으로 이 연구진은 심리적으로 높은 직무 통제감을 느끼는 직원들은 이직 의도, 직장-가정 갈등, 우울감이 현저히 낮다는 것을 발견했다.[38]

작업 환경이 근로자에게 호의적이어야 한다

한 비디오게임 회사의 소프트웨어 엔지니어인 숀은 원격으로 근무한다. 숀은 어렸을 때부터 코딩과 비디오게임을 좋아했다. 그의 팀은 어떤 기술적인 문제도 해결해내는 숀의 신비한 능력에 찬사를 보냈다. 그는 어떤 문제든 끈질기게 붙들고 늘어져서 해결하는 성격이었다. 숀은 팀원들과 함께 일하는 것이 만족스러웠다. 팀에서 젊은 연령층인 숀은 세상을 차단한 채 몇 시간이고 앉아 창의적인 프로그래밍의 세계에 빠져들곤 했다. 때로는 아침과 점심을 거를 정도였다. 굉장한 집중력으로 화면을 노려보며 완벽하게 수천 행의 코드를 써 내려갔다. 숀의 삶은 대학교 때부터 사귀어온 여자 친구와 결혼하면서 완전히 달라졌다. 이들 부부는 딸 하나, 아들 하나를 두었다. 시간이 흐르면서 숀은 집 안 환경에 점차 불만이 커졌다. 팀이 의지했던 자질이자 본인의 책임을 다할 수 있던 원동력인 엄청난 집중력을 더 이상 발휘할 수 없었기 때문이다. 그의 아내는 식사 시간조차도 일에만 정신이 팔려 있다며 불평했다. 별것 아닌 사소한 집안일로 계속 방해를 받는 것 같아 숀도 점점 짜증스러워졌다. 업무 공간도 문제였다. 시끄러운 소음도 내내 발생했다. 가족의 경제 여건상 집 안 환경을 바꿀 만한 여유는 없었다. 직장을 다니기 시작한 이후 처음으로 그는 원격 근무를 그만둘까 고민에 빠졌다. 일과 삶의 경계가 흐려졌다.

재택근무를 하며 일과 삶의 균형을 찾는 데 애를 먹는 것은 숀만이 아니다. 코로나19 팬데믹으로 인해 재택근무 지시를 받은 전 세계 수백만의 사람들이 같은 경험을 했다. 이것은 업무 영역과 구분하여 가정을 사적인 영역으로 여기는 일부 문화권의 사람들에게는 치명적인 문제이다. 고용주가 직원의 웰빙에 관심을 가질 것이라 예상하고 또 바라는 것과는 별개로, 고용주가 직원의 삶에 관여하는 정도는 반드시 제한되어야 한다. 나의 동료인 락슈미 라마라잔Lakshmi Ramarajan은 인간의 정체성은 다면적이라고 믿는 쪽이다. 말하자면 우리는 기술 전문가인 동시에 태스크포스 구성원이고, 국립 단체의 회원이자 부모이다. 이미 잘 알듯이 다양한 정체성은 부유한 삶과 확장된 세계관이라는 이점이 있지만, 여러 전문 영역에서 일련의 행동과 가치를 다르게 적용하며 바쁘게 오가거나 조정해야 하는 사람들은 어려움을 겪기도 한다. 서로 다른 정체성에 더해 재택근무를 하는 사람들은 토글^{toggle}(둘 중 하나를 선택하는 기능) 키로 전환하듯 일과 가정생활을 오가야 하는 부담이 있다. 물론 부모들의 경우에는 아이들의 등하교나 숙제, 식사 시간 등과 같이 아이 돌봄과 가족과의 시간에 더 여유를 얻을 수 있겠지만, 여성보다 남성의 경우 원격 근무로 직장-가정 갈등을 더 많이 경험한다는 것이 몇몇 연구를 통해 드러났다.

작업 공간, 과학기술, 제반 시설, 사생활 보호, 가족 등 집 안 환경이 원격 근무의 성공 여부를 좌우한다. 가상 근무의 장점인 업무 시간과 장소의 유연성은 집 안 환경이 직무를 방해하는 것이 아니라 보완할 때만 유익하게 활용된다. 물론 가족 규모에 따라 상황이 달라지기도 한다. 가족 규모가 작은 사람들은 그 규모가 큰 사람들에 비해 방해를 덜 받는다. 작업 공간의 여유도 직무 만족도를 좌우한다. 비좁은 아파트나 침실 한쪽에 임시로 공간을 만들어 작업할 경우 굉장히 불편하고 집중력이 떨어진다. 일하던 침대에서 잠을 자거나, 작업하던 테이블에서 식사한다면 '집에서 근무하는' 것이 아니라 '회사에서 생활하는' 듯한 기분을 느낄 수 있다. 손의 경우 아이들이 등장하면서 집의 환경이 달라졌지만, 룸메이트나 여러 세대가 사는 대가족과 함께 거주한다면 직무 만족도를 저하시키는 집의 환경이 조성된다.

집의 환경은 웰빙에 중요한 역할을 한다. 여러 연구에서 재택근무로 보장되는 근무 시간의 유연성과³⁹ 높아진 직장-가정 사이의 균형이 대체로 웰빙에 이롭고, 그 때문에 원격 근무자의 직무 만족도와 생산성에도 긍정적인 영향을 미친다고 주장한다. 하지만 공과 사의 불분명한 경계나 지속적인 근무에 필요한 집중력을 방해하는 집의 환경이 갈등과 불안을 조장할 수 있다. 즉 재택근무는 집의 환경이 어떠한가, 누구와 함께 거주하는가에 달려 있다고 볼 수 있다.

팀은 응집력이 필요하다

원격 근무와 사무실 근무의 차이는 분명하다. 근무자에게 기쁨을 주고, 도움을 주고, 짜증도 나게 만드는 (또는 근무자가 그렇게 할 수 있는) 사람들과 함께 있지 않다는 것이다. 원격 근무를 할 경우, 컴퓨터를 들여다보거나 사무실을 오가는 동료들을 볼 수 없다. 회의실에서 울리는 목소리나 휴게실에서 흘러나오는 웃음소리를 들을 수 없다. '원격'이란 단어는 정의상 멀리 떨어져 있고, 닿을 수 없으며, 단절된다는 것을 의미한다. 그렇기에 긴밀한 원격 팀이란 말은 모순적으로 들린다.

한편 생산적이고 만족스러운 업무 관계는 물리적 인접성에 달려 있지 않다. 팀원들이 원격 근무를 하든 공동 근무를 하든, 팀의 응집력은 함께 협력해 효율적으로 일하느냐의 문제이다. 응집력 있는 팀의 구성원들은 서로를 인식하고 정서적인 유대감을 느끼며 공동의 목표를 중심으로 단합한다. 주기적으로 소통하고 맡은 업무를 협력적으로 해내기 위해 어느 정도의 신뢰 수준을 유지해야 하는지 이해한다. 응집력을 갖춘 팀은 서로 의지하고 신뢰하고 인정하며, 상대의 장단점에서 배움을 얻는다. 정면으로 갈등을 마주하고 해결책을 찾아 함께 고심한다. 같은 장소에서 일하는 것이 응집력 있는 팀의 전제 조건은 아니다. 한 조사에서 연구자들은 대면 상호작용에 드는 시간의 10퍼센트만 할애하면 원격 팀도 생산적으로 협력할 수 있다고 밝혔다.[40]

원격 근무를 하는 팀원들의 경우, 팀의 응집력은 두 가지 상호적인 요소로 결정된다. 그것은 다른 팀원들과의 상호작용 빈도와 그 상호작용을 바탕으로 형성된 관계의 질이다. 공동 근무 환경보다 더욱 중요한 것은 구성원들이 집단에 '소속감'을 느끼는 정도이다. 인정을 받고, 팀에 몰입하고, 팀의 진행 상황을 파악하고 있는 정도를 의미한다. 2008년에 어느 대규모 하이테크 기업의 재택근무자 다수를 대상으로 업무적 고립감을 조사한 바 있다. 이 조사에서 연구진은 참가자들에게 오랫동안 널리 활용되어온 'UCLA 외로움 척도UCLA Loneliness Scale'의 항목에 본인의 경험을 1에서 5점으로 응답해 달라고 요청했다. 예를 들면 '나의 경력을 향상시킬 수 있는 활동과 미팅에서 제외되는 기분을 느낀다', '조직의 돌아가는 상황을 잘 모르는 것 같다', '동료들과의 대면 접촉이 그립다'와 같은 문항이었다. 이들 연구진이 설문조사 결과와 생산성 지표를 비교한 결과, '원격 근무자들의 업무적 고립감과 업무 성과 사이에 부정적인 연관성이 있다'고 결론지었다.[41] 이러한 '외로움' 측정법의 결과는 '업무적 고립감'을 효과적으로 설명해준다. 최근의 연구를 통해 외로움은

3장.
생산성 향상
원격 근무 팀은 생산성을 창출할 수 있을까?

105

하루 15개비의 흡연과 맞먹는 심각한 공중 보건 문제라고 해석된 바 있다.[42] 해당 연구에 등장한 표현처럼 이 문제의 '치료제'는 의미 있는 관계이다. UCLA 외로움 척도가 정의하는 업무적 고립감을 바탕으로 우리는 무엇을 깨달을 수 있을까? 설문에 포함된 20개의 문항 가운데 물리적 인접성에 대한 내용은 단 하나도 없었다. 도리어 '주변에 사람들이 있지만 함께 있다는 기분을 못 느낀다'라는 문항과 같이 타인과 함께할 때도 외로움을 느낄 수 있다는 점이 드러났다.

다시 말해서 업무적 고립감은 물리적인 위치가 '아니라' 인지적, 정서적 경험에 가깝다는 뜻이다. 어느 곳에 있느냐가 어떤 감정을 느끼는지에 직접적으로 관여하지는 않는다. 매일같이 함께 일한다 해도 여전히 남처럼 지내기도 한다. 업무적 고립감의 해결책은 팀의 공간과 같은 물리적 유형과 무관하게 서로 간에 인지적, 정서적 유대감을 형성하는 것이다. 이 유대감이 탄탄할 때 팀은 응집력이 있다고 볼 수 있다. 응집력이 있을 때 생산성도 발휘할 수 있다. 원격 근무 형태의 특성이 지닌 시간과 경비 절약이라는 이점과 아울러 응집력을 갖춘 원격 팀의 경우 오프라인 팀보다 더욱 생산성을 발휘할 수 있다.

원격 근무에 적합한 직무

원격 근무에 특별히 적합한 직무가 있을까? 한 연구진이 세일즈,

마케팅, 회계, 엔지니어링 부서에서 재택근무를 하는 직원 273명을 대상으로 조사한 결과, 사회적 지지가 필요하지 않은 고도의 복잡한 직무의 경우 공동 근무보다 원격 근무에 더욱 적합한 것으로 나타났다. 또한 콜센터처럼 복잡하지 않고 상호 협력이 필요하지 않은 직무는 재택근무를 할 때 더욱 생산적인 것으로 조사되었다. 상호작용이 필요한 직무 역시 원격 근무와 업무 성과 사이에 부정적인 연관성이 없다는 점이 이 연구를 통해 드러났다.[43] 다시 말해서 원격 근무는 어떤 형태의 직무에서도 업무 성과에 크게 부정적인 영향을 미치지 않는다는 의미이다. 일부 직무의 경우[44] 가상 업무 환경에서 성과가 더욱 높았고, 그렇지 않은 경우 성과는 사무실 근무와 비슷했다. 재택근무와 사무실 근무의 경험과 결과를 분석한 다른 연구에서는 재택근무를 할 때 직원의 창의적인 문제 해결 능력이 높아지는 것으로 나타났다.[45] 미용실이나 타투숍처럼 고객과의 접촉이 높은 직군을 제외하고, 대다수 직무의 경우 원격 근무 형태에서 더욱 성과가 높아진다는 뜻이다. 특히 문제 해결과 고도의 집중력을 발휘해야 하는 일이면 더욱 그렇다. 소프트웨어 엔지니어, 그래픽 디자이너, 편집자, 작가 그 외의 지식 근로자 등과 같이 컴퓨터로 업무 대부분을 처리하는 직군이 원격 근무에 적합하다고 볼 수 있다.

가상 환경에서 생산성 높이기

- 생산성을 평가할 때는 결과가 아니라 과정에 집중한다. 원격 근무 팀에게 필요한 도구와 자원을 확보하고, 업무 목표를 달성하기 위한 최선의 방법을 팀원들이 알고 있다고 믿어야 한다. 관리자는 어니스트 헤밍웨이의 다음과 같은 명언을 마음에 새겨야 한다. "누군가를 신뢰할 수 있는지 알아내는 가장 좋은 방법은 그들을 신뢰하는 것이다."

- 원격 근무의 유연성을 받아들인다. 팀원을 과도하게 모니터링하는 대신, 그들의 자율성을 권장한다. 이 경우 팀원의 자신감과 주체성, 효율성이 높아지고, 그 결과 더욱 생산적인 팀이 만들어진다.

- 최적의 가상 업무 환경을 조성하는 데 필요한 도움을 지원한다. 업무 환경이 성과에 중요한 영향을 끼치므로 팀 예산에서 재정 자원을 소비해야 할 수도 있다. 작업 공간이 어디든 최고의 업무 환경을 만들기 위해 원격 근무자들에게 무엇이 필요한지 묻는다. 팀원들이 업무 환경에 만족할 수 있도록 자원을 제공하고, 계획을 세워 도울 방안을 만들어야 한다.

■ **팀의 목표와 정체성을 강조한다.** 회사 이름과 브랜드가 정문부터 새겨진 회사 건물에 근무하지 않는 원격 근무 팀에게는 목표를 명확하게 상기시켜 줄 필요가 있다. 리더는 공동의 임무를 향해 원격 팀원들이 같은 방향을 바라보도록 이끌고, 각 팀원에게 그들 임무에 어떻게 기여하고 있는지 알려주어야 한다. 팀원들이 소속감과 목적의식을 느낄 때 팀은 응집력을 갖출 수 있다. 원격 근무 팀의 경우 응집력을 갖추면 사무실 근무를 하는 팀이 닿을 수 없는 수준의 생산성도 발휘할 수 있다.

4장
올바른 디지털 도구

원격 협업할 때
디지털 도구를 어떻게 활용해야 할까?

CHAPTER 4:

How Should I Use Digital Tools in Remote Work?

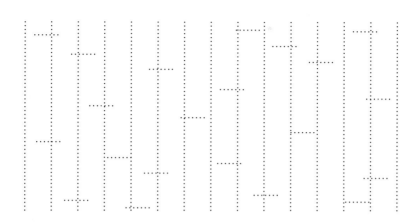

　　2011년 2월 7일, 세계 최대 정보통신 기업인 아토스^{Atos}의 CEO 티에리 브르통^{Thierry Breton}은 기자회견에서 사내 이메일을 금지할 것이라고 발표했다. 당시 이 기업의 직원 수는 7만 4,000명이 넘었다. 브르통의 발표는 엉뚱하거나 충동적인 결정이 아니었다. 기술의 효율과 변화에 대해 수십 년 동안 끊임없이 고민해온[46] 그는 2008년에 부진한 조직의 돌파구를 마련할 적임자로 이 기업에 부임했다. 그는 20대 초반의 나이에 소프트웨어 기업을 창업한 이력이 있다. 또한 1980년대에 국가들이 컴퓨터 바이러스로 사이버 전쟁을 벌이는 내용의 소설《소프트 워^{Softwar}》(1984년)를 저술해 200만 부 이상을 판매한 기록도 있다. 갑작스러운 이메일 금지령은 불필요한 이메일이 지나치게 많이 오가는 것(그는 이것을 '이메일 공해'라고 불렀다)이 함께 일하는 데 방해된다고 여긴 그가 취한 급진적인 대응이었다. 그는 메일함의 이메일 폭격에 회신하느라 직원들이 추가 근무를 한다고 우려했다. 이메일 금지를 발표하며, 브르통은 "엄청난 규모의 데이터를 생산해[47] 근무 환경을 순식간에 오염시키고, 사생활까지 침해하고 있다"고 말했다. 그리고 "산업혁명 이후 여러 기업이 환경오염을 줄일 대책을 강구했듯이, 우리 기업 또한 이런 추세를 바로잡고자 한다"고 밝혔다.

아토스의 사내 이메일은 사내 소셜 네트워크와 메시지 시스템, 그 외에 여러 협력 도구로 대체되었다.[48] 18개월 내에 '모든' 사내 이메일을 없애겠다는 브르통의 원래 목표는 달성하지 못했지만, 그의 대담한 계획으로 직원들의 이메일 사용은 극적으로 줄고,[49] 디지털 협업 도구의 사용이 늘었다. 기업 문화가 인터넷 실시간 전화(음성 인터넷 프로토콜)와 화상회의로 의사소통 수단을 더욱 활용하는 쪽으로 전환되었다. 덕분에 직원들은 실시간으로 그리고 동시적으로 소통할 수 있게 되었다. 그뿐만 아니라 브르통이 시행한 시스템은 네트워크에서 직원의 접속 여부를 쉽게 파악할 수 있었다. 현재 누가 접속했는지를 손쉽게 확인할 수 있기에 직원들끼리 온라인 대화를 서슴없이 시작하는 환경이 조성되었고, 다른 직원을 초대하거나 더 많은 팀원을 대화에 참여시켜 즉흥적인 팀 상호작용이 수월해졌다. 결국 직원들은 화상회의를 통해 자신의 자리에서 온라인 미팅을 갖기 시작했다.

비록 접근법이 급진적이긴 했지만, 브르통은 전 세계적으로 분산된 조직을 운영하는 기업의 리더로서 직원들을 분리시키는 물리적 거리에 맞서 모든 사람이 서로 연결되고 협력할 수 있는 환경을 내부적으로 만들어야 한다는 것을 잘 알고 있었다. 그는 기업에 이상적인 의사소통 문화를 확립하고, 원격 인력 또한 이 같은 문화에 융화될 수 있는 도구를 선택하는 것이 리더의 역할이라고 생각했다. 아토스의 이메일이 완전히 사라지지는 않았지만, 직원들은 팀워크 공간을 만들거나 팀의 목표에 어울리는 미디어를 선택하는 데 능하다. 프랑스 대통령 에마뉘엘 마크롱Emmanuel Macron은 다른 무엇보다 5억 1,100만 명 유럽인의 삶을 디지털로 전환시키길 기대하며, 브르통을 유럽연합집행위원회의 위원으로 선임했다.

지위를 막론하고 원격 근무자는 가장 효과적으로 업무를 완수하는 동시에 동료들과의 관계를 향상시킬 수 있는 기술 매개 도구가 무엇일지 항상 선택하는 사람들이다. 이 장은 동료들에게 메시지를 어떻게 전달해야 하는지, 첫 메시지 이후 후속 연락을 취할 때는 다른 매체를 활용해야 하는지, 메시지의 중요성을 눈에 띄지 않게 알리는 방법은 무엇인지 등과 같은 질문을 다룬다. 이를테면 이메일이나 사내 소셜 미디어 도구처럼 글을 주고받고, 그 기록이 남는 소통 방식이 적절할 때는 언제일까? 실시간 영상 또는 음성 소통 방식은 어떨까? 수신자의 메일함에 들어 있는 이메일이 시각적으로 중요한 업무를 계속 상기시키는 데 효과적일까? 그룹 내에서 협업할 때 가장 좋은 매체는 무엇일까? 하루 종일 온갖 정보에 시달리는 사람들에게 정보를 전달할 때 가장 효과적인 방법은 무엇일까? 같은 공간에서 거의 함께 일할 기회가 없을 때 팀원과의 연결성과 연속성을 유지하려면 어떻게 해야 할까? 어떻게 해야 테크 피로감을 피할 수 있을까? 등의 질문을 다룬다.

어떻게 테크 피로감을 피할 수 있을까

먼저 테크 피로감에 대한 문제부터 살펴보도록 하겠다. 화상회의를 한번 하고 나면 인지 과부하와 두통, 심지어 말이 제대로 나오지 않는 증상으로 인해 다음 회의가 어렵다고 호소하는 사람들이 많다. 테크 피로감은 물리적인 현실 세계에서 하는 방식 그대로 가상세계에서 의사소통 활동을 하지만, 현실 세계에서 겪는 제약 조건이 적용되지 않을 때 발생한다. 쉽게 말해서 연이어 대면 미팅을 할 때 사람들은 미팅 사이에 전환 시간을 고려한다. 복도를 따라 몇 발자국만 걸으면 된다고 하더라도 A 지점에서 B 지점으로 이동하는 일이 일반적인 대면 상호작용에서는 곧바로 연달아 미팅을 진행하지는 않는다. 간혹 한두 개의 미팅을 연이어 진행할 때도 있지만, 매일 모든 미팅에서 그런 일이 발생하지는 않는다.

미팅을 마치자마자 곧장 다음 미팅을 진행하는 원격 근무자가 피로감을 호소하는 경우가 많다. 더구나 미팅 후에 그 내용을 정리하거나, 해야 할 일 목록을 작성할 시간이 없어 불필요한 일들이 쌓이기도 쉽다. 디지털 도구 덕에 캘린더에 일정을 앞뒤로 가득 채우는 것이 수월해졌다고 하지만, 반드시 그래야 할 필요는 없다. 무엇보다 미팅 사이에 전환 시간을 만드는 것이 중요하다.

마찬가지로 화상회의가 가능하다고 해서 내내 영상 통화를 해야 한다는 것을 의미하지는 않는다. 오해 없이 듣길 바란다. 물론 영상 통화에는 다양한 이점이 있다. 이메일, 전화, 화상회의, 인스턴트 메신저, 소셜 미디어와 같은 의사소통 도구는 중립적인 매체라기보다는 사회적인 역학에 따라 업무에 영향을 미치기 때문에 상황에 맞게 사용하는 것이 중요하다. 원격 근무에서 훌륭한 성과를 거두려면 팀이 분산된 업무 과정을 성공적으로 이끄는 데 적합한 디지털 도구를 생산적으로 활용하고 있는지 파악해야 한다.

분산된 의사소통 환경에서 적절한 디지털 도구를 선택하는 문제는 1970년대부터 내내 계속되어왔다. 좋은 소식은 디지털 도구가 우리에게 어떻게 영향을 미치고, 또 그 도구들이 계획적으로 사용되지 않는다면 원격 근무 환경에서 얼마나 성가신 존재가 될 수 있는지 잘 알고 있다는 점이다. 따라서 원격 근무를 위해 어떤 기술을 사용할 것인지 결정할 때 중요한 문제인 상호 지식과 사회적 실재감을 설명하고, 디지털 도구를 선택하는 문제에 대해서도 살펴보겠다. 이때 문제와 그에 따른 해결책을 일대일 방식으로 기술하며 제한적으로 접근하기보다는, 언제 어느 상황에서 어떤 디지털 도구를 활용하는 것이 적절한지를 알려주는 프레임워크와 용어를 제공하고자 한다.

원격 근무에 관한 옵션을 만들고 있는 조직과 리더의 경우, 이 장의 내용을 어떤 기술 도구를 마련해야 하는지 선택하는 문제로 국한하여 적용해서는 안 된다. 조직의 목표에 따라 적합한 도구가 있고, 각각의 도구가 저마다 이점과 한계가 있다는 점을 이해해야 한다. 어떤 도구는 자율적이고 비동시적인 활동에 적합한 반면, 협업과 실시간 토론을 강화하는 도구가 있다. 또 직접성과 친밀성을 높이는 도구가 있고, 절차와 정책을 공식화하도록 설계된 도구가 있다. 이메일, 텍스트 메시지, 화상회의, 전화, 소셜 미디어 플랫폼은 흔히 사용하는 수많은 디지털 도구 가운데 가장 대중적인 매체들이다. 각 도구의 유형과 특징을 이해하고 의도적으로 선택한다면 팀의 효율성, 응집력, 직무 만족도를 높일 수 있을 것이다.

그러나 먼저 원격 근무의 특성상 리더인 당신과 직원들이 마주할 수밖에 없는 어려움부터 이해해야 한다. 직원 전원이 원격 근무를 하든, 몇 명은 사무실 근무를 하고 다른 몇 명은 원격 근무를 하는 하이브리드 근무든, 리더가 바라는 의사소통 문화를 만드는 것은 결국 리더의 몫이다. 내가 직접 진행한 연구와 다른 사회과학자들의 연구를 바탕으로 테크 피로감 외에도 아래의 다섯 가지 난제를 발견했다. 이것들 모두 이상적인 의사소통 문화를 확립하기 위해 해결해야 할 문제들이다.

○ 상호 인지
○ 사회적 실재감
○ 리치 미디어 대 린 미디어

○ 정보의 생산적인 중복

○ 문화 차이

팀의 일치는 생산성 문제로 이어진다

서로가 공유한 '전제'와 '이해' 사항은 효율적인 의사소통을 위한 필요조건이다. 서로 만날 수 없는 가상세계에서는 같은 전제를 공유하고 있는지, 공통의 기반을 유지하고 있는지가 항상 문제가 되었다. 아주 간단한 대화라도 상황적 맥락을 잘 해석하고 상대에게 적절히 반응하려면 공통되는 기반이 있어야 하기 때문이다. 사회과학자들은 이것을 '상호 지식 문제mutual knowledge problem'라고 일컫는다. 예로 '전화 회의를 마친 후 거리에 있는 카페에서 제니와 커피를 마시기'로 했을 경우 카페 이름과 위치, 언제 만나기로 한 것인지 등과 같이 배경이 되는 전제를 양측이 모두 잘 알고 있다는 사실을 기반으로 한다. 마찬가지로 팀은 프로젝트의 기본 조건과 어떤 도구를 사용할지(스프레드시트인지, 현금흐름할인 모델인지 등), 그리고 이해관계자를 만족시키려면 어떤 결과를 도출해야 하는지를 이해해야 한다. 성공적으로 난관을 헤쳐나가고 결과를 도출하기 위해서는 팀의 일치가 필요하다. 사실, 말은 쉽지만 실행하기는 무척 어려운 개념이다. 공통의 기반을 정립하지 못하거나 전제를 잘못 이해할 경우 프로젝트의 성과는 위태로워진다.

왜 원격 근무는 상호 지식 문제에서 늘 표적이 되는 것일까?[50] 이 문제와 관련해 가장 영향력 있는 연구 가운데 하나는 미국, 캐나다, 호주, 포르투갈에 걸쳐 7주 동안 원격으로 협업하여 그룹 작업을 진행한 사람들을 조사한 것이다. 이들 그룹 구성원은 함께 사업 아이디어를 창출하고, 사업계획서를 작성하고, 프레젠테이션이나 웹 페이지를 제작했다. 협업하는 동안 그들이 주고받은 1,649통의 이메일과 수많은 채팅 기록, 프로젝트 결과물을 바탕으로 연구진은 상호 지식 문제를 분석했다. 연구 결과, 상호 지식 문제와 관련하여 다양한 유형의 실패 사례를 발견했다.

참가자들은 업무의 맥락, 즉 전후 사정을 고려하지 않고 작업함으로써 공통의 기반을 형성하지 못했다. 이를테면 동료가 다른 프로젝트를 하느라 해당 프로젝트에 제대로 참여하지 못하고 있다는 사실을 팀원들이 알지 못했다. 이메일도 공통의 기반을 제공하는 데 여러모로 실패했다. 참가자들이 팀 전원에게 메일을 보내지 않아 프로젝트의 진행 상황이 제대로 전달되지 않았고, 몇몇 팀원은 '핵심 멤버에서 제외'되기도 했다. 또 이메일로 여러 가지 주제를 동시에 다룬 탓에 어떤 주제도 그 중요성이 언급되지 못했고(연구진은 이를 '평가절하된 현저성underappreciating salience'이라는 용어로 표현했다), 그 결과 협업과 우선순위를 선정하는 데 커다란 혼선이 벌어졌다. 심지어 메일 확인 횟수처럼 별로 관련이 없어 보이는 행동양식(하루에 몇 차례 이메일을 확인하는가, 일주일에 몇 차례 이메일을 확인하는가 등)도 정보 접근 속도에서 차이를 만들었다. 또한 온라인 소통에서 누군가 '침묵'할 때 어떤 참가자들은 이를 '동의한다'고 생각했고, 다른 참가자들은 '반대한다'고 이해했으며, 또 다른 사람들은 침묵은 동의도 반대도 아닌 중립적인 입장을 의미하는 것이라고 여기며 혼란이 빚어졌다. 이 모든 것이 한데 작용한 결과 불분명한 의사소통 전략으로 팀원들마다 서로 다른 전제의 기반이 형성되었고, 이는 팀의 일치 및 생산성 문제로 이어졌다.

이 연구는 상호 지식에 의한 문제로 벌어진 실패뿐만 아니라 또 다른 문제도 발견했다. 참가자들이 멀리 떨어진 상황에서는 동료가 처한 환경을 온전히 이해하거나 수용하지 못하는 탓에, 어떤 실패의 원인에 다른 가능성이 있다고 여기기보다는 팀원 개인의 잘못으로 돌릴 때가 많았다는 점이다. 이러한 인식으로 인해 건설적인 해결책을 찾는 것이 더욱 어려워졌다. 실시간 대화에서 누군가 침묵할 때 어떻게 대처해야 할지 혼란스러워했던 것과 마찬가지로, 상대방이 메일에 빨리 회신하지 않는 상황에 제대로 대처하지 못했다. 회신에 대한 상대방의 침묵이나 응답의 지연을 자신이 실패했다거나, 상대방이 자신을 모욕하는 것이라고 인식했다.

그 매체는 진실성을 전할 수 있는가

당연한 이야기이지만, 원격 근무로 인한 문제 가운데 하나는 우리가 직접 대면하지 못한다는 것이다. 어떠한 형태든 디지털 의사소통은 대면 소통으로 이룰 수 있는 것을 가능한 근접하게 얻기 위한 수단으로 쓰이거나, 대면 소통으로는 이룰 수 없는 이점을 제공하는 수단으로 활용된다. 그렇다면 대면 의사소통이 강력한 힘을 발휘하는 이유는 무엇일까? 우리가 가상 환경에서 소통할 때 놓치는 것은 무엇일까?

이 문제를 바라보는 한 가지 특정한 방식으로 사회과학자들이 말하는 '사회적 실재감social presence'[51]을 적용해 살펴볼 수 있다. 사회적 실재감의 기준은 대면 접촉이다. 하지만 대면 상호작용이 불가능한 경우 사회적 실재감은 어떤 매체가 목소리와 표정 등의 사회적 신호를 얼마나 전달하는지, 상대가 발화자의 생각과 감정을 얼마나 이해하는지 정도로 정의될 수 있다.

사회적 실재감의 핵심 개념은 '친밀성intimacy'과 '직접성immediacy'이다. 친밀성은 두 사람이 상호작용할 때 경험하는 가까움의 정도를 의미한다. 시선 맞춤, 미소, 보디랭귀지, 대화 주제의 변화를 감지하는 민감도 등의 요소에 영향을 받는다. 실시간으로 서로 얼굴을 보며 소통하는 디지털 도구가 그렇지 않은 도구에 비해 친밀감을 훨씬 높여준다. 직접성은 두 사람 사이에 형성된 심리적 거리감 또는 정신적·정서적 연결감을 의미한다. 직접성은 물리적인 거리감이나 밀접함, 상대의 복장(정장인지 평상복인지 등), 대화 중 표정을 통해 언어적, 비언어적인 방식으로 전달된다. 이때 어떤 기술을 선택하느냐에 따라 앞에서 설명한 요소가 얼마나 전달되고, 대화 참여자들이 그것을 얼마나 느끼는지가 다르다. 흥미로운 것은 사회적 실재감이 달라지지 않아도 직접성은 달라질 수 있다는 것이다. 이를테면 전화 통화라는 사회적 실재감의 정도는 같지만, 상대의 태도나 어조가 따뜻하고 개방적인 자세에서 냉정하고 비판적인 자세로 갑자기 달라지면 직접성 또한 달라진다는 뜻이다.

이러한 친밀성과 직접성은 사회적 실재감의 또 다른 두 가지 측면에 영향을 받는다. 바로 효율과 비언어적 의사소통이다. 효율은 개인이 청중에게 가장 효과적으로 메시지를 전달할 수 있다고 판단하는 매체와 관련이 깊다. 예컨대 대면 상호작용으로 높은 수준의 대립 상황이나 긴장감이 조성될 수 있다면, 이때는 사회적 실재감의 정도가 낮은 매체가 좀 더 바람직하고, 더욱 효율적일 수 있다. 한편 비언어적 의사소통은 디지털 매체가 대면 상호작용과 같은 수준의 세밀함을 어느 정도까지 전달할 수 있는지를 가리킨다. 사람들은 보디랭귀지, 눈 맞춤, 자세, 물리적 거리 등의 비언어적 의사소통을 활용해 의미의 모호함은 최소화하면서 가능한 많은 정보를 전달하고자 한다. 물론 비언어적 행동을 의식적으로 또는 무의식적으로 통제하기도 한다. 당신은 표정이 잘 드러나지 않아 감정을 파악하기 어려운 '포커페이스'를 가진 사람을 한 명쯤은 알고 있거나, 나쁜 소식을 들으면서 긍정적으로 반응하는 사람도 만나본 경험이 있을 것이다.

이 모든 것들이 무엇을 의미하는 것일까? 그것은 매체를 선택할 때 사회적 실재감을 고려하고, 당신이 택한 매체가 '따뜻함', '호감', '진실성'을 전달할 수 있는지를 살펴야 한다는 의미이다. 시각적, 청각적 매체는 각각 이런 성질을 전달하는 정도가 다르다. 청각적 매체는 물리적 거리나 상대의 진정성과 같이 비언어적 신호나 좀 더 미묘한 의미는 전달하지 못하지만, 우리는 상대 목소리의 음량이나 어조로 숨은 의미를 파악할 수 있다. 결국 의사소통 수단으로 어떤 매체를 선택하느냐는 우리가 소통하려는 메시지에 따라 달라지고, 여기에는 어느 정도의 사회적 실재감을 목표로 하느냐가 포함된다. 그렇기에 원격 근무 현장의 경우 어떤 디지털 매체를 선택할지는 특정 목표에 적합한 것이 무엇인지에 따라 달라진다.

매체를 선택하는 기준

기술을 기반으로 하는 커뮤니케이션 전문가에게 니즈에 적합한 매체를 어떻게 선택해야 하는지 물으면, 그들은 리치rich 미디어 또는 린lean 미디어에 대한 이야기부터 시작하곤 한다.[52]

리치 미디어는 사회적 신호와 사회적 실재감을 포함해 대단한 양의 정보를 전달하는 매체로, 모호한 상황은 물론 다양한 상황에서 이해의 폭을 넓힐 수 있는 특징이 있다. 반면에 린 미디어는 정보의 양과 사회적 신호, 사회적 실재감이 미약하고 상대적으로 의사소통이 제한된다. 중요성 측면에서 이 두 가지 미디어는 모두 중요하고 연속선상에 존재한다. 다시 말해서 모호하고 다의적이며 명료성이 낮은 상황에서는 좀 더 리치한 미디어가 효율적인 반면, 그

문서　이메일　문자 대화　전화　소셜 및 협업 도구　영상　대면

린Leaner　　　　　　　　　　　　　　　　　　　리치Richer

[그림 3] 린 미디어와 리치 미디어의 예시

보다 린한 미디어는 좀 더 단순한 상황에 효율적이다('그림 3' 참고).

린한 미디어는 비동시적인 반면에 더 리치한 미디어는 동시적이다. 린·리치의 정도와 동시성에 따라 적합한 업무가 어떻게 달라지는지 조사하던 관련 분야의 한 연구진은 '전달성conveyance'과 '집중성convergence'이라고 명명한 두 가지 주된 과정이 의사소통을 구성한다고 밝혔다.[53] 전달성은 이를테면 어느 정도 수량의 상품이 10월 15일 오전 중에 도착할 것이라는 식의 새로운 정보를 전달하는 것을 의미한다. 이 정보를 전달받은 상대는 도착하는 물품과 원주문량을 확인할 시간이 필요할 것이다. 이러한 업무는 비동시적인 린 미디어가 적합하다. 한편 집중성은 당사자들이 반드시 논의하고 정보를 해석하여 합의를 이끌어내야 하는 유형의 의사소통을 말한다. 상품 도착 즉시 어떻게 처리해야 가장 좋을지 논의할 때는 좀 더 리치하고 동시적인 미디어를 통해 양측이 의견을 주고받는 과정이 필요하다.

어떤 업무도 린, 리치, 비동시적, 동시적 하나의 미디어로만 소통할 수 없다. 즉 상황에 따라 달라진다. 팀원 중 누가 중요한 여러

	리치	린
동시적	복잡한 조율 토론 협업 팀 빌딩	일상적인 조율 정보 교환
비동시적	콘텐츠 개발 팀 선발	정보 교환 단순한 조율 복잡한 정보 처리

[표 1] 업무 유형과 디지털 미디어의 특징

프로젝트를 책임질지 결정할 때는 좀 더 리치한 미디어가 필요한 반면, 집단 구성원들이 선호하는 시간으로 회의 일정을 정할 때는 린 미디어를 바탕으로 한 비동시적인 투표가 적합하다(각 미디어의 특징에 따라 적합한 업무 유형을 정리한 '표 1'을 참고한다).

이와 관련해 또 다른 연구진은 한 발 더 나아가 연구를 진척시켰다.[54] 전화와 인스턴트 메시지 모두 동시적인(또는 주로 동시적으로 발생하는) 미디어이지만 이 두 가지 매체가 모든 상황에서 같은 수준의 효과를 보장하는 것은 아니라는 점을 지적했다. 메시지는 많은 사람에게 동시에 발송될 수 있지만 음성 및 소리를 전달하는 전화는 한 명 또는 비교적 작은 규모의 사람들에게만 전달된다. 매체의 고유한 능력에 따라 기술을 정리한 결과, 이 연구진은 '표 2'와 같이 가장 중요한 다섯 가지 특징을 밝혀냈다. 목표로 한 수신인에게 메시지를 전달하는 속도, 동시에 메시지를 전달할 수 있는 사람 수, 미디어가 전달할 수 있는 표현의 다양성(신체적, 시각적, 언어적 정보 등), 발송자가 메시지를 보내기 전에 연습을 하거나 미세 조정을 할 수 있는 정도, 메시지를 캡처하여 영구적으로 만들어 재검토하거나 재생하거나 재발송할 수 있는 정도를 나타낸다. '표 2'는 언제, 어떤 상황에서 어느 매체를 선택해야 할 때 우리가 고려할 각

	전송 속도	수신자 수	표현의 다양성	미세 조정 가능성	메시지 영구성
대면	높음	중간	낮음에서 높음	낮음	낮음
화상회의	높음	중간	중간에서 높음	낮음	낮음에서 중간
전화 회의	높음	낮음에서 중간	낮음에서 중간	낮음	낮음
공유 폴더 시스템	중간에서 높음	중간	낮음	높음	높음
소셜 및 협력 도구	중간에서 높음	중간	중간에서 높음	중간	중간에서 높음
인스턴트 메시지	중간에서 높음	낮음에서 중간	낮음에서 중간	중간	중간
이메일	낮음에서 중간	높음	낮음에서 중간	높음	중간에서 높음
문서	낮음	높음	낮음에서 중간	높음	중간에서 높음

[표 2] 각 매체별 능력 비교

매체의 특징과 효율성을 정리한 것이다.

대면 만남은 가장 리치한 의사소통 형태이므로 디지털 커뮤니케이션의 목표는 언제나 가장 리치한 방식을 따르는 것이라고 생각할 수 있다. 팀 효율성에 리치 커뮤니케이션이 이상적인 요소로 꼽히는 것은 사실이지만, 그렇다고 그것이 항상 좋은 선택인 것은 아니다. 리치냐 린이냐 보다 더욱 중요한 것은 팀원들 사이의 '관계성'과 해당 커뮤니케이션의 목적이다. 협상과 집단적인 의사결정에서는 더욱 그렇다.[55] 업무 외적으로도 우정을 나누는 것과 같은 긍정적인 관계를 형성한 팀은 영상과 같이 좀 더 리치한 기술에서 그다지 이점을 경험하지 못한다. 서로에게 이미 호감을 갖고 있기 때문에 합의를 도출하는 데는 이메일과 같이 좀 더 린한 커뮤니케이션이 적절하다. 실제로 2020년 3월, 코로나19로 재택근무 지시가 처음으로 실행된 후 많은 사람이 테크 피로감을 느낀 요인 가운데 하나가 이미 긴밀한 유대감을 형성한 그룹이 '다다익선'이라는 생각에 더 리치한 미디어를 기본으로 채택했기 때문이다. 이와 반대로 무작위 추첨이나 지역에 따라 한 팀이 된 팀원들은 중립적인 관계를 유지하는 경향이 있기 때문에 리치한 미디어로 소통할 때 더욱 '좋은' 결과를 얻는다. 아마도 이 경우는 팀원들끼리 어떻게 생각하고 행동하는지 더 많은 정보가 필요하기 때문일 것이다. 가장 놀라운 점은 의견 충돌이나 적대감을 표출한 이력이 있어서 부정적인 관계가 형성된 팀은 리치 테크놀로지로 협상과 의사결정을 하라는 요청을 받았을 때 팀 상황이 더욱 '나빠졌다'는 것이다. 적대감이 문제 요소일 경우는 린 테크놀로지가 비생산적인 충돌의 가능성을 줄여주거나 완충해주는 역할을 한다. 즉 최선의 커뮤니케이션 기술이 무엇일지 결정할 때는 그 기술의 특징만큼 팀의 역학과 역사를 깊이 고려해야 한다.[56]

커뮤니케이션 기술을 사용하는 목적이 무엇인지도 중요한 결정 요인이다. 이 연구진은 보고서 초안을 작성하는 것처럼 '비일상적'인 업무에서는 '업무 지식 인식task knowledge awareness'을 활용한 기술을 채택할 때 '누가 어떤 일을 하는지' 파악하기가 쉽다는 것을 알아냈다. 보고서의 어떤 부분을 누가 작성했고, 보고서가 언제 누구에게 전달되었으며, 누가 변경했는지를 추적하는 데 파악하기가 쉽다는 말이다. 비동시적인 린 커뮤니케이션은 문서 보존과 일정 관리 업무에 최적화되어 있다. 이와 대조적으로 언어나 시간대가 다른 팀원들이 업무를 할 때는 영상 통화처럼 '존재 인식presence awareness'을 높이는 기술,[57] 즉 함께 있는 느낌을 전해주고 상호작용을 높이는 기술이 더 나은 성과를 이끈다. 간단히 말해서, 서로 다른 기술을 활용하는 것이 팀의 목표와 성과에 영향을 미친다는 뜻이다.

따라서 '표 2'의 디지털 매체에 따른 능력치처럼 매체의 수행 결과와 정도를 파악한다면 원격 근무자들이 미디어를 선택하는 데 도움이 될 것이다. 그렇지만 한 가지 내용을 소통할 때도 다양한 매체를 함께 사용하는 경우가 많아 매체별 특징만으로 결정하기에는 부족한 점이 있다. 그래서 똑같은 사람을 대상으로 여러 미디어를 혼합해 사용하기도 한다. 나는 연구를 진행하며 능숙하게 매체를 이용할 줄 아는 유저는 전략적으로 디지털 도구를 다양하게 섞어 효과적으로 활용한다는 점을 발견했다.

중복된 커뮤니케이션은 비효율적인가

우리는 일반적으로 좋은 커뮤니케이션은 반복적인 소통을 피해 효율성을 높이는 것이라고 생각한다. 그러나 원격 근무 팀에게는 중복성을 증가시키고 강화하는 사회적 도구가 유용할 뿐만 아니라 필수적이라는 사실이 밝혀졌다. 어떤 사람들은 자신이 일하는 사무실 자리로 사람들이 계속 와서 같은 이야기를 몇 번이고 반복하는 일이 벌어지지 않는 원격 팀에서 일하고 있어 다행이라고 생각할지도 모른다. 하지만 원격 환경에서도 누군가 똑같은 이야기를 한 번 이상 해서 어쩔 수 없이 반복적으로 들어야만 했던 적이 있을 것이다.[58] 나는 동료들과 기업 여섯 곳의 프로젝트 매니저를 대상으로 다양한 매체로 중복 전달된 커뮤니케이션의 미묘한 차이를 분석하는 연구를 진행한 바 있다.

이 연구의 일환으로 한 기업의 오전 미팅에 참석한 나는 프로젝트 매니저인 그렉이 열다섯 명의 팀원들에게 신제품 개발 프로세스가 달라진다는 소식을 알리는 모습을 지켜봤다. 팀원들 한 명 한 명이 다양한 반대 의견을 연이어 제기했다. 진행 상황을 면밀히 파악하려면 시간이 너무 많이 걸린다거나, 왜 품질보장 매니저가 다른 팀으로 가야 하는가, 검증 가능한 제품을 만들기에도 시간이 부족하다는 의견이었다. 그렉은 놀랄 만한 인내심과 스킬을 발휘해 팀원이 제시한 문제들에 하나씩 답변을 했고, 미팅이 끝날 때쯤에는 팀원 모두 마지못해 새로운 프로세스를 따르기로 결정했다. 같은 날 오전 11시 15분, 그렉은 20분에 걸쳐 두 문단짜리 스무 줄 분량의 이메일을 공들여 작성했다. 앞서 진행한 회의에서 전했던 말과 본질적으로 같은 내용이었다. 제목을 세 차례나 바꾼 그가 마침내 "탁월한 성과를 위한 리뷰"로 제목을 정하고, 마지막 줄에는 "팀의 발전에 기여하고, 새로운 프로세스가 우리의 가이드라인에 충족할 수 있도록 도움을 줘서 고맙습니다"라고 마무리했다.

나는 그렉에게 메일에 대해 말하면서 간단한 인사말과 더불어 회의 내용을 요약한 후, 다음 단계로 전환하기 위해 팀원들이 작성해야 할 질문지를 포함해 몇 가지 서류를 첨부해서 보내면 되지 않느냐고 물었다. 그렉은 팀이 결국 협력하기로 결정했지만 애초에 반대가 거셌기 때문에 팀원을 설득하기 위해 좀 더 공을 들여야 할 것 같았다고 답했다. 그는 메일을 통해 팀원들에게 상황의 긴박함을 강조했다. 여러 고객에게 새로운 그래픽 애플리케이션 출시 날짜를 이미 공지했지만 시간이 부족한 상황이었다. 그렉의 팀이 마감 기한을 맞추지 못하면 다음 소프트웨어 개발 팀 또한 일정을 맞출 수 없을 것이고, 그러면 고객은 예정보다 늦게 소프트웨어를 받게 될 텐데 계약에 따라 회사가 큰 규모의 위약금을 물어야 할 상황이 올지도 몰랐다. 조직 구조상 프로젝트 매니저인 그렉에게는 직접적인 통제권이 없었다. 다시 말해서 그렉의 업무 완수는 온전히 팀에 달려 있었고, 팀은 그렉에게 무작정 동의하거나 협조할 이유가 없었다.

프로젝트 매니저의 업무를 관찰하며 나와 동료들은 그렉뿐만이 아니라 모든 이들이 중복된 커뮤니케이션 전략을 활용하는 것을 발견했다. 공식적인 권한이 있는지에 따라 그 활용 방식은 달랐지만 말이다. 프로젝트 매니저들은 팀원을 움직이기 위해 보통 두 가지 형식의 중복된 커뮤니케이션을 활용했다. 팀원에게 공식적인 권한이 있는 사람들은 우선적으로 비동시적인 커뮤니케이션을 통해 어떤 위협이 있다는 메시지를 전달했다. 그런 후에도 즉각적으로 팀원들의 행동에 변화가 나타나지 않았을 때는 두 번째 커뮤니케이션으로 동시적인 수단을 활용해 팀이 위협을 제대로 인지하고 있는지 다시금 확인했다. 가령 잠재적인 문제에 대해서는 짧은 분량의 이메일과 같은 '지연된' 커뮤니케이션을 활용해 팀원들을 곧 다가올 난관에 대비시켰다. 팀원들이 해당 문제의 성격을 잘 이해하지 못하고, 적절한 변화가 필요하다는 것을 깨닫지 못할 경우 매니저는 전화 회의와 같은 '즉각적인' 중복 커뮤니케이션으로 팀원들이 매니저의 관점(그리고 필요한 대응책)을 공유하도록 만들었다.

이번에는 대규모 헬스케어 기업의 리더인 아만다의 사례를 살펴보겠다. 이른 아침 아만다는 자사의 환자 케어 종사자의 보험료 지급 정책이 바뀌었다는 소식을 들었다. 지급 정책이 개정되었다는 의미는 최근 새로운 시스템으로 전환한 환자 케어 종사자들에게 아만다 팀이 일일이 연락을 취해 설명해야 한다는 것이었다. 아만다가 오전 회의에서 들은 정책 변경이 반영된 새로운 정책 버전을 환자 케어 종사자들이 또 한 번 수용해야 하는 상황이었다. 그녀는 회사의 새 정책이 업무에 차질을 빚을 것이라 판단했기에 직속 부하 직원인 톰에게 새로운 지시 사항을 전하며 가능한 빨리 진행해야 한다는 내용의 이메일을 보냈다. 톰의 회신을 기다리던 아만다는 그가 다른 프로젝트로 바쁘다는 것을 알고 있음에도 점차 초조해지기 시작했다. '톰이 사안의 중대함을 이해하지 못하는 게 아닐까?' 하는 생각도 들었다. 그녀는 다른 즉각적인 커뮤니케이션 수단으로 이전에 전달한 내용을 반복해서 전했다. 즉각적인 후속 연락으로 톰은 정책 변동 건이 다른 업무들보다 우선적으로 처리되어야 한다는 것을 깨달았다. 우연히 복도에서 아만다를 만난 톰은 처음에는 자격 요건의 변동이 프로젝트에 큰 위협이라고 생각하지 못했다고 설명했다. 후속 커뮤니케이션이 전달된 후에야 아만다가 말하는 사안의 위중함을 깨달은 것이었다.

아만다처럼 누구나 사내에서 공식적인 권한을 지닌 것은 아니다. 그렉처럼 팀에 공식적인 권한을 발휘할 수 없는 사람들은 집단적인 노력을 이끌어내기 위해 중복된 커뮤니케이션을 활용했다. 가령 프로젝트 매니저는 팀 미팅처럼 동시적인 수단을 활용하여 팀원들의 우려를 표할 자리를 만든 뒤, 이메일과 같이 비동시적인 매체로 앞서 전했던 메시지의 핵심을 정리했다. 그렉이 심혈을 기울여 작성한 이메일처럼 비동시적인 매체는 정리하지 않으면 기억에서 금방 사라져버리거나 잊히기 쉬운 메시지를 상대가 다시금 이해하는 기회를 마련해준다. 비동시적인 매체로 보낸 메시지는 수신자가 쏟아지는 요청 사항에 실시간으로 응답해야 하는 유형도 아니고, 개인이 편한 시간에 확인할 수 있어 비교적 수신자를 방해하지 않는 동시에 업무의 중요성을 거듭 상기시키는 역할을 한다.

기술 매개의 커뮤니케이션을 현명하게 활용한다면 팀원들이 긴급한 업무 목표를 달성하도록 유도할 수 있다. 신중하고 전략적으로 두 개의 미디어를 활용할 때 업무의 중요성에 부합한 메시지를 수신자들에게 전달할 수 있다. 매니저는 물론 많은 사람이 같은 이야기를 두 번이나 반복하는 일이 없도록 최선을 다하지만, 과도한 정보와 메시지로 고통받는 시대에 중복된 커뮤니케이션은 지나치게 오랜 시간 상대의 대답을 기다리며 시간을 낭비하는 대신, 중요한 일에 착수하도록 사람들을 설득하는 효율적인 방법이다.

문화적 간극을 메운다

전 세계에 분산된 원격 팀은 보통 다양한 문화적 배경을 지닌 팀원으로 구성된다. 그렇다면 다양한 팀원이 속해 있는 팀에도 기술 매개의 커뮤니케이션을 똑같이 활용할 수 있을까? 이와 관련된 한 연구에 따르면 문화적 다양성이 팀 커뮤니케이션에 걸림돌이 되었고, 적절한 기술을 사용할 때 다양성으로 인한 커뮤니케이션의 부정적인 영향이 감소했다고 밝혔다. 이메일처럼 비동시적 매체는 언어의 차이로 인한 의사소통 오류를 줄였다. 아울러 동시적 커뮤니케이션은 팀원 사이의 신뢰를 높이고 팀 정체성을 강화하는 데 도움이 되었다.[59]

그렇다면 분산된 팀에서 이루어지는 커뮤니케이션 내용을 팀의 다양성 및 커뮤니케이션 기술과 어떻게 연관시켜 소통할 수 있을까? 문화와 언어가 다른 상황이라면 '예스' 또는 '노' 형식의 간단한 이메일을 보내는 것이 나을 수 있다. 미묘한 뉘앙스나 재치가 동반되는 정보를 교환할 때는 다른 매체가 바람직하다. 한 연구에서는 리치한 커뮤니케이션 기술이 복잡한 내용을 전달하는 데 필요한 표현력을 발휘하기에 적합하다고 밝혔다. 더 린한 커뮤니케이션 기술로는 문화적 차이에 따른 오해를 최소화하면서 간단한 내용을 전달할 수 있었다.[60] 다만 어떤 문화에서는 일반적이고 적합하다고 여겨지는 것이 다른 문화권에서는 좀처럼 이해하기 어렵고 혐오스럽게까지 느껴질 수 있다고 설명했다.[61]

전 세계적으로 흩어져 있는 가상 팀의 경우, 팀원의 문화적 배경이 어떤 기술로 의사소통을 하는지에 영향을 미칠 수 있다. 어떤 문화권에서는 의사소통의 가장 기본적인 방식으로 대면 상호작용을 선호한다. 물론 전 세계에 분산된 팀이라면 대면 접촉을 할 수 없기 때문에 차선으로 영상 커뮤니케이션을 가장 중요하게 여길 것이다. 동시적인 시각 미디어를 활용하는 것이 적절하지 않을 때에는 실시간 음성 회의나 전화가 가장 좋은 대안이다. 그다지 중요하지 않은 정보를 교환할 때는 이메일을 활용할 수 있지만, 업무 시작 전에 '사담'을 먼저 나누는 것이 일반적인 문화권의 팀원에게는 이메일보다는 인스턴트 메시지 플랫폼이 좀 더 나은 선택지다. 서구권에서는 나쁜 소식을 실시간 대화로 전해야 한다고 생각하지만, 상대에 따라 수신자가 미리 마음의 준비를 할 시간을 벌도록 전화에 앞서 이메일로 미리 소식을 전해두는 편이 나을 수도 있다.

개인의 차이를 고려하지 않고 어떤 미디어가 다른 문화권에서도 통용될 것이라고 섣불리 믿거나 추측해서는 안 된다. 사람마다 분명한 차이가 있다. 내가 전할 수 있는 조언은 중요한 업무에서 어떤 매체로 소통하는 것을 선호하는지 상대에게 묻는 편이 좋다는 것이다. 어떤 커뮤니케이션 기술이 적절할지는 결국 동료의 문화적, 언어적 배경에 따라 달라진다.

소셜 도구를 활용한다

현대 사회에서 개인의 삶은 개인적으로 그리고 점점 더 업무적으로도 소셜 미디어의 지속적인 연결성에 영향을 받는다.[62] 빠르게 성장하는 소셜 미디어 기업은 자사의 플랫폼에 일일 사용자가 수천만 명이 넘는다고 자랑스럽게 말한다. 실제로 소셜 미디어 도구를 성공적으로 활용한다면 자칫 불신하기 쉬운 팀원들을 더 효과적으로 연결하고, 지식을 공유하고, 협력하고, 혁신하게 만들 수 있다.

소셜 미디어 도구를 통해 직원들은 자신이 추진하고 있는 것과 유사한 흥미로운 프로젝트와 계획에 대해 배우고 협조하는 기회를 찾을 수 있다. 그로부터 조직은 업무 중복을 피하고 필요한 일에 자원을 집중할 수 있게 된다.

한 다국적 하이테크 기업에서 소셜 도구로 소통하는 엔지니어들이 유용한 지식을 유기적으로 공유하는 좋은 예를 보여주었다. 독일 지사의 엔지니어는 선진 기술을 보유한 도쿄 지사에서 한 웹 분석 애플리케이션을 사용하는 것을 보고 도쿄의 엔지니어에게 연락해 애플리케이션의 세부 정보와 네트워크 지원 환경을 문의했다. 그 독일 엔지니어는 해당 애플리케이션을 직접 경험한 후, 그에 대한 만족도를 플랫폼에 올려 팀원들과 공유했다. 이 포스팅을 읽은 미국과 프랑스 엔지니어들이 자신들의 나라에도 시도해보고 싶다며 애플리케이션에 관심을 보였다. 도쿄와 독일에서의 성공과 다른 국가에서의 가능성을 확인한 그룹 매니저는 해당 애플리케이션을 전 세계 시장에 적용해야 한다는 의견을 전했다. 이와 유사하게 마케팅 팀, 세일즈 팀, 법무 팀에서도 소셜 미디어에서 자유롭게 대화하다가 사내 전반에 지식이 전달되는 현상이 일어났다.

서로 다른 지역에서 근무하는 직원들은 관계를 형성하고 공동의 정체성을 확립하는 데 어려움을 느낄 때가 많다. 이때 소셜 도구가 사적, 업무적으로 관계를 쉽게 형성하고, 지리적, 문화적 경계를 뛰어넘어 신뢰 관계를 굳건하게 만들 수 있다. 다국적 기업에 근무하는 직원들 다수가 그전에는 불가능했던 조직 내 폭넓은 담론을 형성하는 창구를 사내 소셜 도구가 마련해준다고 밝혔다. 전자 상거래 기업에 근무하는 한 직원은 이렇게 말했다. "(본사에서) 어떤 프로젝트를, 어떻게 진행하고 있는지 소셜 도구를 통해 대략적으로 감을 잡을 수 있습니다. 그 덕에 확실히 좀 더 연결된 기분을 느낍니다." 다른 기업에서도 이와 비슷한 소감을 전했다. "가족의 일원이 된 것 같은 느낌입니다." "모두 같은 기업에 소속되어 있어요. 같은 사람들이지요. 서로 생김새도 다르고 말도 다르지만, 결국 모두 같은 일을 하고 있어요." 직원들끼리 마주할 일이 거의 없는 가상의 업무 공간에서 소셜 도구는 이처럼 직원들에게 소속감을 느끼게 해준다.

일터에 소셜 도구를 접목하는 일이 간단하게 보일 수 있고, 실제로 기술 면에서는 사실이기도 하다. 당신의 컴퓨터는 물론 수백만 명의 컴퓨터에 설치된 슬랙이나 마이크로소프트 팀즈가 바로 그렇다. 대부분의 소셜 도구는 클라우드 기반의 애플리케이션이므로 제반 시설을 위한 비용이 전혀 들지 않는다. 직원 대다수는 종류만 다를 뿐 개인적으로 소셜 미디어를 활용한 경험이 있기 때문에, 일터에서 소셜 도구를 사용하는 법을 배우는 것이 쉽다. 그러나 소셜 도구가 단순하게 보여도 그 이점을 제대로 누리려면 몇 가지 중요한 점들을 이해해야 한다.

나와 동료 폴 레오나디Paul Leonardi는 기업 두 곳의 소셜 미디어 사용자를 대상으로 소셜 도구 사용과 사용자 행동에 관한 종적 연구(연속적인 시간 간격으로 동일한 집단을 관찰하는 방식의 연구)를 진행한 바 있다. 스탠퍼드대학교에서 나는 폴과 같은 기간에 박사 과정을 이수했기에 우리의 관계를 '학문적 남매지간'이라고 말하곤 한다. 이후 우리는 공동 저자로 여러 프로젝트를 진행했고 일터, 기술, 조직에 관한 다양한 주제로 20년 가까이 함께 연구하고 있다. 우리 두 사람은 1만 5,000명 이상의 직원을 거느린 한 금융 기업의 부서 두 곳을 18개월 동안 관찰했다. 그중 한 부서는 소셜 도구의 사용을 시행했고, 다른 부서는 시행하지 않았다. 한편 두 번째 하이테크 기업은 10개국에 1만 명 이상의 직원을 거느린 곳으로, 우리는 2년이 넘는 기간 동안 이 기업이 전 세계에 걸쳐 소셜 도구를 어떻게 도입하여 시행하고 있는지 그 상황을 관찰했다.

우리는 이 사례에서 놀라운 현상을 목격했다. 처음에 참가자들은 사적인 콘텐츠와 '회사 전반에 걸친 사안'을 공유했다. 직원들은 동료가 올린 개인적인 콘텐츠에 흥미를 보였고, 이 호기심은 사이트에 대한 관심으로 이어졌다. 직원들은 곧장 업무에 관련된 내용은 물론 업무와 무관한 이야기를 구경하고 직접 포스팅하기도 했다. 공적인 포스팅과 더불어 업무적인 이야기와 비업무적인 이야기가 공유되자, 직원들은 서로 의미 있는 관계를 나누거나 직접적으로 소통하지 않았음에도 상대를 신뢰할 만한지 파악해 나갔다. 2장에서 언급했듯이, 사람들은 신뢰를 기준으로 업무와 관련된 문제에 조언을 구하거나 유용한 지식을 나눌 수 있을지 판단한다.

이렇게 업무적, 비업무적 이야기를 함께 나누기 시작하며 신뢰감이 쌓였고, 전문 지식을 공유하는 것도 가능해졌다. 한편 초반에 다양한 주제로 이야기를 나눈 것이 조직 내에서 지식을 공유하는 장을 마련하는 데는 도움이 되었지만, 비업무적인 대화는 결국 불안과 갈등을 초래했다. 직원들은 관리자의 눈에 지나치게 사교 활동만 하는 사람처럼 보일까 봐 걱정했고, 가끔 동료들 사이에 긴장감이 감돌기도 했다. 이런 문제로 사람들은 사적인 내용을 공유하지 않기 시작했고, 이내 사적인 이야기와 함께 등장하던 업무적 지식의 교류 역시 줄어들었다. 요컨대 사적인 콘텐츠에는 역설적인 특성이 있었다. 소셜 도구의 사용을 부흥시켰던 힘이자 종말에 이르게 한 원인이었다.

조직은 직원들의 비업무적인 교류를 허용하는 것은 물론, 사내에서 소셜 도구를 왜, 어떻게 사용해야 하는지에 대해 분명하게 설명해야 한다. 그렇다면 어떻게 소셜 도구를 활용해야 직원과 조직 모두에게 도움이 될까? 당연한 말이지만, 리더가 몸소 보여주어야 한다. 소셜 도구 활용법에 대한 가이드라인을 세우는 것만으로는 부족하다. 리더 또한 사내 소셜 도구에 참여해 바람직한 행동을 직접 보여주고 직원들을 이끌어야 한다. 이를테면 좋은 아이디어를 올린 직원에게 후속 질문을 하는 식으로 공개적으로 대화를 나누는 것이 좋다. 직원의 생일을 축하하거나, TV 프로그램에 '좋아요'를 누르는 것과 같은 비업무적인 이야기에 코멘트를 남기는 것도 좋다. 많은 리더가 그렇듯 회사의 정책이나 인사와 관련된 공식 발표만 포스팅한다면 직원들은 소셜 플랫폼이 그저 공지사항을 알리는 경영 도구일 뿐이라는 생각에 참여와 소통을 자제할 것이다. 그렇게 되면 조직은 소셜 도구를 도입한 목표를 달성하지 못한다.

가상 환경에서 이루어지는 것이든, 그렇지 않든 의사소통에서 가장 중요한 것은 맥락이다. 최신 소셜 미디어 플랫폼이나 최상의 화상회의 하드웨어를 구비하는 것만으로는 충분하지 않다. 맥락에 따라 시간을 조금 두고 이메일을 보내는 것이 나을 때도 있고, 가능한 빨리 메일을 보내는 것이 가장 좋을 때도 있다. 어쩌면 이메일을 아예 보내지 않는 것이 좋을 때도 있다. 직원과 리더는 디지털 도구를 채택하는 데 좀 더 전략적이고 의식적으로 접근해야 하고, 린·리치 커뮤니케이션, 동시적·비동시적 커뮤니케이션의 속성을 이해하여 함께 일하는 사람들과의 관계를 바탕으로 적절한 미디어를 적용해야 한다. 우리의 본능에 따라 선택한 디지털 도구는 부적절할 때가 많고, 우리의 의도와 다른 결과를 도출하는 경우가 많다. 기술로 가능해졌다고 해서 무조건적으로 많이, 더 많이 활용하려는 욕심이 가장 큰 역효과를 낳는다. 결국 상황의 시급성을 알리고 우선순위를 판단하는 것은 리더의 역할이지 기술의 몫이 아니다. 가상으로 소통하더라도 우리는 결국 대면 상호작용에서 파생된 사회적 역학과 사회적 실재감이라는 인간적인 요소에 영향을 받는다. 우선순위를 정하고 팀원들의 상황을 파악하는 데 기술에 지나치게 의존하는 리더가 많다. 그러나 기술은 사람들을 이끄는 리더의 역할을 대신해주지 않는다는 점을 기억해야 한다.

올바른 디지털 도구 사용하기

- **도구를 함께 활용한다.** 우리의 필요에 의해서가 아니라 너무 많은 디지털 도구에 끌려다니고, 그로 인해 많은 화상회의를 연달아 진행하는 것과 같은 커뮤니케이션 활동이 일어날 때 테크 피로감이 발생한다. 따라서 목표에 맞게 동시적·비동시적 미디어를 함께 활용한다면 테크 피로감을 줄일 수 있다.

- **맥락을 이해한다.** 디지털 도구에 소통을 의존하는 원격 근무에서 피할 수 없는 상호 지식 문제는 조직에 해로운 영향을 끼친다. 상호 지식이 없으면 원격 근무자들은 상황에 따른 문맥을 놓치고, 공동의 정보와 이해에서 차이가 발생한다. 이렇게 공통의 기반이 약해지면 오해와 문제가 생기고, 그로 인해 생산적인 협력이 어려워진다.

- **존재감을 드러낸다.** 사회적 실재감 문제는 특정 디지털 도구가 친밀성(관계의 가까운 정도)과 직접성(사람 사이의 심리적 거리감 또는 정신적, 정서적 연결감)을 어느 정도까지 전달할 수 있느냐에 따라 영향을 받는다.

- **적을수록 더 좋다는 것을 기억한다.** 모호하고 다의적이며 명료성이 낮은 상황에서는 리치한 미디어가 효율적인 반면, 더 단순한 상황에서는 린 미디어가 효율적이다.

- **반복적으로 말하되 전략적으로 행한다.** 개인이 지닌 권한의 정도에 따라 비동시적에서 동시적 매체로, 또는 그 반대로 반복적인 커뮤니케이션에 활용하는 매체들을 순서대로 배치해 메시지의 중요성을 강조하거나 즉각적인 행동을 촉구할 수 있다.

- **먼저 물어본다.** 여러 국가에서 모인 팀원으로 구성된 원격 팀은 문화적, 언어적 차이를 고려해야 한다. 동시적·비동시적 의사소통 가운데 무엇을 선호할지는 문화와 언어를 이해하는 능력에 따라 달라진다.

- **사회적 거리감을 좁힌다.** 소셜 미디어 도구를 통해 멀리 떨어져 있는 동료들을 연결하고, 지식을 공유하고, 협력하고, 효율적으로 혁신하게 만들 수 있다. 뿐만 아니라 업무 중복을 줄이고, 필요한 곳으로 자원을 집중시킬 수도 있다. 아울러 소셜 도구로 비업무적인 의사소통을 나누면 업무적 소통 또한 매끄러워진다. 리더와 직원 모두 사내 소셜 도구를 통해 대화에 참여하도록 한다.

5장
원격 애자일 팀

어떻게 원격으로
애자일 팀을 운영할 수 있을까?

CHAPTER 5:
How Can My Agile Team Operate Remotely?

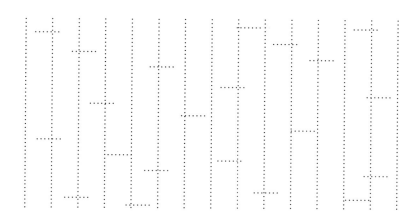

　　유명한 시트콤 TV 시리즈인 〈실리콘밸리〉(2014~2019년)는 캘리포니아 실리콘밸리에서 프로그램을 개발해 성공신화의 주인공이 되기를 꿈꾸는 소프트웨어 개발자 여섯 명의 이야기를 그리고 있다. 애자일agile 팀의 표본을 보여주는 이 팀원들은 한 집에서 함께 거주한다. 그들은 기술 관련 일이든, 유통이든, 팀원들 사이의 일이든 문제가 생기면 주방, 진입로, 복도, 마당 어디서든 즉흥적으로 대화를 나누고, 거실에 꾸민 사무실에서는 시간을 정해 정식 회의를 가진다. 즉 팀원들은 같은 물리적 공간에서 늘 함께한다. 공동생활은 팀이 긴밀하고 혁신적이며 활발한 협업을 이루고, 열정과 동기를 고취시키는 것을 가능하게 해준다.

　　마이크 저지Mike Judge와 존 알트슐러John Altschuler, 데이브 크린스키Dave Krinsky가 제작한 이 코미디 시리즈는 애자일 팀들이 탄생시킨 소프트웨어 문화를 현실감 있게 보여주었다. 새로운 소프트웨어 제품을 신속하게 출시해야 하는 소프트웨어 개발자의 특성과 그들이 작업하는 컴퓨터 코딩의 특성상, 협력적이고 팀 주도적인 작업 방식이 필요하다. 1990년대 후반, 시스템 프로그래밍의 급격한 성장과 더불어 기존의 '폭포수waterfall' 개발 방법을 하루빨리 개선해야 한다는 목소리가 높았다. 폭포수 개발 방법은 프로그램을 개발하기에 앞서 착수 시점에 상세한 업무 계획을 세운 뒤, 각 단계별로 특정 부서에 순차적으로 업무가 전달되는 방식을 말한다. 이처럼 고도로 조직화되고 시간 소모가 큰 접근 방법에 대한 여러 비판 가운데 가장 큰 문제는 제품이 고객에게 출시될 준비가 되기도 전에 시대에 뒤처질 수 있다는 것이다.

2001년, 유타주의 스노우버드 스키장에 있는 한 숙소에 모여 대화를 나누고, 스키를 타고, 식사를 하던 열일곱 명의 주요 소프트웨어 개발자들은 개발 초기 단계에서 고객에게 제품을 제공할 수 있는 새로운 소프트웨어 개발 방법[63]을 고안해냈다. 그들은 제1차 세계대전 때 경영 컨설턴트인 헨리 간트Henry Gantt가 미국의 군사 전략을 위해 만든 조직적인 계획 수립 기법에서 창안한 순차적인 폭포수 접근 방법을 대체할 만한 것을 찾고 있었다. 애자일 선언문 Agile Manifesto의 작성자 가운데 한 명인 제프 서덜랜드Jeff Sutherland는 "참호전이 끝났음에도, 어찌 된 일인지 참호전을 조직했던 방법은 여전히 활용되고 있다"[64]라고 밝힌 바 있다. 모임 자체가 대면 협업의 힘을 보여준 사례이기도 한 이 회의에서 적응력 높고 반복적인 새로운 접근법을 간결하게 설명한 '애자일 소프트웨어 개발을 위한 선언문Manifesto for Agile Software Development'이 탄생했다. 그 내용은 아래와 같다.

우리는 소프트웨어를 개발하고 또 다른 사람들의 개발을 도우며 더 나은 방법을 찾고 있다.
이 과정에서 우리는 다음의 가치를 중요하게 여긴다.

과정과 도구보다는 **개개인과 상호작용을**
포괄적인 문서보다는 **실행 가능한 소프트웨어를**
계약 협상보다는 **고객과의 협력을**
계획을 따르기보다는 **변화에 대한 응답을** 중시한다.

왼쪽에 놓인 요소도 중요하지만, 우리는 오른쪽에 적은 요소를 더욱 가치 있게 여긴다.

ⓒ2001, 애자일 선언문 저자들.
이 선언문은 어떤 형태로든 자유롭게 복제될 수 있지만 지금 이 글을 포함한 전문이어야 한다.

2001년 이후 급속히 확산되기 시작한 애자일 팀은 실리콘밸리의 소프트웨어 업계를 넘어 널리 퍼져나갔다. '애자일'이라는 용어는 유행이자 신비한 대상으로 자리 잡았다. 이 장에서는 먼저 애자일 팀이 어떻게 형성되고 운영되는지를 설명한 후, 업무 상황에서 친밀하고 잦은 대면 상호작용을 중요시하는 애자일의 철학이 원격 근무에 어떻게 적용될 수 있는지 논의할 것이다. 애자일과 원격 근무는 서로 상충하는 개념처럼 보일 수 있지만, 나는 애자일 팀과 원격 근무가 놀라울 정도로 잘 어울린다는 사실을 발견했다. 이것이 어떻게 가능한지 보여주기 위해 세계에서 가장 큰 글로벌 기업 가운데 하나로 런던에 본사를 둔 유니레버Unilever를 예로 들어 디지털 전환 전략이 대규모 원격 애자일 팀과 어떻게 맞물려 운영되는지 살펴볼 것이다. 마지막으로, 캘리포니아에 위치한 소프트웨어 중소기업인 앱폴리오AppFolio가 한 공간에 근무하던 애자일 팀을 어떻게 갑자기 원격 근무로 전환하여 운영할 수 있었는지도 알아볼 것이다.

애자일 팀의 설계

애자일 팀의 설계는 자원과 능력의 가장 효율적인 배치를 찾아 유연성을 발휘해야 경쟁 우위가 있다는 핵심 원칙을 기반으로 한다. 신속한 의사결정과 높은 생산성을 위해 애자일 팀은 소규모로 유지한다. 구성원이 너무 많고 의사소통이 복잡해지면 팀은 우왕좌

왕하고 업무의 진행이 더뎌지기 쉽기 때문이다. 대다수의 애자일 전문가들은 다섯 명에서 일곱 명으로 팀을 운영하는 것이 최적이라고 말한다. 팀에서 구성원의 역할은 유동적이고, 어떤 작업이든 수행할 수 있도록 교차 기능적으로 구성된다. 의사결정은 모두가 함께하고 '책임자' 역할을 하는 사람은 없다. 도전적이고 매우 흥미로운 목표를 중심으로 자기 조직화된 팀은 '일을 완수'해야 한다는 긴급성을 이해하고, 이런 분위기가 팀의 사기와 동기를 높이고 팀원들 사이에 유대감을 형성한다. 자신의 업무에 주인의식을 갖고, 맡은 일의 시작부터 완료까지 어떻게 실행할 것인지 결정하는 신뢰할 수 있는 팀원들은 높은 수준의 자율성과 책임감에 익숙하다.[65]

애자일 방법의 핵심인 개방적이고 직접적이며 대화를 자주 나누는 소통 방식 덕분에, 개인은 팀에 빨리 문제를 제기하고 리더와 함께 해결책을 찾는 것이 가능하다. 애자일 팀은 작업 결과를 빨리 확인할 수 있을 때 잘 성장할 수 있기 때문에, 팀은 신속한 실험을 통해 내부 또는 외부 고객에게 피드백을 구하고 그에 따라 의사결정을 내린다. 상품 또는 프로젝트가 시중에 나온 후에도 고객의 니즈는 계속 진화하므로 신속하게 시제품을 제작하고, 고객과 지속적으로 협력하는 과정에서 진정한 가치를 전달하는 완제품이 탄생한다. 이러한 반복적인 접근 방법에는 상세한 사전 계획을 세우거나 장황하게 긴 문서를 작성하는 방법은 도움이 되지 않는다. 애자일 팀은 프로젝트를 시작하기 전에 비전과 방향에 합의하고, 프로젝트를 진행하는 과정에서 작업을 조정해 나간다.

애자일 팀이 탄생한 때부터 변하지 않는 가장 중요한 특징은 아마도 팀원들끼리 자주 모여야 한다는 원칙일 것이다. 애자일 팀은 매일 같은 시간에 회의하는 것으로 유명한데, 회의에서 각각의 팀원이 나머지 팀원들에게 중간보고를 하는 식으로 진행 상황을 공유한다. 회의의 빈도는 환경에 따라 다를 수 있지만, 일반적으로 회의는 정기적으로 열리며 15분 이내로 간략하게 진행된다. 회의는 모든 팀원이 참석해야 한다. 긍정적인 분위기 속에서 회의를 진행하고, 무엇이 잘되고 무엇이 그렇지 못한지 확인하며, 앞으로 어떤 문제가 생길 수 있을지 논의하고 그것을 타개할 방법을 찾는다. 높은 수준의 신뢰와 솔직한 대화, 책임감은 진정한 배움과 혁신을 일으키는 데 매우 중요하다.

애자일 팀은 같은 공간에서 함께 일하는 것을 전제로 한다. 공동 근무가 애자일에 얼마나 중요한지는 두말할 필요가 없다. 애자일 선언문에서도 "개발 팀에게 그리고 개발 팀 내에서 정보를 전달하는 가장 효율적이고 효과적인 방법은 바로 얼굴을 보고 대화를 나누는 것이다"[66]라고 분명하게 언급하고 있다. 대면 소통이 과도한 문서 작업으로 인해 발생하는 혼란과 부수적인 비용을 제거해주기 때문에 팀을 더욱 민첩하게 만든다는 것이다.[67] 팀원들은 온종일 빈번하게 직접 접촉할 수 있어서 신속한 확인과 수정이 가능하고, 유대감도 형성된다. 한편 폭포수 방법의 관행인 문서 작성은 시간 소모가 크고, 불필요한 경우가 많으며, 작성자가 문서의 내용을 명확히 표현하지 않으면 읽는 사람이 내용을 잘못 해석할 수 있기 때문에 애자일 팀에서는 지양한다. 따라서 오해가 생기는 즉시 그 자리에서 실시간으로 협력적인 논의를 통해 해결할 수 있는 대면 대화를 최고의 기준으로 삼는다.[68]

지금까지 설명한 애자일 프로세스의 핵심적인 특징은 분산된 팀이나 원격 근무자에게는 적용되기 어려워 보인다. 그러나 이 장의 뒷부분에서 볼 수 있듯이, 애자일 프로세스는 전 세계에 분산된 원격 근무 팀에서도 큰 성공을 거두었고, 이 같은 원격 환경에서뿐만 아니라 심각해진 코로나19 사태로 인해 함께 근무하던 애자일 팀이 갑자기 재택근무로 전환된 경우에도 큰 성과를 보였다. 따라서 원격 근무 팀과 리더들은 자신감을 가지길 바란다. 매일 대면으로 진행되는 회의가 중추적인 역할을 하는 업무 방식이 원격 환경에서도 성공을 거둘 수 있다면 무엇이든 가능하다는 뜻이니 말이다.

소프트웨어 세계를 넘어서

애자일 선언문은 소프트웨어 개발 분야에서 창안되었지만, 제품의 수명이 점점 더 짧아지고 정보가 과잉을 넘어 홍수가 된 세상에서 애자일 방법이 더욱 매력을 끌고 있다. 디지털 기술의 급격한 발전을 배경으로 탄생했지만 애자일 개발 방법은 특정 도구나 규칙이 아니다. 애자일 방법은 환경 내에서 팀이 '어떻게' 작동하는가에 관한 것이다. 애자일 방법의 도구와 프레임워크, 프로세스는 소프트웨어 개발과 기술 팀 외의 분야에도 적용될 수 있다. 여기서는 애자일 방법론의 여러 특징을 차용해 긍정적인 결과를 도출한 장난감 제조 기업과 연구개발R&D 팀, 라디오 프로그램, 은행 두 곳의 사례를 간략하게 살펴보고자 한다.

장난감 제조 기업인 레고LEGO는 제품개발 과정의 가시성을 높이고자 애자일 방법을 채택했다. 먼저 이 기업은 반복적인 과정을 통해 배우는 자율적이고 자기 조직적인 스크럼 팀scrum team(마스터와 책임자, 개발자로 계층 없이 하나의 목표에 초점을 맞춘 전문가들로 구성된 응집력 있는 팀-옮긴이)으로 제품개발 팀을 구성했다. 팀들은 8주마다 한 번씩 모여 자신들의 작업 상황을 공유하고, 상호 의존적인 일들을 함께 해결하고, 위험을 예측하고, 다음 출시 기간을 위한 계획을 세웠다. 마지막으로 레고는 최고 경영진과 이해관계자들에게까지 애자일 방법을 적용해[69] 조직이 장기적인 비즈니스 목표에 부합하도록 했다. 개발자들은 자신의 업무를 직접 관리했고, 제품 완성까지의 일정을 정확하게 제시할 수 있었다. 애자일 방법 덕분에 레고는 더욱 예측 가능하고 긍정적인 결과를 도출해냈다.

3M의 연구개발 팀원들은 수많은 국가에 거점을 둔 다국적 거대 조직을 위해 끊임없이 상상하고, 창작하며, 시제품을 완성하고, 제품 개발 접근법을 새롭고도 혁신적으로 개선해야 한다. 이 각각의 단계는 기본적으로 시간이 많이 소요될 수밖에 없다. 새로운 제품 개발을 위해 3M은 스크럼 체계를 적용해 회의 빈도와 문서화 과정에 변화를 주었을 뿐만 아니라 연구자들의 요구에 더욱 잘 맞도록 애

자일 방법을 활용했다. 이러한 변화로 연구자들은 엄격하게 정해진 프로젝트 마감 기한과 혁신에 필요한 유연성 사이에서 균형을 찾을 수 있었다. 3M은 프로젝트들을 작은 단계로 나누고, 단계마다 기대치를 유연하게 조정했다. 그 결과, 연구개발 팀은 스트레스를 덜 받으면서도 능률을 향상하며 3M을 위해 더 많은 일을 해냈다.[70]

업계를 불문하고 최종 고객의 니즈를 모든 단계의 중심에 두는 것이 애자일 접근법의 핵심이다. 이 개발 방법의 목표는 최종 제품 또는 서비스가 진정한 가치를 제공하도록 하는 것이다. 애자일 팀은 최종 고객이 사용하는 언어로 자신의 업무를 '스토리' 형식으로 기록하며 다음 질문의 답을 찾아간다. '이 업무는 누구를 위해 하는 것인가? 우리가 완수하고 싶은 것은 무엇인가? 고객이 왜 이 제품을 원하는가?' 이렇듯 빈번하게 업무를 공유하고, 피드백 루프 feedback loop(결과의 일부가 원인으로 되돌아가 다시 결과에 영향을 미치는 현상-옮긴이)가 형성되는 과정에서 '스토리'의 다음 부분이 도출된다. 이 과정을 통해 팀은 고객의 니즈와 기대에 부응하는 제품을 만드는 데 집중할 수 있고, 제품 판매에 대한 추측이나 이론적인 예측을 하지 않아도 된다.

미국 공영 라디오NPR, National Public Radio는 애자일 방법의 몇 가지 특별한 요소를 활용하여 새 프로그램을 만드는 데 드는 비용과 위험을 낮출 수 있었다. 과거에는 프로그램의 성공을 보장하기 위한 기본 데이터 없이 큰돈을 들여 대대적으로 새 프로그램을 론칭했다. 그러나 이제 방송국은 애자일 방법으로 소규모 파일럿 쇼 몇

개를 제작해 여러 지역에 송출한다. 파일럿을 제작한 팀은 지역 방송국의 담당자와 청취자로부터 피드백을 수집해 쇼의 성공과 실패를 신속하게 가늠할 수 있게 되었다. 청취자의 반응을 불러일으킨 파일럿은 개발하고, 그렇지 못한 파일럿은 없애는 방식으로 NPR은 비용을 크게 절감하는 한편 더 많은 청취자를 확보할 수 있었다.[71]

산탄데르Santander 은행의 마케팅 팀은 자사의 금융 데이터에서 가치를 창출하기 위해 다양한 방법을 실험하기 시작했다. 여러 에이전시에 맡겨 긴 시간을 들이는 대신, 은행은 2주 동안만 진행하는 소규모의 위험성이 낮은 마케팅 캠페인을 여러 개 펼쳤다. 은행은 어떤 캠페인이 성공적인지 신속하게 파악할 수 있었다. 이 새로운 접근법으로 은행은 구체적인 시간대를 정해 의도한 콘텐츠를 고객에게 전달할 수 있었다. 최근 시행한 캠페인으로 이 은행의 고객 충성도는 12퍼센트, 만족도는 10퍼센트 증가했다. 은행의 순고객 추천지수NPS, Net Promoter Score는 17년 만에 최고점을 달성했다.[72]

네덜란드의 금융 기업 ING는 시장에 상품을 출시하는 기간을 단축하고, 고객 경험을 개선하며, 운영과 디지털 뱅킹 역량을 강화하기 위해 애자일 방법론을 적용했다. 우선 이 은행은 네덜란드 본사를 근본적으로 구조조정 하여 직원 25퍼센트를 감축했다. ING가 택한 애자일 접근법은 소규모의 종합적이고 자율적인 '스쿼드squads(일종의 '팀'이라고 보면 된다-옮긴이)'를 꾸려 요람에서 무덤까지 고객 서비스를 담당하는 것이었다. 애자일 방법을 도입한 후 ING는 더욱 빠른 서비스를 제공하게 되었고, 부서 내 장벽이 사라

졌으며, 인계되는 업무량이 크게 줄었고, 직원 만족도도 높아졌다.[73]

비교적 동떨어져 있다고 여겨지는 소프트웨어 개발자의 세계에서부터 다양한 산업 분야에 걸친 현시대의 비즈니스 경영까지 애자일 팀 방법론이 확산되어 적용된 사례를 살펴보았다. 각 사례에서 향상된 성과는 빈번하게 서로 대면 협력을 실행한 팀원들로 구성된 소규모의 자율적이고, 교차 기능적이며, 자기 조직화된 팀이라는 애자일의 전제를 바탕으로 하고 있다. 그러나 애자일 선언문이 작성된 2001년과는 세상이 달라졌다. 대면 협력이 항상 가능한 것도, 늘 바람직한 것도 아니다. 오늘날 고객이 전 세계에 분포되어 있다는 사실은 이미 많은 애자일 팀들이 국경을 넘어 가상 환경에서 협력하도록 요구되고 있다.

오늘날 문제는 애자일 팀이 대면 소통 없이도 애자일의 특성을 유지할 수 있는가이다. 다시 말해서 애자일 팀은 애자일의 방법 및 니즈와 원격 팀의 방법 및 니즈를 결합시킬 수 있을까? 그 과정에서 따르는 신뢰와 의사소통 문제는 어떻게 해결해야 할까? 다음에 살펴볼 사례들은 이 질문에 대한 훌륭한 대답이 되어줄 것이다.

애자일과 원격 근무는 양립할 수 없다?

조직은 거대한 함선에서 작은 쾌속정으로 구성된 소함대로 변신한다. ⋯ 고성과 팀들로 이루어진 살아 있는 유기체로 바뀌는 것

이다.

– 스티븐 데닝^{Stephen Denning}, 《애자일, 민첩하고 유연한 조직의
비밀^{Age of Agile}》

2017년부터 유니레버의 라훌 웰드^{Rahul Welde}는 300개가 넘는 애자일 팀을 만들어 운영해왔다. 이들 원격 애자일 팀의 시간대가 너무도 제각각인 나머지 타운홀 미팅^{town hall meeting}(일반적으로 비공식적 공개회의를 일컫는다)은 '굿 모닝, 굿 애프터눈, 굿 이브닝'이라는 인사말로 시작하는 것으로 유명하다. 런던에 본사를 둔 다국적 소비재 기업인 유니레버는 소비자 마케팅의 일환으로 선구적인 애자일 이니셔티브를 시작해 자율적인 조직과 '권한, 협력, 민첩성'을 내세워 팀을 재편했고, 이 변화는 곧 조직 내에 더욱 폭넓게 적용되는 하나의 형식으로 진화했다. 유니레버의 디지털 전략 부문 부사장으로 이 기업에 29년째 몸담고 있는 베테랑 웰드는 애자일과 원격 근무라는 언뜻 보기에 상반되는 두 개의 팀워크 접근법이 조화롭게 융화될 수 있다고 믿었다. 그리고 디지털 전환 전략을 적용하고 있는 조직에 필요한 일이라고 판단했다.

유니레버의 접근법은 애자일 팀이 원격 근무를 전 세계적인 규모로 운영될 수 있음을 보여주는 좋은 예가 되었다. 그뿐만 아니라 웰드는 애자일과 원격 근무의 결합이 궁극적으로 디지털과 글로벌의 결합임을 깨달았다.

| 세계적-지역적 역학

190여 개국에 400개 이상의 브랜드를 거느리고 있는 유니레버는 수십 년 동안 원격 근무에 의존해왔다. 이 기업은 광범위한 시장에 접근하고자 여러 지역에 분산된 팀을 중심으로 세계적인 기업조직을 구축했다. 도브 Dove 비누에서 매그넘 Magnum 아이스크림에이르기까지 가정에서 일반적으로 쓰는 제품을 만들고 판매하는 유니레버와 같은 다국적 기업의 성공은 현지 시장의 특수성과 기업의글로벌한 운영 규모 사이의 섬세한 균형을 이루는 것에 좌우된다.

웰드의 말이 이를 잘 설명해준다. "우리의 소비자는 사실상 현지인이다. … 전반적인 운영 체계가 있지만, 그것을 특정 브랜드나지역에 따라 다르게 구현해야 한다. 이를테면 유니레버가 중국에서 하는 일은 미국이나 영국과는 상당히 다르다. 같은 맥락으로 도브 브랜드에서 하는 일은 립톤 Lipton 티나 매그넘 아이스크림 브랜드가 하는 일과는 차이가 크다." 각 지역마다 다른 조건을 충족하기위해 웰드는 클라우드 컴퓨팅, 빅데이터 등과 같은 디지털 기술을활용해 현지 시장과의 관계를 발전시키는 이른바 '세계적-지역적glocally' 접근법을 찾으려 노력했다고 내게 설명했다. 웰드에게 그의비전에 대한 이야기를 직접 듣고, 이후 몇 번의 행사에서 만나 자리를 함께한 행운을 누리며 나는 그가 가까운 곳과 먼 곳을 함께 보고, 빠르게 또 천천히 생각하는 능력을 갖춘 특별한 리더 중 한 명이라고 생각했다. 또한 전 세계에 퍼져 있는 고객을 위해 애자일 도입을 추진할 용기 있는 사람임을 한눈에 알 수 있었다.

　제품이 소비되는 과정은 세계적인 차원으로 접근할 수 없다. 제품의 실제 판매는 지극히 지역적인 경험으로 일어나고, 제품이 최종 목적지인 마을, 상점, 궁극적으로 선반에 오르기까지의 최종 단계에서 어떤 일이 벌어지는지에 따라 달라진다. 반복적이고, 자율적이며, 원격으로 근무하는 결과 지향적인 애자일 팀은 최종 단계에서 마주하는 지역의 고유한 수요에 집중하는 동시에, 다양한 국가를 잇는 기업의 디지털 역량을 통해 팀의 작업 방향을 설정한다. 웰드는 디지털을 기반으로 한 지역과 세계 간의 상호작용이 원격 애자일 팀이 제공할 수 있는 가장 중요한 요소라는 것을 깨달았다.

　시스코와 오라클처럼 애자일 방법론을 활용했던 테크 스타트업이 전 세계로 뻗어나가는 것은 자연스러운 성장 과정이었다. 한편 '주 소득원bread and butter'이 애플리케이션이나 소프트웨어가 아니라, 말 그대로 빵과 버터인 90년 역사의 유니레버에게는 정반대의 경로가 펼쳐졌다. 유니레버는 엄청난 규모로 여기저기 뻗어나가는 글로벌 비즈니스를 디지털 시대에 맞게 변화시킬 방법을 찾아야 했다. 이 기념비적인 임무를 완성하는 데 필요한 세 개의 요소 가운데 첫 번째는 당연히 '과학기술', 즉 도구였다. 두 번째 요소는 '프로세스'였다. 이는 새로운 기술과 도구에 적응하기 위해 조직 개편을 계속하며 습득한 기업의 강점이었다. 마지막으로, 가장 중요한 요소는 '사람'이었다. 비누의 향을 맡고, 아이스크림을 맛보고, 차를 마시는 것과 같이 유니레버가 제공하는 많은 제품의 경험을 소비하는 대상은 바로 사람이다. 또한 모든 제품의 아이디어를 떠올리고 구현하는 과정의 이면에도 사람이 있었다. 디지털 기술, 반복적인 프로세스, 긴밀한 협력을 강조하는 애자일 방법론은 이 세 가지 요소 모두에 잘 들어맞았다. 유니레버의 조직이 디지털 기술로 전환하는 것과 맞물려 애자일 팀의 도입이 급물살을 탔다. 가장 놀라운 것은 디지털 전환과 애자일 팀, 이 두 혁신이 일으킨 시너지로 인해 전 세계에 넓게 퍼져 있는 오래된 다국적 기업이 세계적–지역적 격차를 해소할 수 있었다는 점이다.

| 앱폴리오: 타고난 애자일 조직

유니레버와 달리 앱폴리오는 디지털로 '탄생'했다.[74] 앱폴리오의 설립 이념에는 실제로 이 기업 특유의 정신이 쓰여 있다. 부동산과 같은 수직적 산업이 디지털 시대에 맞춰 전환할 수 있도록 돕는 소프트웨어를 개발한다는 것이다. 이 기업의 첫 상품은 부동산 관리자를 위한 소프트웨어 솔루션이었다. 어느 면에서나 이 기업은 창립 때부터 애자일 선언의 정신을 따랐다. 앱폴리오의 엔지니어링 책임자인 에릭 호킨스Eric Hawkins는 기업의 성공을 애자일 팀워크 구조의 결과라고 해석한다. 앱폴리오의 가치 가운데 하나는 바로 '훌륭한 사람이 훌륭한 기업을 만든다'이다. 호킨스는 소규모의 집중력 높은 팀이 조직을 민첩하게 만드는 원동력이라고 믿는다.

내가 처음 앱폴리오에 관심을 갖게 된 계기는, 현재 캘리포니아

대학교 샌타바버라 캠퍼스에서 기술 경영 및 엔지니어링 교수를 맡고 있는 동료 폴 레오나디를 통해서였다. 또 창립자 가운데 한 명인 클라우스 샤우저Klaus Schauser를 포함해 이 기업에 소속된 팀원 다수와도 아는 사이였다. 캘리포니아대학교 샌타바버라 캠퍼스의 전 컴퓨터공학과 교수였던 샤우저는 2006년에 기술 기반 스타트업의 베테랑인 존 워커Jon Walker와 함께 앱폴리오를 설립했다.

비즈니스가 디지털 시대에 맞춰 진화하려면 혁신적인 소프트웨어가 필요하다는 사실을 깨달은 샤우저와 워커는 회사를 세웠고, 지속적인 프로세스의 반복이라는 애자일 철학은 이들의 미션에 부합했다. 두 사람은 소프트웨어 개발에서부터 마케팅까지 프로젝트 중심인 부서는 모두 애자일 팀으로 구성해 작은 사업체를 조직했다. 지난 14년 동안 이 기업은 애자일 팀을 효과적으로 조직하고 활용해온 훌륭한 사례로 꼽히고 있다.

앱폴리오의 애자일 팀은 프로덕트 매니저 한 명, 디자이너 한 명, 품질 보장 엔지니어 한 명, 그리고 개발 과정에서 어떤 역할이든지 도맡아 진행하고 특정 프로젝트의 니즈에 따라 팀을 옮겨 다닐 수 있는 풀스택full-stack(데이터베이스, 웹서버, 서버 사이드 코드, 브라우저, 클라이언트 사이드 코드를 모두 아우르는 능력을 가진 개발자를 일컫는다-옮긴이) 소프트웨어 엔지니어 몇 명으로 구성되었다. 프로덕트 매니저는 두 개의 팀을 맡고 있으며, 각 팀의 프로덕트 리더가 관리한다. 팀마다 원하는 프로젝트를 결정할 자유가 보장되었으며, 한자리에 모여 대면 브레인스토밍을 하는 과정을 거쳐 프로젝트를 선택했다. 정해진 방식의 작업을 완료하는 의미가 아니라, 정의되지 않은 포괄적인 문제를 팀이 마음껏 반복하고, 상황에 따라 즉흥적으로 처리하며 해결책을 찾아갔다. 그 결과 앱폴리오의 애자일 팀들은 의욕이 넘쳤고, 신속하게 업무를 처리했으며, 고객과 긴밀한 소통을 유지했다. 이러한 자율성은 기업이 인재를 영입할 때 핵심적으로 고려하는 요소이다. 구글 같은 대기업을 선택할 수 있는 정상급 인재들에게 앱폴리오는 소규모 애자일 팀이 직접 도전 정신을 자극하는 기술적 문제를 선택할 수 있다는 기회를 제안했다.

애자일 선언에 충실한 이 조직은 매일 아침 대면 '스탠드업stand-up' 미팅을 열어, 팀원들이 리더에게 업무가 어떻게 진척되고 있는지 상황을 보고하는 자리를 가졌다. 호킨스는 기업의 의사소통 문화에 대해 이렇게 설명했다. "우리는 대면 대화가 가장 높은 대역폭의 의사소통 형태라고 생각한다. 대면 대화로 애자일 개발에 필요한 신속한 의사결정을 할 수 있다." 여섯 개의 애자일 팀을 관리했던 호킨스는 매주 그가 관리하는 직속 매니저 스물다섯 명과 일대일 미팅을 했다. 협력적인 소통 분위기를 만들기 위해 호킨스는 책상을 사이에 두고 마주 앉아 회의하는 것이 아니라, 자주 야외로 나가 캘리포니아의 햇살 아래서 함께 걸으며 회의했다.

호킨스는 애자일 정신에 입각해 모든 프로젝트가 특정 목표에 맞는 가장 적합한 팀원이 배치될 수 있도록 정기적으로 엔지니어를 다른 팀으로 이동시켜 그들의 풀스택 역량을 최대한으로 활용했다. 이렇듯 직원들이 팀을 옮겨 다니다 보니 서로 안면을 익히기 시작했고, 앱폴리오 직원들 사이에 친분 관계가 점차 확장되었다. 그 결과, 아이디어의 교류를 위해 자유롭고 열린 환경이 조성된 샌타바버라 앱폴리오 본사에는 팀들이 상호 연결되어 협력하는 거대한 네트워크가 형성되었다. 앱폴리오에서 사용자 경험 디자이너로 일하는 클레이턴 테일러Clayton Taylor는 이런 네트워크야말로 애자일 접근법으로 기업이 성공을 이뤄낼 수 있었던 핵심 비결이라고 말했다. 그는 "같은 공간에서 교류하다 보니 직원들 누구나 진행 중인 모든 프로젝트에 대해 기본적인 사항은 알고 있다"고 설명했다. 가령 테일러의 팀이 외부 조언이 필요한 상황이라면, 그는 몇 걸음만 걸어가서 이전의 애자일 팀에서 친해진 여러 동료들에게 조언을 구할 수 있다. 사무실에서 시작한 대화는 종종 퇴근 후 술잔을 기울이는 자리까지 이어질 때도 있었다.

호킨스는 앱폴리오 사무실의 협력적인 환경을 '인터럽트 구동interrupt-driven' 방식이라고 표현했다. 리더로서 자신의 역할은 늘 함께하되 고압적이지 않은 태도를 유지하고, 팀원들이 지도가 필요할 때면 항상 도움을 줄 수 있지만 그렇지 않은 경우에는 절대로 간섭하지 않는 것이라고 밝혔다. 호킨스는 팀 동료들과 사무실을 공유하는 것을 중요하게 생각했다. 호킨스는 누구나 자신의 사무실에 들러 질문하거나 도움을 요청할 수 있도록 오픈 도어 정책을 펼쳤다. 그는 자신의 일은 실시간으로 팀의 요구에 응답하는 반복적인 프로세스라고 보았다.

| 원격 근무를 시작한 앱폴리오

전 세계의 수많은 기업과 마찬가지로, 2020년에 앱폴리오의 상황이 극적으로 변했다. 코로나19로 인해 미국에 갑자기 봉쇄령이 내려지면서 앱폴리오는 급작스럽게 원격 근무로 전환해야 했고, 그 결과 직접 얼굴을 보며 일하던 애자일 팀워크는 직접적인 타격을 느꼈다. 호킨스와 그의 팀은 처음에는 낙관적인 태도로 변화를 마주했지만, 일주일 동안 원격 근무를 진행하면서 직접적인 피해를 입었다. 호킨스는 당시의 상황을 이렇게 설명했다. "처음에는 괜찮았다. 우리는 열정과 에너지가 넘쳤다. 사람들 모두 '괜찮아. 하면 되지. 다 같이 힘을 합쳐 해보는 거야. 재택근무로도 지금까지 해왔던 것처럼 할 수 있어'라는 태도였다. 하지만 일주일이 끝나갈 무렵 나는 엄청난 충격을 받았다. 너무도 지쳤기 때문이었다. 새로운 주가 시작된 후 사람들에게 기분이 어떤지 물었더니, 다들 이런 반응이었다. '세상에, 연달아 이어지는 화상회의를 얼마나 더 할 수 있을지 모르겠어요.'"

호킨스는 그동안 해왔던 익숙한 협업 방식이 가상 환경에서는 구현될 수 없다는 것을 즉각 알아차렸다. 앱폴리오에서 '인터럽트 구동' 방식의 협력적인 애자일 팀워크 문화를 가능케 하는 요소가 호킨스의 표현을 빌리자면, 갑자기 모두 사라졌다. 문제가 발생했을 때 팀원들이 즉흥적으로 한자리에 모여 빠르게 대화를 나눌 수 없게 된 것이다. 사무실은 호킨스가 '제로 프릭션^{zero friction}(업무와 관

련된 시간, 수고, 심리적 부담, 불만 등 마찰이 제로가 되는 현상-옮긴이)'
이라고 말한 프로세스가 가능한 환경이었다. 하지만 이제는 사람들
각자가 집이라는 새로운 원격 환경에서 동떨어져 일해야 했다. 햇
볕 아래서 산책하며 나누던 회의가 화상회의로 대체된 것이다.

앱폴리오의 애자일 팀은 같은 사무실에서 일하며 주고받는 비
공식적인 상호작용이라는 자연스러운 흐름 속에서 성장했다. 테일
러가 언급했듯이, 공동 근무는 팀이 유기적인 교류를 통해 즉흥적
으로 업무를 처리하고 자유롭게 혁신하는 데 핵심적인 역할을 했
다. 넷플릭스의 콘텐츠에 대해 사적인 대화를 나누다가 어느새 새
로운 프로젝트에 대한 열정적인 브레인스토밍이 오가는 식이었다.
그러나 가상 환경에서는 이런 자연스러운 흐름이 불가능했다. 사람
들의 상호작용은 이제 문자와 음성, 영상에 국한되어 개별적으로
이루어졌다. 일상적인 대화는 물론 일터 속 대면 상호작용의 중요
한 요소인 손동작이나 표정과 같은 비언어적인 신호가 거의 사라진
것이다.

호킨스는 비언어적 신호가 사라지면서 팀원들이 언제 발언하고,
언제 들어야 하는지를 판단하는 데 어려움을 느낀다는 것을 깨달았
다. 그 결과 의도치 않게 발언이 겹치는 일이 많았고, 가상 회의가
무질서해졌다. 가상 환경에서 진행하는 일대일 미팅 시간은 분위기
가 어색하고 부자연스러웠다. 샌타바버라 본사에서 함께 근무하면
서 팀원들과 야외를 거닐며 허물없이 나누던 대화와는 정반대의 분
위기였다. 사무실에서 벗어나 근무한 처음 2주는 힘든 시간이었다.

그러나 마침내 앱폴리오는 원격으로도 애자일을 발휘할 수 있는 방법을 찾았다. 물론 팀원들도 느꼈듯이 집에서 일하는 것이 분명히 좋은 점도 있었다. 선택권이 주어졌을 때 왜 많은 사람들이 재택과 출근을 병행하는 하이브리드 근무제를 선호하는지 앱폴리오의 사례에서도 그 이유를 알 수 있다.

앱폴리오가 원격 근무로 전환하며 몸소 보여주었듯이, 애자일 방법론과 원격 근무는 본질적으로 양립할 수 '없다'. 다만 여러 면에서 팀들은 애자일 원칙을 수용하고 애자일 선언의 정신을 유지하면서 조정할 수 있다. 호킨스는 팀들이 일주일에 완수해야 하는 업무 가운데 10~20퍼센트만이 진정한 협력이나 창의력을 요구하는 작업이라는 것을 인정했다. 그 외에는 사실 혼자서 집중력을 발휘해야 하는 업무이다. 놀랍게도, 호킨스는 팀들이 집중력을 요구하는 업무에 관해서는 정신을 분산시키는 동료들이 '없을 때' 훨씬 더 효율적이고 생산적인 성과를 낸다는 것을 알았다. 호킨스는 이 장점이 팀들이 오랫동안 유지했던 협력적인 문화를 잃는 대가보다 더 클 수 있다고 생각하게 되었다.

준비된 조직에게 찾아오는 기회

일반적으로 의사소통이나 함께 일하는 방식에 대한 개별 규범을 사전에 수립한 팀들은 원격 근무로 전환하더라도 준비가 더 잘

되어 있다고 볼 수 있다. 이를테면 어느 애자일 팀원들은 자신이 헤드폰을 쓰고 있을 때 대화를 원하는 상대가 어떻게 행동했으면 하는지 의견을 밝혔다. 한 팀원은 동료들에게 자신이 알 수 있도록 "어깨를 살짝 쳐달라"고 부탁했다. 또 다른 팀원은 "슬랙으로 먼저 메시지를 보내서 내가 지금 하는 일을 중단할 수 있는지 확인하고 질문해주면 좋겠다"라고 밝혔다. 개인의 요구를 편안하게 받아들이는 업무 분위기는 원격 근무 환경에서도 이어지고, 팀원들이 재택근무를 하며 일정과 의사소통 방식에 대한 가장 적합한 개인의 선호가 무엇인지 알 수 있게 해준다.

이전부터 사무실 근무와 원격 근무 형태를 혼합해 디지털 플랫폼으로 회의를 진행해온 팀들도 원격 근무로 전환할 때 좀 더 쉽게 대응할 수 있다. 미국에 본사를 둔 한 다국적 기업은 큰 규모의 스프린트 팀(단기간 특정 프로젝트의 최종 결과물을 이끌어내기 위해 구성된 조직-옮긴이)을 위한 특정 회의실을 마련해두고 있었다. 겉으로는 조직이 공동 근무를 하는 것처럼 보였지만, 사실 팀원들 가운데 약 30퍼센트는 원격으로 회의에 참여했다. 다른 주와 다른 나라에 거주하고 있거나, 혹은 배관공이 집에 오기로 약속한 것과 같이 출근할 수 없는 일이 생기면 정해진 회의실로 전화를 연결했다. 하지만 회의실의 많은 일정 때문에 그곳을 사용하는 데 문제가 생겨 갑자기 장소를 옮겨야 하는 상황이 닥치면, 원격 근무자들은 접속을 시도하는 데 기술적인 문제를 겪기도 했다.

한편 팬데믹으로 인한 봉쇄가 시작되기 직전, 이 기업의 애자일 팀은 고객 이메일과 직원들의 핸드폰 번호가 통합된 사내 소셜 미디어 플랫폼을 사용하는 방식으로 전환했다. 이 플랫폼을 통해 특정한 장소로 전화를 거는 것이 아니라, 번호를 누르면 회의에 참여할 수 있는 방식이어서 기존에 겪었던 기술적 혼란을 피할 수 있었다. 회의를 진행하는 방법을 이미 정해둔 팀은 전일제 원격 근무로 바뀌고 나서도 변화에 쉽게 적응했다. 팀원들은 회의실이라는 물리적 장소에서 벗어나 정해진 시간에 정해진 번호로 전화를 걸어 회의에 참여하는 새로운 방식에 이미 적응했기 때문이다.

성공적인 원격 애자일 팀의 핵심 원칙

예전부터 원격 애자일 팀을 운영했던 조직과 새롭게 애자일 팀을 도입한 조직들을 연구하며, 나는 원격 환경에서 생산적이고 협력적인 에너지를 만들어가는 데 필요한 다섯 가지 원칙을 발견했다. 이 연구 사례에서 효율성, 신속성과 같은 원격 근무의 특징은 애자일 방법론과 병행할 수 있을 뿐만 아니라 직접적으로 연계할 수 있다는 점도 알게 되었다. 원격 애자일 팀은 공동 근무하는 애자일 팀보다 못한 아류가 아니다. 약간의 조정만 하면 애자일 원칙은 '대면으로 일하지 않는' 팀에 더욱 효과적으로 구현될 수 있다.

| 혼자 준비하고, 동시에 마친다

애자일 방법을 원격 근무 환경에 적용하려면 지속적인 협업 방식을 자신의 스케줄에 맞춰 주도적으로 단독 업무를 수행하되, 실시간으로 협업하려는 노력을 기울이는 방식으로 전환해야 한다. 원격 근무에서 즉흥적인 대면 협업이라는 애자일 프로세스가 매끄럽게 진행되려면, 팀원 각자가 비동시적으로 일해야 한다는 의미이다. 예전이었다면 팀원들과 실시간으로 해결할 수 있었던 사안을 이제는 개인이 사전 준비 또는 사전 계획 단계에서 혼자 생각해보는 과정이 무엇보다 중요하게 되었다. 전자회의 전에 간단한 안건을 먼저 발송해두거나, 사전에 팀원들에게 어떤 안건을 생각해보고 회의에 참여해 달라고 요청해야 애자일 접근법이 필요로 하는 짧고 효율적인 회의 프로세스가 가능해진다.

가상 회의 플랫폼은 실시간 브레인스토밍과 같은 자연스러운 흐름을 만들지 못한다. 따라서 그룹 브레인스토밍에 참여하기에 앞서 팀원들에게 공유 플랫폼에 몇 가지 생각을 올려달라고 요청하는 것은 원격 애자일 협업으로 전환할 때 필요한 일이다. 아이디어를 제안하는 초기 단계에서는 기존에 해왔던 익숙한 비동시적인 커뮤니케이션 방식을 사용하면 된다. 이를테면 실시간 가상 회의 전에 팀원들은 이메일, 사내 소셜 미디어, 또는 팀 전원이 확인하고 댓글을 달 수 있는 공유 문서에 아이디어를 적는 것이다. 그러면 실시간 가상 회의에 모였을 때 팀원들의 귀중한 시간을 아이디어를 논의하는 데 허비하지 않고 공유된 아이디어를 즉시 평가하거나, 아이디어가 지닌 문제의 해결책을 찾는 데 바로 뛰어들 수 있다.

| 공유 문서로 브레인스토밍을 한다

흥미롭게도, 함께 근무하다 원격 근무를 시작한 애자일 팀들과 대화를 나눠보면, 가상 환경이 공동 근무를 할 때보다 팀을 애자일의 이상에 '더욱 가깝게' 만들었다는 이야기를 듣곤 한다.

가령 구글 독스Google Docs(구글 문서도구)와 같은 비동시적인 협업 도구를 이용하면, 전통적인 공동 근무 환경에 존재하는 실행을 가로막는 '가드레일guardrail'이나 경계 없이, 지속적으로 프로세스를 반복할 수 있다. 팀원들은 회의 시간에 어떤 이야기를 꺼내기 위해 적절한 타이밍을 기다리거나, 사무실에 있는 동료가 바쁘지 않을 때를 기다릴 필요 없이 어떤 생각이 떠오를 때마다 자신이 편한 시간에 공유 문서에 의견이나 제안을 남기면 된다. 이러한 이유로 실제 작업물을 중심으로 상호작용을 나누며 반복적으로 수정하는 데 온전히 집중할 수 있는 원격 애자일 방식이, 화이트보드를 중심으로 모여 즉흥적으로 허물없이 회의하는 공동 근무 방식보다 애자일 원칙에 더 가깝다고 볼 수 있다. 또한 후자의 경우 추후 논의를 위해 별도로 토론 내용을 저장하고 활용하는 일이 번거롭다.

관리자에게는 아이디어 수렴과 의사결정까지 신속하게 진행할 수 있는 원격 애자일 방식이 특히 유용하다. 팀원들이 함께 논의하면 좋을 것 같은 아이디어가 있다면 짧은 분량의 간단한 문서를 작성해 공유한 후 팀원들이 비동시적으로 코멘트를 달도록 하면 된다. 다시 말해서 팀원들이 편한 시간에 자유롭게 교류하며 아이디어가 자연스럽게 수렴되도록 하는 것이다. 모두가 의견을 남기고 자신의 생각을 밝힐 기회를 가진 뒤, 리더가 가상 회의를 열어 해결되지 않은 문제나 최종 의견을 토론하는 자리를 마련하는 것이다. 나중에 다시 확인할 수 있는 저장 가능한 문서 형태로 팀이 소통할 수 있기 때문에, 종종 끝없이 대화가 이어지는 사무실 환경보다 의사결정을 내리는 것이 한결 쉬워진다.

| 회의를 간소화한다

대면 애자일 팀에서 중요한 기능을 담당하는 것은 매일 열리는 스탠드업 미팅이다. 공동 근무하는 애자일 팀의 전통적인 풍경은 스탠드업 미팅 시간에 누군가 자신의 업무 상황을 발표하고, 아이디어가 떠오를 때마다 팀원들이 자유롭게 자신의 생각을 제시하는 것이다. 이때 사람들은 각 업무에 대해 즉흥적으로 의견을 주고받는다. 모든 팀원이 한 공간에 모여 앉아 있을 때, 회의의 효율성은 사회적 신호를 감지하고 누가 말하려고 하는지 읽어내는 능력에 달려있다. 가상 회의에서는 발휘하기 어려운 능력이다.

따라서 원격 근무 환경에서는 일일 스탠드업 미팅을 다르게 진행해야 한다. 좀 더 세심한 조율이 필요하다. 한 가지 방법은 각각의 사람이 주어진 시간 동안 중단 없이 말한 뒤 다음 사람에게 그 순서를 넘기는 것이다. 이렇게 하면 의도치 않게 다른 사람의 말을 끊는 일도 생기지 않고, 읽을 수도 없는 '가상공간'의 분위기를 파악하기 위해 애쓸 일도 없다.

아홉 명에서 열 명 정도의 비교적 규모 있는 애자일 팀이 가상으로 일할 때 직면하는 문제 가운데 하나는 중개형 기술mediating technology을 이용해 쉽게 의견을 제안하는 환경을 조성할 수 있느냐이다. 원격으로 회의할 때 열 명이나 되는 사람이 동시에 끼어들고, 발언하는 상황을 수용하기는 어렵다. 따라서 프로젝트 초기 단계에서 가상 회의에 참여하는 인원수를 줄이면 의사소통에 집중하기가 쉽다. 예를 들어 엔지니어 한 명, 프로젝트 매니저 한 명, 디자이너 한 명으로 구성된 소규모의 교차 기능 팀(각각의 작업을 담당하는 팀원들로 구성된 팀)으로 회의를 진행한다면 의사결정 속도를 높일 수 있다. 일단 소규모 그룹으로 몇 가지 합의점을 미리 마련한 뒤, 사람들을 모아 더 많은 의견과 더 높은 에너지를 공유하는 식이다.

가상 회의는 대면 회의보다 더욱 효율적일 수 있다. 물론 애자일 원칙을 엄격히 따르자면 약 15분 동안에 일일 미팅을 해야 하지만, 이 시간을 지키기란 쉽지 않다. '일일 스탠드업' 미팅은 팀원이 돌아가며 2분에서 3분가량 중간보고를 하는 자리이다. 그렇기에 팀원이 여섯 명이라면 미팅을 하는 데 12분에서 18분만 소비하는 것이 최적이다. 하지만 앞서 마친 회의의 뒷정리를 하고, 컴퓨터를 연결하고, 미팅 후에 담소를 나누는 데도 시간이 제법 걸린다. 결과적으로는 15분이 아니라 30분에 가까운 미팅이 되는 것이다. 가상 회의라면 이런 복잡한 일들을 피할 수 있다. 팀이 모두 모이기 전에 사람들이 가상 회의에 일찍 '도착'한다면, 그들은 이메일 처리와 같이 간단한 업무를 해결할 수도 있다. 회의를 마친 후에도 회의실에서 나가 사무실까지 이동하는 일 없이 애플리케이션에서 로그아웃만 하면 되므로 개인 업무로의 전환 또한 한결 쉬워진다.

대면 회의 때보다 가상 회의에서 더 유용한 두 가지 디지털 도구의 도움을 받을 수도 있다. 첫 번째는 가상 화이트보드로, 사무실에서는 잘못된 각도에 자리를 잡으면 화이트보드가 잘 보이지 않을 수 있지만 스크린상으로는 누구나 쉽게 볼 수 있다. 두 번째는 화면 공유로, 이 기능을 활용하면 팀원들은 특정 개인의 업무 화면을 모니터에 띄워 전체적으로 볼 수 있다. 사무실에서 누군가의 등 뒤에서 컴퓨터 화면을 보는 것보다 훨씬 더 효율적이다.

| 디지털 규범을 정립한다

원격 근무 팀은 어떤 디지털 커뮤니케이션 플랫폼이 회신에 가장 적합할지 결정해야 한다. 이메일은 공식적이지만 긴급하지 않은 요청에 응답할 때 가장 적합한 반면, 인스턴트 모바일 메시지 애플리케이션은 형식적이지 않지만 시급한 요청에 응답하기에는 더욱 적합하다.

상황을 빨리 확인하려면 전화를 사용하는 것이 좋다. 사무실 환경이 팀원들의 접근성을 높여 신속하게 일대일 대화를 나누거나 짧은 미팅을 하기에는 편하지만, 공동 근무를 하는 모든 애자일 팀이 이렇게 업무 친화적인 공간에서 일하는 것은 아니다. 특히 프로젝트에 따라 여러 팀에 속해 일하는 구조라면 업무 공간이 멀리 떨어져 있을 수도 있다. 수십 년 전, 휴대폰이 등장하기 전만 해도 직원들은 2층 위나 3층 아래에서 일하는 팀원과 소통하기 위해 사무실의 유선 전화를 이용했다. 디지털 기술이 도입되어 일상적인 사안에 대해 채팅 방과 인스턴트 메시지를 활용하기 시작한 후에는 업무를 파악하기 위해 다른 사무실을 찾아가거나 팀원들의 칸막이를 두드릴 필요가 없어졌다.

원격으로 근무할 때는 동료의 칸막이를 두드리는 대신 핸드폰으로 통화하고, 서로 의견을 주고받을 필요가 없는 사안에 대해서는 전화보다 느리고 좀 더 수고로운 문자를 사용한다. 특히 상대가 어린아이들이 있는 집에서 재택근무를 하거나, 소음 차단 헤드폰을 쓰고 모니터를 들여다보는 사람이라면 그때그때 짧은 통화를 하는 것이 가장 낫다.

사무실에서의 대면 상호작용은 업무 시간으로 제한되는 반면, 가상 커뮤니케이션은 낮이든 밤이든 어느 때나 가능하므로 관리자가 언제 소통할지, 그리고 더욱 중요하게는 언제 연락해서는 '안 되는지'에 대해 지침을 정해 직원들의 일과 사생활의 경계를 지켜주어야 한다.

애자일 팀의 협업은 정직, 신뢰, 솔직한 의사소통을 기반으로 이루어진다. 팀원들은 상위 관리자에게 의견을 전달하기보다는 서로 대화를 나누어야 한다. 애자일 팀은 업무의 한 부분(세그먼트^{segment} 또는 이른바 '스프린트^{sprint}')이 끝나면 팀원들이 자신의 업무 경험에서 좋고 싫었던 점, 칭찬할 만한 뛰어난 아이디어, 함께 축하할 만한 일 등을 포스트잇에 익명으로 적어 사무실 내 지정된 벽에 붙여놓고 되돌아보는 시간을 갖는다.

그러나 정직, 신뢰, 솔직한 의사소통은 친밀한 관계를 유지하는 공동 근무 팀도 지키기 어려운 가치이고, 팀 규모가 크고 팀원이 많은 원격 애자일 팀에게는 더욱 그렇다. 그럼에도 팀 프로세스와 역학에 대한 지속적인 피드백과 솔직한 의사소통은 상당히 중요하다. 원격 팀에서는 리더가 상호작용 도구를 활용해 직원들의 경험에 대한 실시간 데이터를 수집할 수 있다. 이를테면 가상 회의 도중에 직원이 익명으로 궁금한 점이나 의견, 우려되는 점을 표현하는 식이다. 동시에 팀 리더는 팀원들의 의견을 수렴하기 위해 익명으로 설문조사를 실행해볼 수도 있다.

디지털 도구가 보장하는 익명성 덕분에 어떤 반향을 가져올까 하는 두려움 없이 더욱 솔직한 의견을 전할 수 있고, 이를 통해 팀은 실수에서 배우고 성장할 수 있다. 특정 사안에 불만이 있는 팀원들은 다양한 방식의 투표로 자신의 마음을 드러낼 수도 있다. 이렇게 수집한 익명의 의견을 회의 중에 워드 클라우드word clouds(공통 응답 수가 많은 단어를 자동으로 시각화하는 도구-옮긴이)로 띄워 대화에 활기를 불어넣거나 즉각적인 피드백을 구할 수 있다. 이러한 디지털 도구는 대면 상호작용에서 제한되던 것들을 시도할 수 있는 기회를 마련해준다. 사람들은 집단에서 허심탄회하게 자신의 생각이나 견해를 밝히는 것을 주저한다. 또한 여러 애자일 팀에서 얻는 실시간 피드백은 팀 차원의 생산성은 물론, 대규모의 분석 자료를 제공한다는 점에서 부서 차원에서의 생산성에도 영향을 미친다.

애자일 원칙은 물리적인 업무 공간을 공유하며 대면으로 함께 일하지 '않는' 팀에도 충분히 적용될 수 있다. 전통적으로 애자일 접근법의 핵심 요건은 짧은 일일 미팅에 최적화된 공동 근무를 하는 소규모 팀이었다. 지금까지의 업무 진척 상황을 공유하고, 문제가 생길 때마다 바로 논의하고, 협력하며 다음 단계로 나아가는 팀 말이다. 애자일 팀이 원격 환경에서도 업무가 가능하다는 것을 보여준 여러 다국적 기업들은 애자일 방법론과 그 철학을 분산된 팀을 대상으로 성공적으로 확장시켰다. 상황에 맞게 조정만 하면 원격 애자일 팀은 공동 근무하는 애자일 팀보다 충분히 더 나은 팀이 될 수 있다.

애자일 원격 팀 운영하기

■ **비동시적인 포맷으로 가상 회의를 준비한다.** 가상 회의 전에 이메일이나 그룹 문서로 브레인스토밍을 한다면 원격 환경에서도 즉흥적인 협업이 가능하다. 나중에 다시 확인할 수 있는 저장 가능한 문서 형태로 팀이 소통할 수 있기 때문에, 끝도 없이 대화가 이어지는 사무실 환경보다 의사결정이 훨씬 쉬워진다.

■ **매일 또는 자주 열리는 회의를 계획적으로 준비한다.** 팀원 개개인이 주어진 시간 동안 중단 없이 발언을 마친 뒤, 다음 사람에게 순서를 넘기도록 한다. 여러 가지 일을 맡고 있는 소규모의 교차 기능 팀으로 사전 회의를 가진 뒤, 사람들과 모여 더 깊은 토론을 진행한다.

■ **가상 회의만이 제공할 수 있는 이점을 활용한다.** 팀에 도움이 되는 방향으로 개인의 업무 시간을 비동시적으로 운영한다. 가상 화이트보드나 화면 공유 기능을 통해 회의의 효율성을 높일 수 있다.

■ **론치 · 리론치 시간을 자주 갖는 것이 중요하다.** 원격 팀원들은

전화, 이메일, 문자, 화상회의 등 디지털 커뮤니케이션에 의
존하기 때문에 서로 소통이 수월하도록 개인 차원에서도 노
력이 필요하다. 또한 팀 차원에서는 어떤 커뮤니케이션 도구
를 언제 활용하는지에 대한 규범을 미리 정하는 것이 좋다.

■ 디지털 도구를 활용해 연속성을 높여 협업하는 환경을 만든다.
화이트보드 앞에서의 토론이나 휴게실에서 나누는 대화와
는 달리 디지털 도구로 소통하는 팀원들은 작업물을 서로
쉽게 확인할 수 있다. 디지털 도구는 대화한 내용을 흘려버
리지 않고 저장할 수 있기 때문에, 이후에 이어질 작업을 위
해 수정과 개선, 재검토하는 데 용이하다.

6장
차이와 다양성

어떻게 글로벌 원격 팀이
차이를 딛고 성공할 수 있을까?

CHAPTER 6:
How Can My Global Team Succeed
Across Differences?

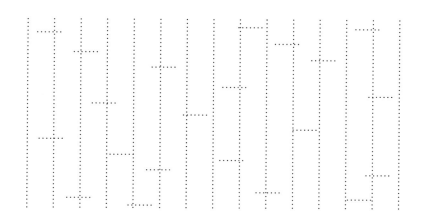

　당신이 북미 문화권에서 자랐다면 대화할 때 상대의 눈을 바라보는 것은 자신감과 정직함을 나타내는 것이라고 배웠을 것이다. 한편 다른 지역의 문화권에서 성장했다면 똑바로 눈을 마주치는 행위는 무례하거나 위협적이라고 느낄 것이고, 상대를 잘 모르는 사이에서는 더욱 그렇게 여길 것이다. 이렇게 차이가 있는 두 문화권에서 자란 사람들이 한 팀에서 일할 때, 북미 출신의 직원은 자신도 모르게 동료를 불편하게 만들 수 있다. 눈 맞춤에 익숙하지 않은 팀원은 전혀 그렇지 않음에도 프로젝트에 관심이 없는 사람처럼 보일 수 있다. 이 사례는 국경을 넘어 다양한 팀원들이 함께 일하는 글로벌 팀이 경험하는 문화적 차이를 단편적으로 드러낸 내용일 뿐이다. 서로 인사하고, 계약을 체결하고, 의사결정을 하고, 권위 있는 사람과 대화하는 것 등의 모든 행동 방식은 국가마다 다른 문화적 규범을 따른다. 이처럼 글로벌 팀은 문화적 차이를 겪는다. 2장에서 언급했듯이, 내가 바라보는 나와 타인이 인식하는 나 사이의 상호작용은 우리의 행동과 감정에 영향을 미치는 복잡하고도 동적인 과정이다. 우리의 인식(예컨대 눈을 맞추는 것은 자신감을 드러낸다)과 타인이 인식하는 우리(예컨대 눈 맞춤은 위협적이다)에 대한 판단이 일치할 때는 문제가 없지만, 다양한 문화적 배경을 가진 사람들로 구성된 글로벌 팀이라면 인식의 차이를 일치시키는 것은 불가능하다. 우리는 끊임없이 상호작용을 통해 타인에게 어떻게 인식되고 싶은지 신호를 보낸다. 팀원들에게 리더로 인식되고 싶은 사람은 오랫동안 함께 일해온 동료들에게 지지를 이끌어내고, 자신의 기술과 경험을 자주 언급하고, 팀 프로세스에 비공식적으로 통제력을 행사한다. 문화적 차이가 존재할 수밖에 없는 글로벌 환경에서는 우리가 인식하는 나와 타인이 인식하는 나 사이의 균형을 이루고 중재하는 방법을 찾는 것이 중요한 도전 과제이다. 만약 이 문제를 손쓰지 않고 내버려둔다면 문화적 차이가 팀의 의욕을 저하시키고, 신뢰를 깨고, 불화를 일으키고, 성과를 떨어뜨릴 것이다.

조직은 문화적 문제에 대한 해결책으로 흔히 영감을 주는 모토를 내걸거나, 문화적 다양성을 자축하는 행사를 매년 개최한다. 물론 이런 움직임은 중요하지만, 여러 나라 출신의 팀원으로 구성된 세계적으로 분산된 팀이 일상적으로 겪는 문제까지 해결하지는 못한다. 단순히 경솔한 언행을 삼가는 것에 그치는 것이 아니라, 상호 신뢰와 이해를 바탕으로 긍정적이고 생산적인 공통의 장을 마련하는 일이 지속적으로 행해져야 한다. 각 문화에 따라 '해야 할 것과 해서는 안 될 것'을 정리한 리스트만 외워서는 될 일이 아니다. 이렇게 제한된 방법으로는 서로를 이해할 수 없고, 도리어 고정관념에 얽매이기 쉽다. 또 같은 문화권이라고 해서 모두가 반드시 가치관이 같다고 할 수 없고, 같은 방식으로 행동하는 것도 아니다. 그렇기에 팀은 다른 문화권의 사람들이 세상을 어떻게 바라보고, 그들이 당신의 행동을 어떻게 받아들이는지 이해하기 위해 더 깊은 노력을 기울여야 한다.

이 장에서는 당신과 팀원이 문화적 차이를 넘어 함께 일하려면 어떤 노력을 기울여야 하는지 다룬다. 우선, 전 세계에 분산된 팀이 경험하는 언어적, 문화적 차이로 인한 문제를 이해하기 위해 다국적 석유화학 기업에 매니저로 입사한 타리크 칸^{Tariq Khan}이 마주한 고충을 살펴볼 것이다. 그가 속한 기업은 열여덟 개국 언어가 쓰일 정도로 다양한 국적의 인력을 보유하고 있다. 이 기업은 문화적 차이를 극복하지 못해 만성적이고도 불쾌한 상황에 봉착해 있었다. 그다음으로는 글로벌 팀이 반드시 다루어야 할 근본적인 원인으로 사회학자들이 '심리적 거리감'이라고 부르는 개념의 역사와 영향에 대해 다룰 것이다. 그리고 타리크 칸이 논쟁적이고 성과가 낮은 글로벌 팀을 어떻게 변화시켰는지 살펴보겠다. 이 장의 후반부에서는 글로벌 팀의 리더들과 함께 일하던 당시 문화적 차이를 완화하기 위해 내가 취했던 조치와 접근법을 폭넓게 다루어보고자 한다.

27개국, 18개 언어, 무너지는 팀

늦은 저녁, 테크^{Tek} 두바이 지사 회의실에서 타리크 칸은 글로벌 세일즈 팀과 마케팅 팀이 처참하게 실패한 이유를 두고, 열여섯 시간 동안 논쟁을 벌이고 있는 고위 경영진 세 명과 탁자를 사이에 두고 마주 앉아 있었다.[75] 이 석유화학 기업은 얼마 전 칸에게 전 세계적으로 분산된 대규모 조직을 이끄는 중책을 맡겼다. 27개국 출신의 18개 언어(수많은 방언도 포함된다)로 소통하는 68명의 팀원들은 연령대가 22세에서 61세로 폭넓게 분포되어 있었다. 기업이 칸에게 맡긴 직책만 봐도 그가 지닌 훌륭한 리더십 잠재력과 그동안 테크 사에서 보여준 성과를 짐작할 수 있었다. 그러나 그 직책은 위험이 큰 자리이기도 했다. 칸에게는 불리한 상황이었다. 2년 만에 팀의 영업 이익률이 61퍼센트에서 48퍼센트로, 순이익률은 4,600만 달러에서 3,500만 달러로, 시장점유율은 27퍼센트에서 22퍼센트로 하락했기 때문이었다. 직원 만족도 또한 68퍼센트에서 36퍼센트로 하락했다. 게다가 이전 매니저는 불명예스럽게 사임했다. 그가 떠나며 칸에게 남긴 말은 냉정했다. "타리크 씨, 정말 솔직하게 말하겠습니다. 지금 상황은 완전히 통제 불능입니다. 저는 이 직책 때문에 회사에서 명성을 잃었고, 회사를 나가는 것 외에는 달리 선택권이 없습니다. 저라면 이 자리에 앉아야 할지 다시 생각해볼 것 같군요."

그날 저녁 두바이에서 고위 경영진들과 회의를 하는 내내 전 매니저의 불길한 말들이 칸의 머릿속에 맴돌았다. 칸은 해답을 찾을 수 있을 것이라고 생각하며 수닐, 라스, 라마잔 이들 경영진과 함께 아침부터 밤까지 회의를 이어갔다. 하지만 세 사람이 서로 다른 이야기를 하며 대립하는 모습을 보니, 오히려 물음표만 더 생겨났다.

그날 아침 칸이 회의실에 들어서는 순간부터 갈등이 감지되었다. 경영자들 각자 팀의 급작스러운 하락에 대해 나름의 이유를 댔다. 레바논에서 근무하는 인도 출신의 수닐은 기유基油, base oil 가격의 인상이 팀의 마진을 압박하고 있다고 주장하면서, 최근 기업의 재정 실패는 시장 탓이라고 설명했다. 스웨덴 출신의 라스는 이 의견에 격렬하게 반대했다. 라스는 비난하는 어투로, 이들 조직의 문제는 잘못된 브랜딩branding이 고객을 혼란스럽게 만들고, 선적에 실패해 이란과 예멘 파트너에게 신뢰를 잃으면서 관계가 약화되었기 때문이라고 말했다. 수닐은 라스의 말을 들은 척도 하지 않았다. 대신 수닐은 화제를 돌려 직원 보상 체계를 문제 삼기 시작했다. 월급이 수익이나 이윤이 아니라 매출량과 매출액에 따라 책정되어 기유 가격이 상승하면 영업사원은 매출량이 감소해도 매출 목표를 달성할 수 있는 반면, 조직의 입장에서는 매출원가가 높아져 추후 이윤이 줄어드는 상황이 닥친다는 것이다.

이 두 사람은 논쟁에서 이기는 데만 열중한 나머지(사실상 자신의 동료들이 이 문제에 아무런 잘못이 없다고 감싸기에 급급했다) 칸의 존재는 물론 본인들의 역할마저도 잊은 것 같았다. 카자흐족으로 지금껏 침묵을 지켰던 라마잔이 상황이 악화된 이유에 대해 자신의 의견을 밝혔다. 그는 지역으로 나누고 그다음에 국가별로 세분화해야 하는 전 세계 매출 목표를 비논리적인 접근법으로 설정한 것이 잘못이었다고 말했다. 그 결과 각 국가 팀들은 자신의 목표만 달성하면 된다는 생각에 기량을 제대로 발휘하지 않고, 다른 국가 팀에 책임을 떠넘긴다는 것이다. 경영진 사이에 끝없는 논쟁이 계속되자, 라마잔도 끝내 참지 못했다. 그는 자리에서 일어나 라스를 손가락으로 가리키며 소리쳤다. "그래요, 알겠어요. 작년에 제가 왜 목표를 달성하지 못했는지 그 이유를 말하죠. 바로 저 사람 때문입니다!" 라스도 자리에서 일어나 언성을 높였다. "나는 할 말이 없는 줄 알아요? 당신의 팀 때문에 수백 킬로리터를 손해 본 것은요? 당신의 직원들이 정해진 날짜에 보내지 않아서 우리가 운송을 못 한 것 아닙니까." 그렇게 언쟁이 계속 이어졌다.

밑에서부터 시작된 균열이 팀의 윗선까지 쭉 이어지고 있었다. 경영진과 마라톤 회의를 갖기 바로 전날, 칸은 처음으로 팀원 68명을 한자리에 모아 회의를 진행했다. 그 자리에서 칸이 보고 들은 광경은 정말 놀라웠다. 회의가 시작하기 전, 회의실에는 온갖 언어로 불협화음이 가득 울려퍼졌다. 한쪽에서는 영어가, 다른 쪽에서는 러시아어가, 또 다른 쪽에서는 아랍어가 들려왔다. 팀원들은 모국어에 따라 하위 집단으로 나뉘었다. 그들은 모두 영어로 말할 수 있었지만 유창함의 수준이 서로 너무 달랐기에, 칸은 이 점이 팀들 사이의 분열을 심화시킨다고 느꼈다. 영어가 모국어인 직원들은 너무 빠른 속도로 말해서 알아듣기가 어려웠고, 영어가 유창하지 않은 직원들은 대체로 침묵을 지켰고 발언을 주저하는 것처럼 보였다. 또한 칸은 파벌이 나뉜 데에는 언어뿐만 아니라 종교적, 문화적 공통점에 따른 차이도 작용한다는 것을 깨달았다.

칸은 골치가 아팠다. 매출 하락의 근본 원인을 제대로 파악하지는 못했지만 아무래도 회의실을 가득 메운 불화가 일부 연관이 있는 듯했다. 일전에 그는 수닐, 라스, 라마잔과 함께 중동과 중앙아시아, 남아시아 지사를 한 차례 돌아보았다. 당시 고객 서비스 부서 직원인 파라와의 회의가 네 사람의 출장을 단편적으로 보여주는 사례였다. 파라는 팀의 성과가 크게 저하되었다는 사실조차 모르고 있었다. 그뿐만 아니라 파라는 칸에게 자신의 일에 대한 믿음과 열정을 느낄 만한 계기를 찾고 있다고 털어놓기까지 했다.

출장을 통해 칸은 또 하나 중요한 점을 발견했다. 우즈베키스탄에 방문한 칸은 라스와 몇몇 팀원을 대동해 카자흐족 고객과 저녁 식사를 했다. 새로운 거래 건을 논의한 후, 카자흐족 고객들은 거래 성사를 자축하자며 독한 보드카로 건배를 제안했다. 이때 사우디아라비아 출신의 모하메드가 종교적인 이유로 정중하게 술잔을 거부하자, 라스가 "그냥 받아요"라고 말했다. 모하메드는 별 대꾸를 하지 않았다. 그러자 라스가 목소리를 높여 경멸하는 투로 말했다. "사우디 사람들은 도대체 언제 21세기로 들어설지!"

그 순간 어색한 침묵이 내려앉았다. 모하메드는 탁자로 시선을 떨구었다. 라스가 출장을 가면 현지 풍습을 무시하고, 영어를 못하는 팀원들을 조롱한다는 소문은 칸도 들은 바 있었다. 그러나 라스의 문화적 불감증을 실제로 목격한 것은 처음이었다.

칸은 이 직책을 맡고 싶었지만 극심한 문화적 차이에 시달리는 조직을 개선시킬 수 있을지 자신이 없었다.

가깝고도 먼 이방인들

많은 사람이 문화적, 언어적 차이를 극복하지 못하는 근본적인 원인을 이해하기 위해서는 독일의 선구적인 사회학자 게오르그 짐멜Georg Simmel이 1908년에 쓴 에세이 《이방인The Stranger》을 참고할 필요가 있다.[76] 이 책에서 짐멜은 여러 가지 면에서 집단의 표본과 유사한 사람들이 외부인을 접할 때 어떤 일이 벌어지는가라는 질문을 던졌다. 그는 주민들이 평생 한마을에 함께 살며 서로를 잘 알고 끈끈한 유대관계를 보이는 곳에 상인과 같은 여행객이 등장하는 상황을 예로 들었다. 그 상인은 외적으로는 주민들과 비슷하게 보이지만 사회적, 정신적으로는 거리감이 있다. 어쩌면 상인은 마을 주민들과 다른 복장을 했을 수도 있고, 같은 언어를 쓰지만 타 지역에서 온 사람임을 드러내듯 다른 억양으로 말을 할지도 모른다. 이 상상 속 이방인을 시작으로 짐멜의 생각이 구체화되고 성장하여, 오늘날 멀리 떨어진 글로벌 집단을 결속시키는 데 도움이 될 수 있는 통찰력으로 이어졌다.

어떤 면에서는 짐멜 본인이 이방인이자 여행객이었다. 1858년

베를린에서 태어난 그는 일생의 대부분을 그곳에서 지냈지만, 당시의 엄격한 학업 분위기에 잘 어울리지 못했다. 유대인인 짐멜은 독일 사회에서 아웃사이더 취급을 받았다. 그는 철학자이자 과학자이며 예술에도 조예가 깊었다. 그는 피아노와 바이올린을 연주했고, 예술가와 결혼했으며, 렘브란트Rembrandt에 대한 책을 저술했다. 베를린대학교에서 짐멜은 유명한 연사였으며 수많은 지식인이 그의 수업을 듣기 위해 찾아왔다. 그럼에도 그가 속한 사회적 환경이 많은 사람들과 달랐던 터라, 사람들은 짐멜에게 심리적 거리감을 느꼈고 그를 이방인으로 여겼다.

짐멜의 절충주의eclecticism적 태도와 인기는 베를린의 학계에서 특히 받아들여지지 못했다. 그는 교수가 된 이후에도 종신 교수는 되지 못했다. 급성장하던 사회학 분야에서 그보다 입지가 탄탄한 동료들에게 가려져 최고의 학문적 성과를 차지하지 못했기 때문일 것이다. 실제로 짐멜은 1960년대에 이르러, 여러 학문 분야를 아우르는 그의 열정과 은유적이고 시적인 그의 글쓰기 스타일을 기꺼이 수용한 새로운 사회학자 세대가 짐멜의 가치를 재발견하고 나서야 유명해졌다. 그를 재발견한 학자들은 시간이 흐를수록 그의 은유가 더욱 빛을 발한다고 찬사를 보냈다.

짐멜은 현대의 도시 환경에서는 물리적인 가까움과 심리적인 거리감이 필연적으로 공존할 것이라고 봤다. 도시에 거주하는 사람들은 다른 언어를 쓰고(또는 지배적인 언어를 공유하되 그 유창한 수준은 차이가 크다), 다른 문화적 규범을 따르는 사람들과 같이 일하고 어울리며 산다. 작은 마을과 달리 도시에서는 거리에서 스쳐 지나가는 사람의 가족이나 지난 역사를 아는 경우가 거의 없다.

따라서 글로벌 팀의 역기능을 이해하고 그 문제를 해결하려면 심리적 거리감이란 개념을 알아야 한다. 심리적 거리감은 현대 생활 환경뿐만 아니라 어느 유형의 집단에서나 찾아볼 수 있는 특징이기 때문이다. 이 개념은 집단 구성원 사이의 '정서적 또는 인지적 관계' 정도를 가리킨다. 구성원이 다른 구성원을 이해하고 공감한다면 심리적 거리감은 낮아지고, 필연적으로 생겨날 수밖에 없는 균열은 공감을 바탕으로 한 연결성으로 메워진다. 구성원들끼리 서로 이해하거나 공감하지 못한다면 심리적 거리감이 높게 형성되어 이 균열은 점점 커진다. 전 세계에 분산된 팀은 높은 심리적 거리감의 온상이다.

심리적 거리감 줄이기

칸의 팀원들이 공동 근무를 했다면 책상을 사이에 두고 매일 수도 없이 얼굴을 마주했을 것이다. 상대의 얼굴 표정과 보디랭귀지를 눈으로 보고, 이런저런 이야기를 들을 수밖에 없었을 것이다. 그러다 보면 함께 음식을 먹기도 했을 것이다. 복도에서 마주치기도 하고, 상대가 누구와 친하게 지내는지 사내 관계도 알게 되었을 것이다. 함께 대화를 나누며 어울리는 기회도 생겼을 것이다. 어쩌다 동료가 가족과 나누는 통화 내용을 우연히 들을 수도 있다. 원하든 원치 않든 간에 서로에 대해 다차원적인 이해가 생겨나고, 이것은 문화적 차이를 수용하게 만드는 토대로 작용했을 것이다. 이렇듯 관계가 쌓이면서 다차원적인 이해가 뒷받침되어야 공감이 생겨나고, 정서적 거리감이 줄어든다. 한 공간에서 함께 일하는 동료를 어쩌면 많이 좋아하지 않을 수도 있지만, 그것과 관계없이 시간과 공간을 공유할 때 공감적인 관계로 나아갈 발판이 생긴다.

과거 작은 마을의 삶에서 도시 생활로 바뀐 것처럼, 공동 근무팀은 글로벌 팀으로 달라졌다. 코로나19 팬데믹으로 세계 대부분의 일터가 재택근무로 전환되었을 때, 원격 근무자라는 새로운 계급은 글로벌 팀이 예전부터 경험했던 일들을 겪기 시작했다. 기술이 아무리 좋아도 화상회의로 한 시간가량 소통하는 것은 사무실에서 함께 시간을 오래 보내는 것과는 질적으로 다르다는 점을 말이다. 원격 근무로 인해 우연히 복도에서 만나 즉흥적인 대화를 나누고 서로에 대한 다차원적인 지식을 쌓을 기회를 잃는 것뿐만 아니라, 물리적 공간에 함께 있는 시간이 줄어드는 것과 반비례해 심리적 거리감 또한 커진다는 의미이다.

심리적 거리감을 줄일 때 팀 문화는 논쟁과 분열에서 공감, 존중, 신뢰의 관계로 나아갈 수 있다. 이 과제가 제대로 수행되기만 한다면, 글로벌 팀을 나타내는 전형적 특징인 지리적 거리와 국가적 다양성이 이 팀을 뛰어나게 만드는 강점이자 가치의 원천이 될 수 있다.

단합을 이끌어내는 언어

어느 팀이든 기능하는 데 의사소통은 중요한 요소이다. 한 가지 언어를 모국어처럼 쓰는 사람들이 거의 없는 글로벌 팀에서 언어는 의사소통의 단절을 불러일으켜 심리적 거리감을 키우는 분열 요소로 작용한다. 그 내용은 내가 책 한 권을 저술했을 만큼 방대한 주제이지만, 여기서는 팀이 해결해야 할 과제는 언어로 초래된 분열을 최소화하고 단합력을 회복하는 것이라는 정도로 정리하고자 한다.[77]

오늘날 글로벌 팀에서는 영어가 공통어이자 국제어로 쓰인다. 현재 세계 인구의 4분의 1은 훌륭한 수준의 영어를 구사하고, 10억 명 이상은 영어를 유창하게 쓴다. 영어는 문법에 융통성이 있고 남성형, 여성형의 구분이 없어 비교적 배우기 쉬운 언어로 여겨진다. 그렇지만 비즈니스에서 영어가 지배적인 위치를 얻게 된 데는 영국에 의한 오랜 식민지 통치 역사와 세계적으로 초강대국인 미국의 지위 때문이다. 당연히 다국적 기업에서 일하려면 어느 정도 영어를 유창하게 쓸 줄 알아야 하지만, 영어를 모국어로 쓰지 않는 팀원들 사이에 언어 능력의 차이가 큰 것이 현실이다.

글로벌 팀 리더는 이런 언어적 차이가 불러오는 다양한 문제를 해결해야 한다. 영어가 조직을 화합하기 위한 도구로 새롭게 채택되었다면, 공통어의 도입은 앞으로 리더가 팀을 체계화하는 과정에서 넘어야 할 그저 첫 번째 단계일 뿐이란 점을 반드시 명심해야 한다. 조직 내에서 영어를 사용하는 것이 이미 자리를 잡았다 해도, 공통어가 부여하는 권력과 통제력은 원어민과 비원어민에게 다르게 작용한다.

구체적으로 설명하자면, 회의실에서 다른 팀원들은 쓰지 않는 모국어를 중심으로 하위 집단이 형성될 때 즉시 '아군 대 적군' 사고방식이 생겨난다. 2장에서 언급한 것처럼, 이런 사고방식에서 하위 집단이 운영될 때 신뢰와 성과가 낮아진다. 하위 집단이 러시아어, 아랍어, 스페인어 등등 영어가 아닌 다른 언어를 쓸 때 스스로를 고립시키고 타인을 배척하게 된다. 그들은 짐멜의 이야기 속에 등장하는 본인과 다르면 무조건 이방인으로 취급하는 마을 사람들처럼 행동한다. 그들은 물리적으로는 다른 사람들과 함께 회의실에 있지만 심리적 거리를 벌리고 있는 것이다.

영어를 모국어로 쓰는 사람들은 글로벌 팀 매니저에게 또 다른 유형의 문제를 안긴다. 공통어를 유창하게 쓴다는 이유로 자칫 자신이 실제 직급보다 높은 지위에 있다고 생각할 수 있다는 뜻이다. 발언을 너무 자주 하거나, 말을 너무 빨리하거나, 관용구나 속어를 지나치게 활용한다면, 이는 영어를 쓰지 않는 비원어민이 의사소통에 느끼는 어려움을 고려하지 않는 것뿐만 아니라 팀의 효율성도 떨어뜨리는 행위이다. 영어를 모국어로 쓰는 사람들은 비원어민이 침묵을 지키거나 발언을 주저하는 모습을 보면 팀에 기여하지 않는다고 오해하기도 한다. 결국 원어민들은 언어의 유창함과 개인의 역량을 혼동하여 비원어민의 업무 능력을 자칫 평가절하 할 위험이 있다.

"우리는 다르지만 하나입니다"

테크 사에서 리더 직을 수락한 칸은 언어 차이로 인한 사회적 분열을 목격했다. 이 문제를 해결하기 위해 그가 세일즈 마케팅 그룹의 총 매니저로 가장 먼저 실행한 계획 가운데 하나는 바로 영어를 사내 비즈니스 언어로 쓴다는 회사의 방침을 68명의 팀원 전원이 따르게 하는 것이었다. 테크 사는 여러 국가 출신의 직원들이 겪는 언어 장벽 딜레마를 공통어를 통해 해결하는 다국적 기업들의 행보에 발맞췄다. 하지만 포용성을 장려하기 위해 만들어진 상호 규칙을 팀원이 준수하도록 이끄는 리더가 없다면 아무리 완벽한 언어 정책이라도 실패할 수 있다. 새로운 자리에 오르고 몇 달 지나지 않아, 칸은 이 상호 규칙 내용을 정리해 직원들에게 한 번씩 나누어 주는 것이 좋겠다는 생각이 들었다. 칸은 주기적으로 조직에 상호 규칙을 정리한 문서를 배포했고, 특히 새로운 직원이 합류하거나 언어 문제로 인해 갈등이 빚어지는 조짐이 보일 때면 바로 이 지침을 활용하도록 했다.

칸이 취임 초기에 행했던 또 다른 일은 라스를 해고하는 것이었다. 물론 쉬운 결정이 아니었다. 라스는 보드카를 마시지 않는 모하메드를 조롱하는 등 문화적 불감증을 표출한 전적이 있고, 영어를 모국어로 쓰지 않아 힘들어하는 직원들에게 압박을 가한 것도 사실이다. 스웨덴어가 모국어지만 어렸을 때부터 영어를 배웠던 라스는 그런 '자신'이 영어를 유창하게 하는데, 다른 사람들이 못할 이유가 없다는 입장이었다. 성인이 새로운 언어를 배우는 과정이 훨씬 어렵다는 사실을 고려하지 않은 생각이었다. 하지만 라스가 테크 사에서 노련한 베테랑이었던 덕분에, 그의 부서는 다른 부서들보다 높은 이익을 올리며 두각을 나타냈다. 그렇기에 앞으로 행동을 주의해 달라는 경고를 주고, 라스와 함께하는 방안도 고려했지만 결국 칸은 대담한 결정을 내렸다.

라스를 해고하기로 한 결정은 문화를 막론하고 동료에게 깊은 존중을 보여야 한다는 메시지를 팀에 전달한 것과 같다. 칸은 이 조치가 상징적으로 중요할 뿐만 아니라 조직에 새로운 기준을 세우고 분위기를 조성하는 데 반드시 필요하다고 생각했다. 그는 상징적인 행동에서 멈추지 않고, '타인과 그들의 문화적 다름을 향한 존중'을 연례 인사고과 항목으로 책정했다. 그것도 높은 비중으로 말이다. 아주 중요한 장치였다. 칸은 문화적 불감증을 평가 항목으로 도입함으로써 다른 문화를 존중하는 태도의 중요성을 조직에서 직원이 지켜야 할 원칙으로 만든 것뿐만 아니라, 추후 또 다른 '라스 사태'가 벌어질 때 자신이 활용할 수 있는 장치를 마련한 셈이었다.

라스를 해고하고 문화적 불감증을 평가 기준으로 삼은 것이 비생산적인 행동을 처벌하기 위한 '채찍'이라면, '당근'은 다양성이 팀의 자산이자 경쟁력이라는 개념을 촉진하는 것이었다. 칸과 팀들은 "우리는 다르지만 하나입니다"라는 모토를 채택했다.

칸은 팀의 문화를 변화시키는 것으로 분위기를 전환했다. 이 장 마지막에 소개되는 '다문화 상호 적응'이라는 모델을 적용한 후, 다양한 문화권의 팀원으로 구성된 테크 사의 대규모 분산 팀에는 기존의 호전적인 태도와 분열이 크게 사라졌고, 상호 이해와 신뢰가 생겨났다. 칸은 다양성이 경쟁력이라는 분명한 메시지를 보내 기존에 만연했던 '아군 대 적군' 문화를 지웠고, "우리는 다르지만 하나입니다"라는 모토로 팀원들의 단합력을 높였다. 그 결과 칸의 조직은 2년 안에 팀 매출이 30퍼센트 상승했고, 시장점유율은 6퍼센트, 순익은 72퍼센트, 그리고 가장 놀랍게도 직원 만족도는 역대 최하점이었던 36퍼센트에서 무려 89퍼센트로 상승했다.

칸과 그의 팀들처럼 글로벌 팀은 다양성과 전문성에서 강점을 찾을 수 있다. 이때 성과 저하가 글로벌 팀 내에 빠르게 뿌리 내릴 수 있다는 점을 이해하는 것이 성공을 향한 첫 번째 단계이다. 매일 국가 간 경계를 넘어 일하는 글로벌 팀에게는 심리적 거리감이 만연한 경우가 많다. 그뿐만 아니라 팀원이 나가거나 합류할 경우, 또는 팀을 이동하거나 심지어 팀이 해체되거나 새롭게 재편성될 때 특정 패턴이나 문제가 반복적으로 등장할 수 있다. 이런 이유로 포용적인 의사소통과 상호 적응에 대한 원칙을 정립하는 것은 팀원들의 목표와 방향성을 일치시키고, 이를 계속 유지하는 데 중요한 역할을 한다. 원격 환경에서는 이런 팀 일치를 향한 노력이 훨씬 더 필요하다.

글로벌 팀의 포용적인 의사소통

글로벌 팀에서는 영어를 유창하게 쓰는 팀원들의 '장악력을 낮추고', 영어가 유창하지 않은 팀원들의 '참여를 높이며', 모두(특히 관리자)가 '포용을 위해 균형을 맞추는 법'을 배우는 것이 중요하다.

영어가 유창한 사람들의 장악력을 낮춘다. 영어가 유창한 팀원들은 모두가 대화에 참여해야 한다는 사실을 이해하고, 언어 능숙도가 부족한 팀원들을 대화에 포함시키기 위해 의식적으로 행동해야 한다. 리더는 영어가 유창한 사람들에게 말을 천천히 하고, 모두가 이해할 수 있는 언어를 쓰도록 어조와 속도를 유의하는 것이 그들의 책임임을 밝혀야 한다. 관용어와 익숙하지 않은 속어 사용을 줄여야 한다고 말이다.

특히 영어를 유창하게 구사하는 사람들에게는 대화를 장악하지 않아야 한다고 알려주어야 한다. 회의의 주제와 진행 속도에 따라 특정 팀원의 발언 수를 제한하는 것이 유용할 때도 있다. 또한 능동적으로 타인의 말을 듣도록 독려한다. 성급하게 자신의 의견을 불쑥 전달하기보다는 다른 사람의 발언을 바꿔 말하며 의견을 정리하거나 핵심을 강조하는 것이 바람직하다. 영어가 유창한 사람들이 "지금 말한 내용이 이 뜻이었죠?"라고 되물으며, 언어에 익숙하지 않은 사람들의 이해를 높이려는 태도가 건강하고 포용적인 환경을 만드는 데 중요한 역할을 한다. 특히 난해한 주제에 대해 이야기하거나 발언이 길었을 경우 "내가 하는 말이 잘 전달되었나요?"라고 물으며 구두로 확인해야 한다. 이러한 의사소통 행동은 언어가 유창하지 않은 사람들에게 제한적인 언어 능력에 기죽지 않고 공동의 담화에 참여할 자신감을 심어준다.

영어가 유창하지 않은 팀원들의 참여를 높인다. 영어가 유창하지 않은 외국인의 경우 대화에 참여하려는 노력을 보여야 한다. 리더는 영어를 사용하는 데 따른 어려움에 공감하고, 그들이 필요할 때마다 언어를 배울 기회를 제공해야 한다. 또한 그들이 어색함과 불편함을 이겨내고 발언하도록 독려하는 것이 중요하다. 앞에서 영어에 능숙한 직원들의 발언 수를 감독하듯이 비원어민 팀원들의 발언 횟수도 관찰하되, 이 경우에는 발언을 더욱 늘린다는 점에서 그 목표를 달리해야 한다. 회의의 진행 속도에 따라 달라지겠지만, 팀원들은 정해진 시간 내에 정해진 발언 수를 채우려고 시도해야 한다. 영어가 유창한 팀원들과 마찬가지로, 그들도 자신이 타인의 발언을 정확하게 이해했는지 확인하는 법을 배워야 한다. 리더는 "내가 하는 말이 잘 전달되었나요?"라고 묻고 솔직한 답변을 요구한다. 그러면 비원어민 팀원들은 빠르게 진행되는 대화의 흐름을 놓쳤을 때, 동료에게 다시 한 번 말해 달라고 요청하거나 달리 말해 달라고 한결 편하게 부탁할 수 있다. 대화를 잘 이해했는지 묻지 않으면, 그들은 어떤 이야기가 오가는지 정확히 이해하지 못했으면서도 부끄럽다는 이유로 고개를 끄덕이며 동조하는 척할 것이다.

영어가 유창하지 않은 사람들은 다른 팀원들과 함께 있을 때 그들이 이해하지 못하는 모국어로 대화를 나누고 싶은 유혹을 이겨내야 한다. 공용 비즈니스어를 모국어로 전환하는 것을 '코드 전환code-switching'이라고 한다. 모두가 이해하는 것이 아닌 언어, 집단의 공식적인 비즈니스 언어가 아닌 언어로 코드 전환을 한다면 팀 내 소외감이 유발되고 심리적 거리감이 커진다. 어느 팀에서나 코드 전환은 한 번씩 벌어지지만, 다른 팀원들은 모르는 언어가 자신도 모르게 튀어나왔을 때는 바로 사과하고 모두를 위해 조금 전에 했던 말을 해석해주는 것이 좋다.

훈련과 리더의 독려, 그리고 팀을 위해 모두가 참여해야 하는 사안임을 이해하는 것이 큰 변화를 불러온다.

포용을 위해 모두가 균형을 맞춘다. 공식적인 회의 및 비공식적인 대화에서도 모두가 균형을 유지하기 위해 필요한 역할을 해야 한다. 여기서 균형이란, 말하기와 듣기의 비율을 맞추는 것이다. 이 균형을 유지하는 데 성공하려면 팀원들은 어느 정도 자신의 행동을 돌아보고 조정해야 한다. 결국 목표는 발언을 많이 하는 사람과 듣기만 하는 사람의 비율을 조정하는 팀 내 규범을 확립하는 것이다. 팀 리더는 언어가 유창하지 않은 팀원들에게 직접적으로 의견을 묻고 제안하는 법을 터득해야 한다. 리더가 "어떻게 생각해요?", "당신의 생각을 들을 수 있을까요?"와 같이 간단한 질문으로 참여를 이끌어내고 부드럽게 개입한다면, 지나치게 분위기를 장악하는 사람과 발언을 주저하는 사람 사이의 집단 역학에 변화를 줄 수 있다.

효율적인 그룹의 커뮤니케이션을 위해 균형을 맞추는 것은 다중 언어를 쓰는 팀에게만 해당되는 것이 아니다. 여러 연구를 통해

장악력을 낮춘다	☑ 대화의 속도를 늦추고, 익숙한 언어를 사용한다(관용어를 줄인다). ☑ 대화를 장악하지 않는다. ☑ "내가 하는 말이 잘 전달되었나요?"라고 질문한다. ☑ 능동적으로 타인의 말을 듣는다.
참여를 높인다	☑ 대화에 참여하지 않는 식의 회피 행동을 자제한다. ☑ 모국어로 언어를 전환하지 않는다. ☑ "내가 하는 말이 잘 전달되었나요?"라고 질문한다. ☑ 타인의 말을 이해하지 못했을 경우, 다시 한 번 말해 달라고 요청하거나 　설명을 부탁한다.
포용을 위해 균형을 맞춘다	☑ 참가자들을 모니터하며 말하기와 듣기의 균형을 맞춘다. ☑ 모든 팀원의 참여를 적극적으로 이끌어낸다. ☑ 특히 공통어를 유창하게 쓰지 못하는 팀원들의 참여를 독려한다. ☑ 필요한 경우 대화 내용을 정리하고 설명해준다.

[표 3] 커뮤니케이션의 균형을 맞추기 위한 상호 규칙Rules of Engagement[78]

모두가 같은 언어를 쓰는 환경에서도 집단 내에서 모든 사람의 말하고 듣는 시간을 비슷하게 유지하는 것이 중요하다는 점이 밝혀졌다. 진정한 협업을 달성하려면 팀원이 동등하게 참여하는 것이 필수적이다. 따라서 리더는 지속적인 기여가 얼마나 필요한 일인지 팀에게 알려주어야 한다. 실제로 글로벌 업무는 그 특성상 각 팀원의 참여가 무엇보다 필요하다.

서로 이해하는 다문화 상호 적응

다양한 문화가 뒤섞인 글로벌 팀은 '물고기 한 마리를 잡아주면 하루를 살 수 있지만, 물고기 잡는 법을 가르쳐주면 평생을 살 수 있다'라는 오랜 격언을 기억할 필요가 있다. 글로벌 팀원은 다문화적 역량과 민감성이 요구되는 크고 작은 상호작용을 경험할 일이 많다. '다양성으로 이루어진 하나'를 쟁취하는 데는 다양한 문화와 국가에서 온 팀원들이 지속적으로 서로를 이해하고 적응하는 과정이 필요하다. 이 과제를 달성하기 위해 나는 '상호 적응 모델the mutual adaptation model'을 만들었다.

이 모델에는 상호 학습 사이클과 상호 교육 사이클, 이렇게 두 가지 사이클이 있다. 두 사이클 모두 상호작용의 속도를 늦추고, 새로운 방식으로 유대 관계를 형성하도록 이끈다. 두 사이클 가운데 무엇이 선행되어야 하는 것은 아니다. 글로벌 리더와 팀원들은 폭넓은 맥락 속에서 학습과 교육이 함께 진행될 때 그 효과가 커진다는 것을 알게 될 것이다. 또한 두 사이클이 일회성에 그치거나 사라지지 않도록 주기적으로 시행되어야 한다. 직원들의 태도와 행동이 변화하고, 이 변화가 새로운 규범으로 자리 잡는 것이 이상적인 모습이다.

온전히 받아들이고 질문하라

'수용'과 '질문', 이 두 가지 사항은 상호 학습을 구성하는 특정한 행동 양식이다.

수용. 아이가 자라면서 문화적인 지식과 경험을 쌓는 것과 비슷한 방식으로, 대다수 사람들은 타인의 행동을 능동적으로 보고 들으며 새로운 것을 학습한다. 성인이 안전지대에서 벗어나 새로운 맥락으로 발을 내딛는 것 또한 이와 마찬가지로 보고 듣고 '온전히 받아들이는' 과정이 필요하다. 새로운 맥락이 지닌 뉘앙스를 온전히 흡수하려면 능동적으로 비교하려는 마음을 중단하고, 판단을 미뤄야 한다. 수용 단계에서의 목표는 내면의 의견이나 평가 없이 일터와 팀, 상황에 관한 정보를 수집하는 것이다. 다른 견해와 다른 방식을 이해하려면 열린 태도를 유지하는 것이 핵심이다.

질문. 새로운 문화적 맥락을 배울 때는 질문하는 과정도 필요하다. 한 명은 질문하고 다른 한 명은 대답하는 자연스러운 교류 속에서 상호성이 형성된다. 서로 주고받는 교류가 팀원들에게 위험이 낮으면서도 편안한 환경에서 서로를 이해하고 새로운 맥락을 수용하는 기회를 제공한다. 그렇지만 질문만으로는 분명하거나 정확한 그림을 얻기 어려울 때가 있다. 질문은 추가적인 정보를 얻거나 수용 단계에서 좀 더 관찰하여 이해를 넓히는 데 도움을 주는 역할을 한다.

수용과 질문은 상호 연관된 개념이다. 수용으로 더 많은 정보와 경험을 접하다 보면 질문이 생기고, 질문으로 관찰한 행동을 더욱 깊이 이해할 수 있게 된다. 상호 학습의 전 과정에서 리더는 자신의 문화와 민족 정체성을 성찰하는 태도가 필요하다.

서로에게 배우라

두 번째 사이클은 '교육'과 '촉진'에 초점을 맞춘다. 상호 교육에서는 글로벌 팀 전원이 학생인 동시에 교사가 되어야 한다. 교육심리학의 심리적 상호 의존 이론에서는 집단 구성원이 코치이자 비공식 교사의 역할을 하는 것이 중요하다고 강조한다. 바로 리더가 팀원들에게 도입해야 할 이상적인 프로세스다. 상호 교육 사이클은 문화와 배경이 아무리 다르다 하더라도 팀원들 사이에 서로를 수용하는 문화를 조성하고, 동료와 자기 자신에 대해 다차원적인 시각을 갖도록 한다. 이 협력적인 과정을 통해 팀 동료를 향한 이해가 커지고, 다른 관점을 더 존중하게 된다. 이렇듯 학생이자 교사라는 경험을 공유하면 세계 각지에서 모인 팀원들 사이에 공통의 기반이 형성되고, 이를 통해 심리적 거리감에서 비롯된 장벽이 낮아진다.

교육. 교육은 코칭, 티칭, 멘토링을 포함해 다양한 방식의 지도와 아울러 상대가 새로운 관점을 이해하도록 도와주는 비공식적인 조언과 지원으로 이루어진다. 특히 두 명 이상의 팀원들 사이에 사적인 유대감을 형성하는 멘토링은 서로의 환경이 다른 팀원들 사이에서 이루어질 때가 많다.

촉진. 촉진은 교수 행동 가운데 특별한 유형이라고 말할 수 있다. 촉진하는 사람은 팀원들 사이의 행동을 중재하고 문화적 의미를 해석해준다. 촉진자는 다양한 문화적 영역에 익숙한 경우가 많고, 따라서 문화적 배경이 완전히 다른 팀원들 사이에서 연결이나 설명을 해주는 고리 역할을 한다.

어떤 유형이든 교수 행동에서 기억해야 하는 핵심 요소는 상호성이다. 다른 배경의 팀원들이 서로 도와주고, 서로에게 배우고, 서로를 이해하는 과정에서 이질적인 개개인이 모인 형태가 아니라 하나의 연합된 팀을 이루는 것이다. 글로벌 팀원들은 최소한의 교육과 촉진이 가능해야 배움을 공유하고, 더 나아가 다양한 관점을 이해할 수 있다. 이렇게 할 때 심리적 거리감이 줄어들고, 공감과 효율성이 높아진다.

다양한 문화적, 국가적 배경을 가진 팀원으로 구성된 글로벌 분산 팀에서는 상호 학습과 교육의 사이클이 근무 중 짧은 순간에도 습관처럼 시행되도록 만들어야 한다. 이러한 학습과 교육 행동이 진화함에 따라 팀원들 사이의 공감이 커질 것이다. 상호 학습으로 팀원들은 스포츠나 요리 등 공동의 관심사를 발견하기도 한다. 상호 교육으로 팀원들은 서로를 더욱 편안하게 느끼고, 서로에게 더욱 공감하며, 서로를 짐멜이 말하는 '이방인'처럼 느끼지 않는다.

우리가 생각하는 나와 타인이 인식하는 나의 격차를 줄이고, 이 간극의 균형을 맞춰주는 상호 수용 모델은 글로벌 팀에게 중요한 심리적 거리감을 줄이고, 공감을 형성하는 과정을 매끄럽게 해준다. 또한 개인의 차원에서는 자신과 자기 자신의 문화를 타인에게 설명하는 데 능숙해지고, 상대와 어떤 점에서 어떻게 다른지 상세하게 설명할 수 있게 된다. 서로가 다르기 때문에 또는 그 차이에도 불구하고 타인과 친밀한 관계를 맺을 수 있다는 점에서 인생이 달라지는 대단한 변화라고 볼 수 있다.

글로벌 팀은 대면 회의나 대면 상호작용을 갖기도 하지만, 대부분의 경우는 가상 환경에서 업무를 진행한다. 글로벌 팀원은 원격 근무 환경에서 문화적, 언어적 차이를 잘 헤쳐나가는 방법을 반드시 깨우쳐야 한다. 이 점에서 그들은 문화 또는 언어를 공유하는 원격 팀보다 훨씬 까다로운 문제를 마주한다고 볼 수 있다. 다음 장에서 확인하겠지만 다양한 요소의 차이는 팀을 갈라놓는다. 같은 언어를 쓰고 유사한 문화를 공유한다 하더라도 연령, 성별, 경력, 학력에서 차이를 보일 수 있다. 어떤 팀원은 외향적인 성격에 대화를 장악하는 경향이 있고, 또 다른 팀원은 내성적인 성격으로 소극적인 태도를 보이며 말하기를 꺼릴 수도 있다. 상호 학습과 상호 교육은 글로벌 팀에만 국한되지 않는다. 실제로 어떤 팀이든 지금까지 소개된 성공적인 전략과 실천 방안을 실행한다면 학습과 교육을 나누는 환경을 만들 수 있고, 서로 간의 차이점을 활용해 긍정적인 결과를 이끌어낼 수 있다.

차이를 딛고 성장하기

- **장악력을 낮춘다.** 공통어나 공용어에 유창한 팀원은 대화의 속도를 늦추고, 모두가 이해할 수 있는 언어를 쓴다. 언어가 유창하지 않은 팀원이 의견을 편하게 말하도록 독려하고, 그들이 잘 이해하고 있는지 확인한다.

- **참여를 높인다.** 공용어가 유창하지 않은 팀원들이 입을 떼는 데 두려움을 느끼는 것은 당연하지만, 그럼에도 대화에 참여하도록 적극적으로 노력해야 한다. 무엇인가 잘 이해하지 못했을 때는 다시 한 번 말해 달라고 동료에게 요청한다. 필요한 경우 자신이 얼마나 대화에 기여하는지를 관찰하고, 참여를 늘리도록 노력을 기울인다.

- **같은 언어를 쓴다.** 팀 전체가 가상공간에 함께 있는 상황에서는 같은 모국어를 쓰는 팀원에게 공용어가 아닌 모국어로 코드 전환을 하는 일이 없도록 주의한다. 실수로 그런 일이 벌어졌다면 사려 깊지 못한 행동임을 인정하고, 팀원들에게 사과한 후 조금 전에 했던 말을 모두가 이해하는 언어로 옮겨 다시 말해준다.

- **균형을 유지한다.** 화상회의든 이메일이든 그룹 채팅이든, 자신이 말한 만큼 타인의 이야기를 경청한다. 말을 아끼는 팀원이 있다면 의견을 이야기할 수 있도록 독려하고 이끈다.
- **관찰하고 질문한다.** 안전지대에서 벗어나 열린 태도로 가상 환경에서의 동료들에게 보고 들은 것을 흡수한다. 그리고 당신이 관찰한 내용에 대해 동료에게 질문한다.
- **공감한다.** 학습과 교육의 사이클을 기억하며 팀원들과 친밀한 관계를 쌓는다.
- **차이점을 활용해 긍정적인 결과를 이끈다.** 팀을 분열시키는 격차에 얽매이지 말고, 당신의 팀을 더욱 (흥미롭게 만드는 것은 물론이고) 유능하게 만드는 다양성에 초점을 맞춘다.

비대면 리더십

원격 근무 팀을 이끌 때
중요한 것은 무엇일까?

CHAPTER 7:
What Do I Really Need to Know About Leading Virtually?

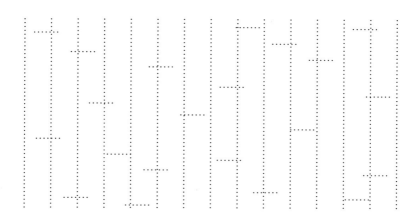

우리는 흔히 개성이 강한 리더에게 '존재감이 대단하다$^{larger\ than}$ ^{life}'고 표현한다. 사람들에게 깊은 인상을 주고, 이목을 사로잡고, 존경심을 불러일으키는 리더의 압도적인 존재감과 능력을 나타내는 문구이다. 이러한 존재감은 회의실에서 미팅을 하거나, 직원과 일대일로 멘토링할 때, 또는 건물을 거닐며 가벼운 대화로 직원들과 교류할 때 가장 크게 발휘된다.

하지만 이런 대단한 존재감을 컴퓨터 스크린에서 어떻게 드러낼 수 있을까? 오랫동안 전 세계 수백 명의 비대면 리더들과 일했던 값진 경험을 바탕으로 말하건대, 그들이 가장 많이 하는 걱정은 바로 현실 세계에서 효율적인 리더로 만들어주는 수단 없이 원격 환경에서 어떻게 사람들을 이끌어야 하는가이다. 인터넷을 통한 회의에 누가 열정 넘치게 임하는지, 누가 핸드폰을 만지작거리는지 보지 못하는 상황에서 말이다. 또한 시선을 맞추고 보디랭귀지를 해석하는 육감을 발휘해 방 안의 공기를 읽어내는 능력을 펼칠 수 없는 상황에서 말이다. 회의 전과 후에 사람들과 서로 교류를 나눌 기회도 없어졌다. 리더의 존재감은 말 그대로 컴퓨터의 모니터 크기만큼 줄어들었다. 현실 세계를 구현하는 풍부한 시각적, 청각적 요소는 단 하나의 제한된 디지털 채널에 의해 희미해졌다.

가상 세계에서 일할 때의 어려움을 논하기 전에, 우선 리더십의 역할에 대해 생각해보고자 한다. 리더십은 굉장히 복잡한 개념이다. 리더는 반드시 목표를 설정하고, 팀에게 동기를 부여하며, 진행 상황을 감독해야 하고, 내부적·외부적 제약을 방지하고 결과를 도출해야만 한다. 매일 그리고 매주 리더는 팀원들이 같은 방향을 보도록 이끌어야 하고, 개개인은 물론 그보다 규모가 큰 집단과 지속적인 관계를 형성해야 하며, 팀 응집력을 높이고, 필요한 순간마다 팀을 동원할 줄 알아야 한다. 산업 분야와 기업, 주주에 따라 특화된 업무까지 더해지면 리더십은 훨씬 복잡해진다.

여기에 가상 근무 형식까지 접목되면, 리더십은 견디기 어려울 정도로 무거운 과제를 짊어지게 된다. 나는 그동안 가상 근무 팀들이 무너지는 모습을 수차례 목격했다. 일반적으로 기업은 중요한 제품을 개발하거나 전략을 구축하는 것 등을 목표로 전문가로 구성된 분산 팀을 꾸리는 데 상당한 자원을 투자하지만, 얼마 지나지 않아 문제점이 드러나기 시작한다. 집단 내 관계와 상호작용에 불편한 기운이 감돈다. 원망이 커진다. 팀원들은 더 이상 타인의 이야기를 듣지 않는다. 결국 기업의 기대를 충족시키지 못하는 성과가 나온다. 리더부터 모든 팀원이 그 영향을 직접 몸으로 경험한다. 이를테면 팀의 실패로 고객이 의뢰한 업무와 팀원들의 승진 기회와 보너스, 어쩌면 자리까지 위태로워진다. 높은 잠재력을 지닌 글로벌 팀이 목표 달성에 실패하면 기업은 세계적인 규모로 고객과 돈을 잃는다. 이것이 현실이다.

팀이 정해진 경로를 벗어나 탈선할 때면, 리더는 그 실패에 대해 나름의 이유를 댄다. 리더가 여럿일 경우 의견과 핑계도 다양해진다. 어떤 팀원이 고압적이었다, 팀원들이 수동적이었다, 업무에 경계가 너무 없었다, 또 제약이 너무 많았다, 회의가 너무 많았다, 또는 너무 부족했다 등등 말이다. 가끔씩 나는 이런 복잡다단한 이론을 분석하고 문제라고 하는 것들에 대해 알맞은 해결책을 찾아달라는 요청을 받곤 한다. 하지만 인사, 업무, 프로세스의 세부적인 문제를 아무리 손본다 한들 팀의 탈선율을 낮출 수는 없다. 가까이 들여다보면 결국 리더십의 문제로 귀결된다. 해결책이 나와야 하는 지점도 바로 여기다.

원격 근무 리더십이란

하버드대학교 경영대학원에서 오랫동안 교수로 몸담으며 리더십 및 조직 행동leadership and organizational behavior(우리는 '리드LEAD'라는 애칭으로 부른다) 과정의 학과장을 역임하고 있는 나는 가능한 모든 관점에서 리더십이란 주제를 분석한다. 비단 학자로서만이 아니라 실제 리더십을 발휘하는 한 사람으로서, 그리고 교수의 시점만이 아니라 미래의 리더인 학생들의 관점에서 리더십을 낱낱이 들여다보고자 노력했다. 이렇듯 다면적인 접근법을 통해 일대일로 팀원을 관리하는 법부터 팀을 하나의 비전으로 통일시키는 법에 이르기까지 다양한 차원에서 리더십이 어떻게 달라져야 하는지 깨달을 수 있었다. 각각의 상황에서 발휘되는 리더십은 팀의 수행 능력에 무척 중요하고, 훌륭히 해내기가 하나같이 어렵다. 원격 근무 상황에서는 나의 동료인 프랜시스 프레이Frances Frei와 앤 모리스Anne Morriss가 정의하는 리더십이 적절하다고 여겼다. 즉 리더의 존재로 사람들은 책임과 권한을 부여받고[79], 리더가 존재하지 않을 때도 그 책임과 권한이 지속되도록 하는 것이다. 리더는 사람들이 역량과 권한을 발휘할 수 있는 여건을 만들어주어야 한다.

프랜시스와 앤은 2000년대 초반, 대규모 조직 변화에 착수했던 여러 조직들, 특히 세계에서 가장 경쟁력 있는 기업들과 함께 일하기 시작하면서 이 같은 리더십의 정의를 발전시켰다. 그들은 가장 성공적인 리더들에게 공통적인 패턴을 발견했는데, 성공이란 '리더 개인'에 대한 것이 아니었다. 가장 성공한 경영진에게 리더십이란 '다른 사람들'이 성공하기 위한 발판을 마련해주는 것이었다. 그리고 이 리더들이 말하는 성공이란, 팀이 번창하기 위해 필요한 여건을 조성하는 것이었다. 그들은 훌륭한 성과를 낼 것 같은 능력 있는 사람들만 고용하지 않았다. 그들은 접근법을 달리해 직원들이 개인의 목표를 달성할 수 있도록 돕는 방법을 찾고자 했다.

프랜시스와 앤은 성공적인 리더란 최전선에서 팀원들을 이끄는 훌륭한 지도자의 역할에 그치는 것이 아니라 리더가 자리에 없을 때도, 심지어 팀을 떠난 후에도 팀원들에게 영향력을 발휘한다는 것을 깨달았다. 이러한 발견은 특히 물리적인 부재라는 한계 내에서 리더십을 발휘해야 하는 비대면 리더들에게 중요한 이야기다.

물리적으로 함께할 수 없다는 한계는 리더가 팀의 내부 상황을 파악하는 데 특히 큰 걸림돌로 작용한다는 것을 발견했다. 불화는 가상 근무 팀에 아무런 기척 없이 퍼져나가고 공동 근무 팀을 오랫동안 이끌어온 존경받는 리더도 이를 막을 수는 없다. 기업 본거지에서 팀이 함께 근무할 때는 업무 분위기를 통해 리더가 자연스럽게 팀원들의 상황을 확인할 수 있다. 어떤 문제가 생기려 하면 금방 파악할 수 있는 것이다. 하지만 팀원들의 상황을 직접 보고 들을 기회가 없는 환경에서는 아주 미세한 균열이 조금씩 자라나, 결국 팀을 무너뜨리고 난 후에야 뒤늦게 그 존재를 알아챈다. 따라서 비대면 리더는 눈앞에 나타난 문제를 해결할 방법을 찾기 전에 자신이 무엇을 '모르고 있는지'를 우선 파악해야 한다.

이 장에서는 리더가 맞닥뜨리는 여섯 가지 문제와 이 문제가 가상 환경에서 어떻게 발현되는지 설명하고자 한다. 무엇보다 이 문제를 극복할 수 있는 입증된 방법을 알려줄 것이다.

1. 위치

2. 계층 분화

3. 아군과 적군

4. 예측 가능성

5. 수행 피드백

6. 팀 몰입

이 문제는 어떤 형태의 팀에서나 찾아볼 수 있지만, 그로부터 발생한 결과는 원격 근무 환경에서 특히 가혹하다. 사후 대응적인 접근 방식으로도 공동 근무 팀은 성장을 계속할 수 있지만, 원격 근무 팀에서는 그렇지 못하기 때문에 비대면 리더는 선제적으로 조기 위험 신호를 감지하는 노력을 기울여야 한다. 이런 신호를 간과하고 내버려두면 미세한 균열이 점차 커지다 원격 팀이 분열될 수도 있다.

팀원들은 어디에 위치하는가

팬데믹의 시작과 함께 몇 달 사이에 대대적인 원격 근무로 전환됨에 따라 모든 사람들이 거의 비슷한 장소에서 일하는 유례없는 현상이 벌어졌다. 그곳은 바로 집이다. 재택 사무 환경, 기술 접근성, 양육의 책임 등등 여러 차이에도 불구하고 리더와 동료들과 멀리 떨어졌다는 점에서는 누구나 동등한 입장이었다. 누구도 사무실에서 동료들과 함께 일하지 않았다.

그러나 과거에도 존재했고 앞으로 더욱 확산될 가능성이 높은 업무 형태는, 일부 직원들은 주로 원격 근무를 하고, 어떤 직원들은 얼마 동안 동료들을 실제로 만날 수 있는 기회가 주어지는 혼합형 근무제로 일하는 것이다. 이러한 물리적 차이는 집단 역학을 복잡하게 만든다. 몇몇 연구에 따르면 팀원들이 어디에 위치하는지,[80] 즉 팀원의 물리적 배치configuration가 팀원들의 경험을 형성하는 데 중대한 영향을 미치는 것으로 나타났다.

배치는 단순히 물리적인 장소에서 사람들이 자리한 위치뿐만 아니라 분산된 팀원이 있는 장소의 수, 각 장소에서 일하는 직원 수, 장소마다 배치된 직원 수의 상대적 균형을 포괄한 개념이다.[81] 팀원들이 서로 다른 국가에서 일할 경우 시차와 국경, 현지의 조직 문화도 고려해야 하기에 집단 역학은 더욱 복잡해진다.

팀이 이런 차이를 좁히지 못하면 하위 집단이 형성된다. 이 파벌 혹은 모임은 특별한 관심사를 중심으로 조직된다. 분산된 팀의 경우 지역을 중심으로 하위 집단이 형성된다. 한 연구진은 팀 배치에 관해 연구하면서 조직의 성과를 가르는 네 가지 배치 형태를 발견했다. 말하자면 전원이 사무실 근무를 하는 팀, 두 지역에 걸쳐 비슷한 인원 수의 하위 집단이 형성된 균형 잡힌 팀, 다양한 환경에 걸쳐 규모가 차이 나는 하위 집단을 거느린 불균형한 팀, 다른 팀원들과 동떨어진 곳에서 혼자 일하는 원격 근로자 또는 '지리적으로 고립된' 구성원이 포함된 팀이다. 놀랍게도 본사 또는 팀 리더와 가까이 위치한 팀원들이 다른 지역에 있는 팀원들의 요구와 기여를 무시하는 경향이 있는 것으로 나타났다.[82]

이들 연구진이 배치에 따른 영향력을 분석한 결과, 불균형한 팀의 소수의 하위 집단에 속한 팀원들은 팀의 정체성을 공유하지 못했고, 다수의 하위 집단에 속한 동료들에 비해 다른 팀원의 전문 지식에 대한 정보도 부족했다. 재택근무자 또는 어느 지역에 홀로 배치된 지리적으로 고립된 팀원들이 있는 팀에서는 소외감을 느끼는 정도가 훨씬 컸다.

팀원들이 인식하는 지위가 옳은가

사람들은 다수와 권력을 연관 지어 생각하는 경향이 있다. 수적으로 우세한 측은 본인들의 기여도가 더욱 크다는 (대체로 부정확한) 믿음을 바탕으로 소수 집단에 분노하는 경우가 많다. 혼자서 일하는 근로자는 다수의 집단이 자신의 약한 힘과 권한을 앗아갈지도 모른다는 (역시 대체로 부정확한) 걱정에 사로잡혀 위협을 느낀다.[83] 물론 소수가 느끼는 두려움이 타당한 경우도 있다. 하지만 이런 위협이 사실이 아니어도 비대면 리더는 이 상황에 적절히 대응하는 장치를 마련해야 한다. 리더로서 집단 사이의 형평성을 조성해야 한다. 사람들은 자신의 지위에 대한 걱정을 말로 표현하지 않기 때문에 리더가 간과하고 지나치기가 쉽다. 그러나 팀원들이 걱정을 직접 표현하지 않거나, 그들의 걱정이 타당하지 않다고 해도 두려움이 불러오는 결과는 같다. 팀원들 사이에 포용적인 상호작용이 형성될 것인가, 배타적인 상호작용이 형성될 것인가, 둘 중 하나이다. 배타적인 상호작용은 성과 문제를 야기하고, 이는 필연적으로 팀을 나쁜 방향으로 탈선시키는 결과로 이어진다.

개인의 위치와 영향력의 정도를 의미하는 '지위status'는 팀 역학의 또 다른 측면으로 하위 집단의 구조와 불균형에 의해 영향을 받는다. 지위를 어떻게 '인식'하느냐는 실제 위치 또는 영향력 못지않게 팀이 기능하는 데 결정적이고 해로운 영향력을 발휘한다. 그 사례로 자동차 산업 분야의 다국적 팀 세 곳을 조사한 한 연구에 따르면, 멕시코 엔지니어 그룹은 인도와 미국 팀에 비해 스스로를 '지위가 낮다'고 인식했다. 동료들과 긴밀히 협업하고 서로 도움을 주고받는 것이 익숙했던 멕시코 엔지니어들은 다른 나라 팀들은 독립적으로 문제를 해결하는 방식을 선호한다고 오인한 나머지 자신들의 협력적 업무 방식이 결점으로 작용할 것을 우려했다. 그 때문에 멕시코 엔지니어들은 자신보다 '지위가 높다'고 인식한 다른 나라의 팀원들에게 업무 처리 방식을 사실과 다르게 전달했고, 그 결과 팀들 사이에 갈등은 커지고 협력이 저하되었다. 같은 연구에서 다른 집단과 비교해 스스로를 '높은 지위'로 인식한 팀은 좀 더 자유롭게 의사소통을 하고,[84] 도움을 요청하며, 지식을 공유하는 모습을 보였다. 리더가 모든 구성원 개개인의 강점을 인지하고 인정하는 태도를 보인다면 수행 능력의 저하나 팀의 탈선 문제와 같은 왜곡된 인지가 불러오는 폐해에 대응할 수 있다. 이와 동시에 리더는 팀 구성원들이 인식하는 지위의 격차와 실제로 존재하는 지위의 격차에 휘둘리지 않아야 한다.

'아군 대 적군'이라는 사고방식

땅속 깊은 곳의 작은 균열이 언젠가 화산 폭발을 일으키는 것처럼, 분산된 집단이든 물리적으로 함께하는 집단이든 그 유형을 불문하고 사회적 집단에는 폴트라인faultlines(지진을 유발하는 단층선을 의미하는 단어로, 보이지 않는 균열을 뜻한다-옮긴이)이 존재한다. 한 연구진은 폴트라인을 '아군 대 적군' 사고방식에 따라 하위 집단을 나누는 무형의 경계 또는 가상의 경계라고 설명했다.[85] 역할, 전문분야, 태도, 성격, 성별, 연령, 인종, 국적, 언어 등의 차이점을 중심으로 단층선이 형성되어 하위 집단이 생긴다는 것이다. 한 집단의 구성원은 하나 이상의 하위 집단과 유사성을 공유할 수도 있다. 이를테면 연령, 성별, 인종이 같은 사람들과 하위 집단을 형성하고 있지만, 팀 내에서 몇 안 되는 소프트웨어 엔지니어 가운데 한 명이기도 하는 식이다. 이러한 분류는 유기적으로 생성되어 그 진행을 막을 도리가 없다. 폴트라인이 존재하지 않는 집단은 없다는 말이다.

여기서 리더가 고민해야 할 문제는, 팀원 간의 차이가 조직의 응집력을 순식간에 훼손하는 '아군 대 적군'의 역학으로 번지기 전에 하위 집단을 생산적으로 관리하는 방법을 찾는 것이다.

분산된 팀과 원격 근무 팀에는 앞에서 열거한 복잡한 분류 기준에 '지리'라는 변수까지 더해진다. 지역에 따라 팀을 분류할 경우에는 '아군 대 적군'의 용어를 쓰는 것이 쉽다 못해 자연스러운 일로 여겨진다. '멕시코 팀', '미국 팀'으로 이름을 붙이는 식이다. 그리고 하위 집단의 구성원들이 공통점을 많이 공유할수록(모두가 같은 업계에서 마케팅 경험이 있는 중년 여성의 경우 등) 아군과 적군을 가르는 사고방식이 강화될 가능성이 더 높다. 지역별로 형성되었든 또는 다른 기준으로 생성되었든, 폴트라인이 하위 집단 간에 간극을 심화시킬 때 문제가 된다. 이처럼 팀원 사이의 고유한 차이점일지라도 그것을 관리하지 않고 방치한다면 갈등이 심화되고, 협력의 문제는 해결하기 어려운 수준으로 치달으며, 협업과 생산적인 업무 관계를 유지하기가 어려워진다.

균열의 틈이 커질 때 폴트라인이 문제를 일으키기 시작한다.[86] 몇 년 전, 한 연구진은 포천Fortune 500대 기업의 데이터를 분석해 폴트라인과 팀 성과 사이의 연관성을 연구했다. 이들은 복잡하고 비일상적이며 가변성이 높은 업무, 즉 대기업에서 흔히 이루어지는 지식 노동을 수행하는 팀 수십 개를 분석했고, 그 대상만 해도 500명이 넘었다. 연구진은 성별과 연령이라는 사회적 차이와 학력, 재직 기간이라는 정보적 차이를 바탕으로 폴트라인의 두 가지 특성에 집중했다. 첫째는 '강도strength', 즉 하위 집단이 얼마나 뚜렷하게 구분되는가였고, 둘째는 '거리distance', 즉 간격의 너비였다. '강한strong' 폴트라인은 예를 들면 팀원 네 명 가운데 두 명은 젊은 남성이고, 다른 두 명은 그들보다 나이가 든 여성인 경우다. 연령과 성별로 완벽하게 분리되고, 속성에 따른 단 하나의 명확한 기준으로 그룹이 나뉜다. 만약 이 집단이 20대의 남성 두 명, 60대의 여성 두 명으로 연령 차가 컸다면 폴트라인의 '거리'가 멀다고 볼 수 있다.

팀이 목표를 성취하는 능력을 파악하기 위해 이들 연구진은 각 그룹의 성과에 따른 보상으로 주어진 여러 종류의 보너스도 분석했다. 또한 직원 평가를 포함한 인사고과를 함께 살피면서 가장 많이 등장하는 키워드와 문구를 정량적 접근법으로 분석했다. 측정 결과, 사회적 차이를 둘러싼 폴트라인의 강도가 강할수록 팀의 성과는 낮았고, 폴트라인의 거리가 이 연관성을 심화시키는 것으로 나타났다. 6장에서 소개한 테크 사의 타리크 칸의 사례에서는 팀원들을 국가별로 가르는 폴트라인이 강했고, 그 거리도 멀었다. 중요한 시기에 팀의 성과가 급격히 하락한 것은 당연한 일이었다.

나는 동료 두 명과 소프트웨어 개발팀 몇 곳을 대상으로 폴트라인을 심층적으로 연구한 바 있다.[87] 우리는 독일 소프트웨어 기업의 글로벌 팀원 96명을 인터뷰하고 관찰했다. 팀 내에 다양한 지역으로 분산된 하위 집단의 역학이 궁금했기 때문에 여러 지역의 팀원들을 동시에 관찰했다. 우리는 실시간으로 사회적 상호작용과 팀역학을 기록하고, 두 지역의 팀원들이 각각 경험하는 팀 상호작용에 관해 방대한 데이터를 수집했다. 또한 다른 지역의 팀원들과 함께하는 미팅과 같은 지역의 팀원들로만 진행하는 미팅에서 참가자들의 경험을 관찰했고, 지역에 따라 같은 일을 얼마나 유사하고 또 다르게 인식하는지 살펴보았다. 공동 근무하는 동료와 멀리 떨어진 동료를 대할 때 개인의 상호작용과 태도, 반응이 어떻게 달라지는지 주의 깊게 살폈다. 우리는 회의에도 참석하고, 전화 회의도 관찰했으며, 사람들과 점심 식사를 함께하고, 퇴근 후 사적인 모임 자리에도 동참했다.

연구 결과, 영어 능숙도와 국적을 기준으로 형성된 폴트라인이 팀을 극명하게 나누고 '아군 대 적군'의 사고방식을 이끌었으나, 모든 팀에서 그런 것은 아니었다. 그러면 왜 어떤 팀에서만 이런 현상이 나타난 것일까? 우리가 수집한 데이터에 따르면 분열을 초래하는 하위 집단의 역학은 권력 투쟁이 벌어지는 팀에서만 찾아볼 수 있었다. 다시 말해서 권력 투쟁이 잠재적인 폴트라인을 활성화시킨다고 이해할 수 있다. 팀원들의 강렬한 부정적인 감정이 지역 간 긴장감으로 이어질 때 '아군 대 적군'의 역학을 부채질하는 자기 강화적 사이클이 초래되었다. 우리가 연구했던 소프트웨어 개발 팀들 내에서 부정적인 피드백 루프가 형성되었고, 팀원들 사이에 원망이 커졌다. 그로 인해 사람들은 멀리 있는 동료에게 정보를 공유하지 않기 시작했다. 팀 성과도 저하되었다. 최악의 경우는 팀이 해체되는 일도 벌어졌다. 아마도 가장 중요하게 생각해봐야 할 점은, 팀 리더들은 폴트라인을 활성화시키고 팀의 역기능을 초래하는 근본적인 문제에 대해 인지하지 못할 때가 많았다는 것이다. 리더들은 무엇인가 잘못되고 있다는 것은 알았지만 어떤 문제가 왜 발생했는지는 파악하지 못했다.

문제는 폴트라인이 굳어져 견고한 경계선이 되면 하위 집단을 경쟁 구도로 이끈다는 점이다. 직원들은 고정관념에 따라 상대를 재단하고, 하위 집단은 다른 집단에 비해 스스로를 우세하다고 인식하기 시작한다. 특정 팀원들을 열등하다고 치부한 테크 사의 분위기와 사우디아라비아 출신의 동료를 향해 공격적이고 인종차별적인 언행을 한 라스의 태도는 내집단과 외집단을 구분 짓고, 직원들이 서로 다른 팀에 속해 있다는 인식을 심어주는 전형적인 행동이다.

그렇다고 폴트라인이 항상 나쁜 것만은 아니다. 한 기업을 대상으로 조사를 실시한 어느 연구진은 어떤 상황에서는 학력과 재직기간을 둘러싼 폴트라인이 팀의 성과에 악영향을 전혀 미치지 않았고, 심지어 이런 구분이 효율적인 의사결정으로 이어진다는 점을 발견했다. 하위 집단의 상이한 관점과 전문성이 그룹에 활기를 불어넣어 오히려 폴트라인을 발판 삼아 성장하는 경우도 많다.[88] 문제는 이런 긍정적인 분위기가 '우리는 이러이러한 집단을 혐오하는 것을 즐긴다'는 에너지로 바뀌어, 결국 팀을 옭아매고 편협하게 변질시킨다는 것이다. 이 역학을 인지하고 분산된 팀원들 사이에 자리한 균열을 메우는 포괄적인 전략을 찾는 것이 리더가 해결해야 할 문제이다. 리더가 올바르게 이끈 팀은 회복력을 발휘한다. 리더는 구성원의 다양한 전문성과 성격, 풍부한 배경에서 에너지를 얻을 수 있도록 팀을 이끌어야 한다.

어떻게 해야 리더는 팀이 폴트라인에서 회복하도록 이끌 수 있을까? 한 가지 방법은 팀의 균열을 다른 관점에서 바라보도록 만드는 것이다. 팀원들은 '재평가'라는 프로세스를 통해 상대를 긍정적으로 대하고, 더욱 공감을 발휘할 수 있다.

구성원들의 행동 양식을 파악하고 있는 팀 리더는 그룹의 특징을 잘 활용해 폴트라인을 중화시킬 수 있다. 우선, '그룹 차원의 정체성'을 형성하고 강조한다.[89] 팀을 분열된 여러 개의 집단이 아니라 하나의 독립체로 통일시키는 포괄적인 정체성을 의미한다. 그렇게 하려면 먼저 팀원들에게 개개인이 (마케팅 팀 또는 디자인 팀 등) 팀을 대변하는 존재임을 인식시켜야 한다. 둘째로는 '상위 목표', 즉 팀원이 조직을 위해 성취해야 할 공동의 높은 목표를 강조한다. 배경과 무관하게 모든 팀원이 그 목표를 이루기 위해 팀에 힘을 실어주어야 한다는 사실을 일깨운다. 권력의 편향으로 문제가 생길 때는 리더가 선별적으로 해결한다. 권력 투쟁에 치중된 팀원들의 집중력을 사회에 이바지하거나, 매출을 높이거나, 경쟁에서 승리하는 식의 더 높은 목표의 혁신으로 전환하는 것이 가장 좋은 선택일 때도 있다.

팀원이 원하는 잦은 소통

비대면 리더십은 팀원과의 잦은 소통을 필요로 한다. 팀원은 상사와 소통하며 현재 그리고 미래를 예측할 수 있게 된다. 이러한 예측 가능성이 그날그날의 업무에 기틀이 된다. 대면으로 소통할 수 없을 때 4장에서 소개한 다양한 디지털 도구가 가상 환경에서 존재감을 만드는 데 중요한 역할을 한다. 팀 리더와의 명쾌하고 분명한 소통이 늘어날 때 원격 근무의 이점은 더욱 커지고 단점은 상쇄된다. 2장에서 언급했듯이, 재택근무자가 업무의 고립감을 느끼는지, 느끼지 않는지는 원격 팀의 리더에게 달려 있다. 목표를 분명하게 설정하고, 피드백을 제공하는 것은 좋은 리더십을 위해 반드시 필요한 요소이다. 이러한 기본적인 관리 능력은 공동 근무 팀에게도 필요하지만, 팀원들이 멀리 떨어져 있어서 사무 공간에서 벌어지는 자연스러운 커뮤니케이션의 흐름을 공유하지 못하는 팀원들에게는 더욱 중요하다.

실제로 직무 책임, 기대감, 목표, 목적, 마감 기한에 관한 소통을 늘릴 때 직원들의 회사 충성도가 높아지고, 업무 만족도가 올라갔으며, 성과도 나아진다는 연구가 있다. 또한 팀원들은 온라인에 사교 집단을 형성하고, 주기적으로 업무 성과와 연봉, 경력 개발에 대해 평을 전해주는 리더에게 호의적으로 반응하는 것으로 조사되었다.[90]

팀원이 궁금해하는 피드백

리더가 원격 팀원들에게 주기적으로 피드백을 전달한다면 긍정적인 결과를 이끄는 것은 물론, 직원 개개인의 인사고과와 승진 여부도 가늠해볼 수 있다. 원격 근무를 하는 팀원들, 특히 고립되어 일하거나 상사를 '볼 수 없는' 팀원들은 실제적인 관계를 통해 상사의 눈과 귀를 사로잡아 비공식적으로 '잘했네', '좀 더 노력이 필요하군' 등과 같은 피드백을 받는 공동 근무 직원들과 비교해 자신이 잘하고 있는 것인지, 아닌지 항상 궁금해한다. 이 궁금증에 답을 찾고자 했던 한 연구진[91]은 원격 팀과 사무실 팀을 함께 운영하는 관리자들을 대상으로 설문조사를 진행했다.

직원들 대다수가 염려하는 바와 같이, 연구진 또한 사무실에서 공동 근무하는 동료에 비해 원격 근무자들이 더욱 엄격하게 평가되거나 인사고과가 낮을 것을 우려했다. 하지만 원격 근무가 인사고과의 대인 관계나 업무 평가 항목에서 부정적인 영향을 미치지 않았다는 점을 발견했다. 관리자들에게 '직원의 승진 가능성을 어떻게 평가하는가?'라는 질문으로 승진 가능성을 측정한 결과 '높다', '매우 높다'라는 답이 돌아왔다. 원격 근무자를 대상으로 한 관리자의 승진 가능성 평가는 사무실 근무자와 크게 다르지 않았다. 눈에서 멀어진다고 해서 마음에서도 멀어지는 것은 아니었다.

원격 환경에 필요한 의도적 노력

비대면으로 팀을 이끌 때 가장 중요한 '도구' 가운데 하나는 물리적으로 함께 있지 않은 상황에서도 팀원들의 지속적인 참여를 이끌어내는 영향력 있는 프로세스다. 여기서 프로세스란, 사소하더라도 리더가 오랜 시간에 걸쳐 보여준 행동과 상호작용을 의미한다. 리더가 '분위기를 읽을' 수도 없고, 회사 안을 거닐다 직원들과 소통할 기회도 주어지지 않는다면, 직원들에게 자기 자신과 타인을 인식하는 순간을 의도적으로 선사해야 한다. 이것은 팀원들에게 집단과 조직의 향상을 위한 의견을 적극적으로 구하는 것으로 가능하다. 개인이 느낀 점을 자유롭게 표현하도록 독려할 때 원격 근무자들은 팀이 성공하도록 더욱 적극적으로 참여한다. 팀원이 자신의 능력과 권한을 깨닫는 계기를 마련하기 위해 리더는 기존의 공동 근무 때의 팀 프로세스에 더해, 가상으로 팀을 이끌 때만 적용되는 프로세스도 진행해야 한다.[92]

나의 경험에 의하면 리더가 다음의 세 가지 사항을 실행하는 것이 중요한 역할을 했다. 첫째, 비공식적인 상호작용을 위한 자연스러운 시간을 계획적으로 마련하고, 둘째 개인차를 중요시 여기며, 셋째 갈등을 유도하는 것이다.

리더는 비공식적인 상호작용을 나눌 수 있도록 자연스러운 시간을 계획적으로 만들어야 한다. 팀워크를 조성하는 데 능숙한 리더가 사무실 내 직원들의 업무 장소나 공간을 물리적으로 가깝게 배치하듯이, 원격 환경에서 편안하고 사적인 분위기를 형성할 때도 마찬가지로 의도적인 노력이 필요하다. 팀의 공적인 업무 외에 날씨나 가족, 스포츠, 새로 생긴 음식점, TV 프로그램 등을 주제로 대화를 나누는 비공식적인 상호작용에는 여러 이점이 있다는 것이 이미 널리 알려져 있다. 이런 사적인 대화로 관계가 형성되고, 팀원들이 의견을 편히 전달할 수 있는 환경이 만들어진다. 그뿐만 아니라 사적인 대화를 나누다가 자신의 경험을 공유하는 과정에서 뛰어난 아이디어가 나오기도 한다. 누군가 전화 시스템상 사소한 문제로 불평을 늘어놓은 덕분에 심각한 기술 문제를 해결할 수도 있다. 정치에 관심 있는 팀원이 대화 중에 언급한 법안 상정안이 기업의 입찰 과정에 영향을 미칠 수도 있다.

특정 업무를 목표로 소집된 데다 시간을 맞추는 것이 더욱 어려운 분산된 팀의 환경에서는 일상적이고 즉흥적인 소통이 극히 드물다. 그렇기 때문에 리더는 즉흥적인 상호작용을 독려하는 노력을 의식적으로 기울여야 한다. 간단한 방법은 회의가 시작한 후 6, 7분 동안에는 일과 무관한 이야기를 나누는 시간으로 삼는 것이다. 직원들이 날씨에 관한 이야기뿐 아니라, 기술적 문제나 근로 여건에 대해 소통하도록(그리고 불평하도록) 유도한다. 또한 리더는 비대면 점심시간이나 커피, 차, 간식 시간, 심지어 해피아워를 마련해 사적인 대화를 유도할 수 있다. 또한 팀이 함께 레크리에이션 활동을 계획하고, 팀원들이 흥미를 잃지 않도록 한 번씩 변화를 주며 다양한 활동을 시도해볼 수도 있다.

리더가 먼저 사적인 대화를 시작하며 이런 소통의 가치를 몸소 보여주어야 한다. 기업 인수 과정에서 매니저가 원격 근무 팀을 맡게 되었다면 원격 근무자들을 중요한 의사결정에 포함시키는 것뿐만 아니라 현재 진행 중인 프로젝트에 관해 자주 대화를 나누고, 좋은 성과를 거두었을 때 고마워하는 모습을 보여주어야 한다. 또한 생일을 맞은 직원에게 따로 연락해 휴가를 주거나, 용건 없이 안부 전화를 하는 것도 좋다. 그렇지만 늘 이런 소통에 리더가 참여해야 하는 것은 아니다. 직원들만의 시간을 주는 것도 좋은 생각이다. 리더가 팀원들끼리 짝을 지어주고 정기적으로, 최소한 일주일에 한 번씩 함께할 수 있는 가상 환경에서의 활동을 마련할 수도 있다. 기프트 카드나 직접 쓴 노트를 주는 것과 같이 상대에게 고마운 마음을 표현하도록 하는 것이다. 이러한 활동이 업무 외적으로 친숙함과 유대감, 교감을 높이고, 원격 팀원으로서 느끼는 고립감도 해소시킨다. 짝을 바꿔가며 다른 동료들과도 교감하고 유대감을 쌓을 수 있도록 한다.

리더가 실천해야 할 사항 가운데 개인차를 중요하게 여긴다는 것은 팀이 긍정적으로 활용할 수 있는 팀원들의 장점을 놓치지 않는다는 의미이다. 리더가 나서서 다양한 의견을 유도하지 않는다면 팀원들은 자신의 의견을 잘 밝히지 않는다. 리더는 조직과 효율성을 너무 생각하는 나머지 의도하지 않게 다양한 의견 표현을 억압할 때가 있다. 심지어 전문 지식을 갖춘 팀원들의 의견까지 말이다. 내가 진행한 한 연구에서는 팀의 리더가 반대 의견을 결코 허용하지 않다 보니, 소프트웨어 개발자가 설계에 이견이 있었음에도 침묵을 지켰다. 하지만 4주 후 개발자가 예측한 문제가 결국 발생해 팀은 큰 혼란에 빠졌다.

다양한 관점을 자유롭게 나누는 환경을 조성하려면 리더는 사람들에게 의견을 구해야 한다. "새로운 제안서를 어떻게 생각해요?", "다른 의견 있는 분 안 계시나요?"라는 식으로 말이다. 회의의 안건 또한 자유롭게 제안할 수 있어야 한다. 서로 다른 관점을 중요하게 여길 때 하위 집단의 경계가 무너지고, 개인의 개성이 강조된다. 리더는 사람들을 하위 집단의 구성원으로 언급하는 일을 삼가고(예컨대 '뉴욕 직원 한 명이 말하길…', '엔지니어 한 명이 전한 바에 따르면…' 등) 개인의 관점과 지식에 초점을 맞춰야 한다.

한편 아이디어, 업무, 프로세스에 관한 생산적인 갈등을 유도할 때 집단의 업무 능력이 강화되고 팀원들의 능력과 권한을 일깨우는 환경이 마련되기도 한다. 원격 환경에서는 갈등이나 의견 불일치가 사무실 환경보다 유기적이고 지속적으로 발생할 확률이 적다. 이상적인 것은 갈등을 배움의 기회로 삼을 정도로 팀 내에 심리적 안정감이 형성되어 있는 것이다. 이를 달성하기 위해서는 팀이 반대 의견을 관점의 차이라고 긍정적으로 인식하고, 누구도 '문제를 일으킨다'는 이유로 비난받지 않는다는 확신을 심어주어야 한다. '좋은 의견이에요. 좀 더 브레인스토밍을 해봅시다'와 같은 반응으로 다양한 의견을 받아들이는 것이다. 어떤 의견을 무시하는 태도를 보이는 사람이 있다면, 그렇게 생각하는 이유를 구체적으로 설명하도록 유도한다. 비난의 이면에 '이들이 사실 걱정하고 있는 문제가 무엇인가'를 파악해야 한다. 리더가 이 핵심을 짚어주어야 의견을 낸 직원이 다른 사람들의 질문에 답하며 주도적으로 토론을 이끌 수 있다. 이런 점잖은 접근법이 소용없을 때는 리더가 갈등을 표면화시켜야 한다. 팀원들이 불평불만을 하고, 개인 간의 차이 또는 문화적 차이를 물고 늘어지도록 내버려두라는 의미가 아니다. 의도적으로 의견 충돌을 유도해 해당 업무나 프로세스를 획기적으로 바라보도록 자극하라는 뜻이다.

비대면으로 팀을 이끌 때는 대면 접촉의 기회가 사라지고 현실 세계에서 효율적인 리더로 만들어주던 자질을 발휘할 수 없다. 그동안 힘들게 쌓아온 리더십이라는 존재감이 사라져버리는 것이다. 당신의 세계를 구축해온 시각적, 청각적 요소는 단 하나의 제한된 디지털 채널에 의해 희미해진다. 우연하게 그리고 계획적으로 나누던 사소한 교류도 없다. 잠깐 들러 커피를 한 잔 마시자고 할 수도 없고, 유대를 강화하기 위해 점심을 함께 먹으며 대화를 나눌 기회도 없다. 이렇게 많은 것들을 잃는다 해도, 비대면 리더는 팀을 단련시키고 권한을 부여할 수 있다. 비대면 리더의 목표는 팀원들에게 능력과 권한을 일깨워 당신이 없을 때도 리더십의 영향력이 발휘되도록 하는 것이다.

비대면으로 팀을 이끈다는 것은 다차원적인 동시에 특수한 난관을 경험한다는 뜻이지만 그럼에도 보람이 크다. 많은 경우 실재적인 존재감과 비공식적인 소통이라는 도구를 버리고, 그에 상응하는 도구나 완전히 새로운 도구를 익히는 과정을 의미한다. 사무실 환경에서 팀원을 이끌 때 필요한 원칙이 여전히 적용되지만, 그만큼의 결과를 얻기 위해서는 원격 팀 리더가 더욱 의식적이고 의도적인 노력을 기울여야 한다. 즉흥적인 상호작용을 위해 계획적으로 접근해야 하고, 격의 없는 시간을 마련하기 위해 체계적으로 구상해야 한다. 분산된 팀의 경우 하위 집단과 폴트라인을 구축하는 다양한 요인을 이해하고, 어쩔 수 없이 생기는 분열을 해소하는 것이 핵심이다. 눈에 보이지 않는 원격 근무자들과 꾸준히, 지속적으로 소통하는 것 또한 중요하다. 원격 근무에 내재한 위험을 인지하고, 그 위험에 대응할 방안을 마련한다면 구성원 각각의 고유한 능력을 발휘하는 충실한 원격 팀을 얻게 될 것이다. 당신과 팀은 앞으로 어떤 상황이 닥쳐도 잘 해결할 수 있는 자신감이 생길 것이다.

비대면으로 리더십 발휘하기

■ **격차를 최소화한다.** 팀원들의 위치가 중요하다. 분산된 팀원들의 지리적 차이는 물론, 원격 근무를 하는 직원과 그렇지 않은 직원 간의 차이가 하위 집단과 사회 역학을 만들어내고, 이것이 갈등으로 이어진다는 점을 기억해야 한다. 따라서 리더는 특히 고립된 직원들을 위해 이 같은 차이를 인지하고 적극적으로 관리해야 한다.

■ **지위가 아니라 강점을 중요시한다.** 개인차에 더해 실제적인 지위와 팀원들이 인식한 지위를 바탕으로 계층이 분화된다. 리더는 집단 구성원 개인의 강점을 인식하기 위해 지속적으로 노력하는 태도를 보여야 한다. 또한 구성원들이 인식하는 지위와 실제로 존재하는 지위의 격차에 휘둘리지 않아야 팀 내에 왜곡된 인식이 불러오는 폐해에 대응할 수 있다.

■ **공동의 목표를 강조한다.** 어느 팀에나 폴트라인이 생겨난다. 리더는 '그룹 차원의 정체성'을 형성하고 강조하는 것으로 폴트라인에 맞설 수 있다. 이것은 팀을 하나의 독립체로 통일시키고, 구성원 개개인이 팀을 대변하는 존재임을 인식시

키는 포괄적인 정체성을 의미한다. 또한 팀원 각자의 노력이 팀에 기여한다는 사실을 일깨워 팀이 성취해야 할 공동의 목표인 '상위 목표'를 강조한다.

■ **구조를 세운다.** 원격 근무자에게는 예측 가능성이 중요하다. 리더는 원격 팀원들에게 직무의 역할과 책임에 대해 분명하고 지속적이고 직접적으로 소통하는 것으로 이 같은 요구를 채워줄 수 있다.

■ **피드백을 전한다.** 원격 근무자라고 해서 공동 근무하는 직원보다 성과와 성장의 가능성이 낮다고 볼 수 없다. 리더는 원격 팀원들 개개인이 목표를 이룰 수 있도록 적절하고 건설적인 피드백을 제공해야 한다.

■ **참여를 독려하되 갈등을 피하지 않는다.** 팀을 하나로 뭉치게 하는 데는 끊임없는 노력이 필요하다. 이를테면 화상회의 초반에 비공식적인 상호작용을 나누고, 가상 환경에서 재미있는 활동을 하는 자연스러운 기회를 계획한다면 팀이 유대감을 쌓는 데 도움이 될 것이다. 또한 리더는 팀원들이 서로의 차이점을 인정하도록 독려하고, 반대 의견이나 우려하는 점을 자유롭게 표현하는 환경을 조성한다.

8장
글로벌 위기

글로벌 위기에 팀을
어떻게 대비시킬 수 있을까?

CHAPTER 8:

How Do I Prepare My Team for Global Crises?

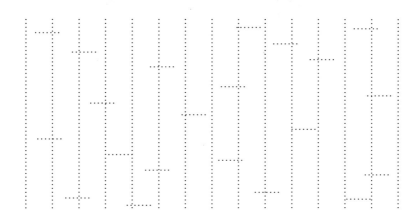

이스탄불에서 뭔가 안 좋은 일이 벌어지고 있었다. 반정부 시위자들이 이스탄불의 명소인 탁심 게지Taksim Gezi 공원에서 격렬한 시위를 벌이는 모습이 전 세계 언론사의 헤드라인으로 보도되었다. 시위를 제압하기 위해 출동한 경찰이 구름떼처럼 모인 행인들에게 최루탄을 던졌다. 이스탄불은 보스포루스 강을 중심으로 한쪽은 유럽, 다른 한쪽은 아시아로 두 대륙으로 나뉘는데, 이 두 대륙을 연결하는 대교가 도시의 자부심이다. 하지만 무더위가 극성을 부리던 2013년, 그 어떤 다리로도 이을 수 없는 새로운 간극이 터키 사회에 깊이 새겨졌다. 진보를 중시하는 세대와 전통을 중시하는 세대 간의 의견 차이가 그것이다. 사태가 심각해지자, 시민들의 불안으로 온 나라가 뒤덮였다. 터키의 주류 사회에서는 오래전부터 이어온 반미 감정이 고조되었다. 이 감정은 행동으로 이어졌고, 시위자들은 코카콜라 제품을 다시는 소비하지 않겠다고 다짐하며 음료를 길거리에 쏟아버렸다. 미국 제품의 상징으로 여겨졌던 코카콜라 브랜드는 이제 터키에 가해진 서구의 간섭과 탄압의 상징이 되었다.

코카콜라의 터키, 코카서스, 중앙아시아 사업 부문 회장인 갈야 몰리나스Galya Molinas는 음료를 쏟아버리는 대중의 행동이 시사하는 바가 무엇인지 촉각을 곤두세웠다. 얼마 전만 해도 그녀는 여성 비율이 압도적으로 높은 경영진과 함께 17개월 동안 이어진 기록적인 성과와 매출 증가를 자축했었다. 기업에 20년 동안 몸담은 베테랑으로서 눈부신 성과와 더불어 따뜻하고 상냥한 미소와 내공이 느껴지는 우아함으로 명성이 자자한 몰리나스는 터키의 현대 리더의 표본이었다. 하지만 이제는 다른 미국 기업들과 마찬가지로 정치적 불안으로 인해 그녀의 비즈니스 역시 급격히 곤두박질치고 있었다. 팀이 달성한 전례 없는 성공이 불가항력적으로 닥친 외부 사건으로 인해 위험에 처했다는 것을 누구보다 잘 알고 있었다.

몰리나스와 그녀가 이끄는 팀이 경험한 일은 한 국가 또는 지역에서 벌어진 일이 전 세계적으로 영향을 미치는 현대의 글로벌 비즈니스 환경을 보여주는 좋은 사례이다. 글로벌 팀의 리더라면 외부적 요인으로 인해 '사람들이 광장에서 음료수를 쏟아버리는' 사건과 비슷한 일을 경험하게 될 것이다. 우리 모두의 생활 터전이자 업무 터전인 상호 연결된 세계 시장은 소소한 위기가 끊임없이 벌어지는 곳이고, 이런 이유로 글로벌 리더십이 중요해졌다. 세계가 정말 밀접하게 연결되어 있는가 하는 일말의 의구심은 2020년 코로나19 팬데믹으로 완전히 사라졌다. 팬데믹은 갑작스럽게 원격 근무로 내몰린 수백만 명의 삶을 아수라장으로 만들었을 뿐만 아니라 자원을 두고 국가들의 협조와 경쟁이 반복되며 지정학적 관계에도 영향을 미쳤다.

지난 세기에 매사추세츠의 전설적 정치가로 이름 높았던 토머스 오닐^{Tip O'Neill}은 "모든 정치는 지역적이다"라는 유명한 말을 남겼다. 오닐은 작은 지역사회에서 일어나는 일이 결국 상위 정부기관에 중요하고, 유능한 정치인은 지역 주민들이 일상에서 경험하는 문제에 관심을 기울여야 한다고 믿었다. 오늘날에는 '모든 리더십은 세계적이다'라는 말이 더욱 정확할 것이다. 글로벌 문제가 현지에 얼마나 민감한 영향을 미치는지를 이해하는 것이 핵심이다. 당신이 담당하는 지역이 어디든 현재 글로벌 문제에 관심을 갖고 조직에 영향을 미칠지 모를 세계적인 위기에 대응하는 새로운 능력을 개발해야 한다. 세계화와 지역화는 함께 맞물려야 한다.

이 장에서는 점점 더 가변적이고^{Volatile}, 불확실하며^{Uncertain}, 복잡하고^{Complex}, 모호해지는^{Ambiguous}, 이른바 뷰카^{VUCA} 요인들이 상호 연결된 세상에 어떤 식으로 세계적인 규모의 파급 효과를 가져오고, 또 위기를 불러오는지 살펴볼 것이다. 또한 위기가 쉽게 찾아오는 상호 연결된 세상에 맞서 글로벌 팀의 리더가 반드시 함양하고 개발해야 하는 마인드셋을 아이폰 카메라에 빗대어 설명하겠다. 사회학자들이 '원산지 효과^{the country-of-origin effect}'라고 말하는 개념은 무엇이고, 이것이 글로벌 기업에 왜 중요한지, 인지적으로 다양성이 보장된 팀이 상호 연결된 세상에서 마주하는 문제를 해결하는 데 필수적인 이유는 무엇인지 알게 될 것이다. 이 장에서 몰리나스와 그녀의 팀이 곤두박질치는 성과라는 위기에 성공적으로 대처한 비결과 코로나19가 세상에 불러온 혁명적인 변화를 헤쳐나가는 몰리나스의 리더십을 보게 될 것이다.

뷰카, 현재 우리가 사는 세상

세계화 시대를 맞아 기업은 뷰카 세상에서 제 기능을 수행해야 한다. 미 육군대학원U.S. Army War College에서 군 지휘자가 대처해야 하는 환경을 의미하는 용어인 뷰카[93]는 주식시장 붕괴, 자연재해, 공중보건 위기 등과 같은 상황에도 적용할 수 있다. 뷰카는 현재 우리가 사는 세상에서 절대로 변하지 않는 현상이다. 익숙한 내용일 수도 있지만, 현재 세계를 설명하는 이 용어를 정확히 이해하는 것이 우리가 마주할 상당한 도전에 어떻게 대처해야 할지를 깨닫는 첫 단계이다. 지금부터 소개할 사례는 빙산의 일각일 뿐 당신 또한 수많은 사례를 떠올릴 수 있으리라 확신한다.

가변성. 역동적이고 갑작스러우며 빠른 속도로 끊임없이 변화하는 상태를 의미한다. 시위자들이 거리에 코카콜라를 쏟아버리는 상황은 기업 입장에서는 예상치 못한 사건이었다. 시위자들의 행동이 어떻게 전개될 것이고, 그것이 얼마나 지속될지는 아무도 예측하지 못했다. 가변성의 또 다른 사례로는 자연재해나 코로나19 감염률의 변동에 따라 공급 부족으로 인한 물가 상승이 있다. 지진과 홍수는 재난 구조대원에게 물리적으로 급변하는 상황을 만든다.

불확실성. 갑작스럽고 빠르게 진행되는 변화의 예측불가성을 의미한다. 어떤 일이 벌어질지 예상하고 그에 따라 준비하는 것을 어렵게 만드는 요인이다. 몰리나스는 정치적 불안이 코카콜라의 매출에 영향을 미쳤다는 것을 이해했고 상황을 바로잡기 위해 조치를 취했지만, 자신의 결정이 수익 증가로 이어질지는 확신할 수 없었다. 불확실성의 일반적인 사례로는 기업의 신제품 시장 진입과 새로운 백신의 타이밍과 효과이다. 얼어붙은 고용 시장, 불안정한 실업 수치, 새 정부의 규제 여파로 인해 리더는 정확하게 결과를 예측할 수 없는 불확실한 환경에 놓인다. 불확실성은 보통 두 가지 이상의 요인으로 발생한다. 이를테면 신상품을 출시하는 국가에서 새로운 규제를 발표하고, 그에 '더불어' 경기 불황이 덮치는 상황을 들 수 있다.

복잡성. 다차원적이고도 끊임없이 달라지는 요소들이 함께 작용한 탓에 불가능하지 않다고 해도 통제하기 어려운 상황으로 번지는 것을 의미한다. 2013년 몰리나스는 터키 외에도 중앙아시아의 8개 국을 책임지고 있었다. 그녀와 팀이 조금의 변화라도 시도하려면 이스탄불 본사의 결정과 그에 따른 영향은 물론 분산된 현지 팀들, 제조업자, 시장, 소비자, 지역 리더, 문화적 전통까지 고려해야 했다.

다국적 기업이란 본래 법안, 규제, 다양한 국가의 관습으로 얽혀 있는 복잡계 내에서 운영해야 하는 숙명이다. 복잡성은 현대 사회의 수많은 기업이 경험하고 있다. 병원, 금융 기관, 정보기술 기업, 공항 모두 100년 전에는 상상도 할 수 없었던 복잡한 상황 속에서 경영을 계속하고 있다. 무엇인가 실패하고 잘못되었을 때 복잡성으로 인해 크고 작은 위기가 찾아온다.

모호성. '무엇을 모르는지조차 모르고' 인과관계가 분명하지 않은 상황을 의미한다. 2013년 몰리나스는 이스탄불 경영진의 결정이 자신의 관할 구역인 아제르바이잔이나 우즈베키스탄의 현지 시장에 어떠한 영향을 미치게 될지 몰랐다. 마찬가지로 그녀가 담당하는 중앙아시아에 속한 아르메니아와 카자흐스탄의 시장 상황 또한 이스탄불과의 지리적 위치로 어떤 영향을 받게 될지 알 수가 없었다. 신흥 시장에 진입하는 글로벌 리더들이 그렇듯, 그녀 또한 모호성이 가득한 환경에 처했다. 7년 후, 코로나19로 팬데믹이 전 세계를 혼란에 빠뜨리며 이전보다 모호성, 가변성, 불확실성, 복잡성이 훨씬 더 심각해진 상황을 그녀는 또 한 번 헤쳐나가야 했다. 여기에 대해서는 조금 후에 자세히 이야기하도록 하겠다. 세계가 완전히 달라졌다는 것은 누구나 알지만, 코로나19가 기업, 산업, 사회에 장기적으로 어떤 영향을 미칠지는 아무도 모른다. 팬데믹 동안 정부의 리더들은 자신들이 채택한 전략이 어떤 결과를 불러올지 정확히 예측할 수 없는 상황에서 봉쇄와 평소 생활을 유지하는 것의 손익을 따져 나름의 결정을 내려야 했다.

오늘날 비즈니스 리더가 감당해야 하는 세상을 설명하는 가변성, 불확실성, 복잡성, 모호성은 주기적으로 위기를 생산하는 화약고이다. 주식시장 붕괴, 자연재해, 공중보건 위기, 정치적 혼란 모두 글로벌 리더가 예측하고 준비하기 어려운 문제이다.

근본적으로 팀을 위기에 대비시킨다는 것은 당신의 팀과 시장, 업계 너머로 생각을 확장하는 것을 뜻한다. 전 세계에 걸쳐 수백 명이 넘는 리더들의 사례와 위기에 어떻게 준비해야 하는지를 주제로 이야기를 나누며 나는 세계적인 시장을 책임지든, 현지 시장을 관리하든, 팀 리더는 글로벌 리더십 자질을 개발해야 한다는 것을 깨달았다. 이 자질을 개발하려면 '포괄적인 인식을 키우고', '능동적으로 프레임을 설정하고', '즉각적으로 행동하는' 능력을 발휘하는 법을 깨우쳐야 한다. 세 가지 자질 모두 적용과 해석의 범위가 넓다. 지금부터는 몰리나스가 이 세 가지 자질을 어떻게 발휘했는지를 살펴보겠다.

포괄적인 인식을 키운다

포괄적인 인식이란 무엇인지 이해하려면 요즘 많은 사람이 쓰는 아이폰의 카메라 렌즈를 생각하면 된다. 우리는 전원의 너른 풍경이나 360도 촬영을 하고 싶을 때는 풍경 렌즈를 사용하면 된다는 것을 알고 있다. 배경의 나무 한 그루나 친구 얼굴을 클로즈업하고 싶을 때는 인물 렌즈를 사용한다. 이와 마찬가지로 글로벌 리더는 국제적 규모의 위기라는 전반적인 배경에서 팀 역학이나 현지 매출액 같은 클로즈업 상황으로 의식을 전환할 줄 알아야 한다.

포괄적인 인식을 키우는 첫 번째 단계는 현재의 글로벌 이슈를 살피는 것이다. 리더는 한 국가의 소식에만 신경 쓰는 호사를 누릴 수 없다. 풍경 렌즈처럼 시야를 확장해 생태계 전체에 영향을 미칠 수 있는 유가 변동, 규제나 노동법의 변화, 농산물 공급 부족 및 공급 과잉 등 다양한 국제적인 사건을 가능한 널리 읽을 줄 알아야 한다. 일시적이든, 급속히 전개되든, 가변성이 크든 글로벌 사안의 관련성을 기민하게 조사하는 것이 중요하다. 간단하지만 중요한 전략은 꾸준히 세계 각국의 언론에 촉각을 기울이는 것이다. 그래야 지정학적 사안은 물론 다양한 문제를 폭넓게 이해할 수 있으며, 이것은 당신의 관할 구역 내에서 '인물 렌즈'로 어떤 대상에 초점을 맞춰야 할지 밝히는 첫 단계이다.

얼마 전 나는 몰리나스에게 어떤 언론 매체를 가까이하는지 물었다. 그녀는 "통찰력이나 이해를 제공하지 않고 정치색이 짙은" TV 뉴스는 보지 않는다고 고백하며, 대신 온라인으로 뉴스를 읽는 매체를 알려주었다. 〈BBC〉, 〈뉴욕타임스New York Times〉, 〈월스트리트저널Wall Street Journal〉, 〈파이낸셜타임스Financial Times〉, 〈이코노미스트Economist〉, 〈알자지라Al Jazeera〉, 〈애틀랜틱Atlantic〉이 그것이다. 그뿐만 아니라 박식하고 인지적 다양성을 제공하는 주변 사람들로부터 정보를 '공급' 받는다고도 덧붙였다. 생물학, 정치, 의학, 사회학

등 관심사가 다양한 사람들은 그녀에게 고차원적이면서도 종합적인 수준의 정보를 전달했다.

갑작스러운 사건이 언제든 터질 수 있는 변덕스러운 글로벌 정세에 촉각을 기울인다는 것은 밤잠을 희생해야 할 때가 많다는 뜻이다. 이스탄불 거리에서 콜라를 쏟아버릴 만큼 극에 달한 반미 정서가 처음에는 몰리나스와 고성과 경영진 팀에게 대단한 충격과 무력감을 안겨주었다. 몇 달 전만 해도 이들 팀은 매출 기록을 경신했었다! 기업 내 최초로 2년 연속 두 자릿수 매출 성장을 달성해 2010년과 2011년에 코카콜라 측으로부터 열 개 이상의 상을 받기까지 했다. 광범위한 지역에 분산된 현지 제조업체를 성공적으로 관리하는 법을 배우기 위해 중국 비즈니스 팀에서 몰리나스를 찾아오기까지 했다. 이제 그녀는 언제, 어떻게 이 심각한 출혈이 멈출지 전혀 예측할 수 없는 채로 매출이 가파르게 떨어지는 상황을 지켜만 보고 있어야 했다. 전형적인 뷰카 상황인 이스탄불의 정세 악화가 갑작스럽고도 빠른 속도로 몰리나스의 발목을 잡았고, 심지어 팀까지 마비시켰다.

그녀가 너른 시각으로 상황을 포괄적으로 인식했을 때, 당시 풍경을 가득 메운 모습은 터키에서 확산되고 있는 반미 정서였다. 사회과학자들은 이 현상을 '원산지 효과'[94]라고 일컫는다. 이 효과가 무엇이고, 그 영향은 어떤지 이해한다면 상호 연관된 세상에서 글로벌 리더가 공통적으로 마주할 위기를 파악하고 대처하는 데 도움이 될 것이다.

글로벌 리더의 최대 난제, 원산지 효과

1960년대 중반 사회학자인 로버트 스쿨러Robert Schooler가 처음 소개한 원산지 효과는 세계 경제에, 특히 마케팅에 대단한 영향을 미쳤고 글로벌 리더의 최대 과제로 자리 잡았다. 이 이론을 간단히 설명하자면, 소비자가 상품이나 서비스의 내재적 가치가 아니라 원산지에 대한 선입견에 사로잡힐 때 원산지 효과가 작용한다고 볼 수 있다. 이러한 원산지 효과가 긍정적일 때도 있지만, 국민들의 반미 정서에 따라 코카콜라를 거부하던 터키의 사태처럼 대부분의 경우 부정적인 영향을 끼친다.

글로벌 리더는 원산지 효과가 매출에 끼칠 수 있는 위협을 예측해야 한다. 이런 위협은 전례 없는 규모의 보이콧으로 나타날 수도 있다. 오늘날 소셜 미디어가 전 세계의 소비자를 원격 네트워크로 연결해 누구나 정보를 즉각적으로 소통하고, 대규모의 캠페인을 기획하고, 불쾌한 정치적 이념을 드러내는 국가의 기업에 대항하는 것이 가능해졌다.

원산지 효과에 대응하기 위해 리더가 높은 수준의 포괄적 인식을 발휘해야 하는 지역 가운데 하나인 중동의 사례를 살펴보겠다. 반서구주의가 극심한 소비자들의 보이콧과 시위는 중동의 가변적인 정치적 파동과 변화를 반영한다.

영국의 슈퍼마켓 체인인 세인즈버리Sainsbury를 대상으로 보이콧이 발생하면서, 이 기업은 2년 동안 1억 2,500만 달러 이상의 적자를 기록한 후 2011년에 이집트에서 철수했다. 일자리 창출이라는 기여도 하고 큰 인기를 끈 상품도 있었지만, 이 다국적 기업이 이스라엘과 관련이 있다는 이야기에 이집트 내에서 부정적인 정서가 확산되었다. 소비자들은 팔레스타인 지역의 폭동에 이스라엘이 보인 군사적 대응을 규탄했고, 이것이 세인즈버리를 향한 보이콧으로 표출되었다. 또 다른 사례로는 중동에 자리 잡은 지 오래된 덴마크 기업 알라푸드Arla Foods가 중동 전 지역에서 퇴출당할 뻔한 사건이다. 2006년, 덴마크 신문에 게재된 카툰이 이슬람교를 조롱하는 것으로 해석되어 보이콧이 시작되었다. 식품 기업과 신문사는 덴마크 출신이라는 것 외에는 연관성이 전혀 없었지만 알라푸드 측에서는 위기에 대응해야 했다.

원산지 효과는 사실관계보다 사람들의 인식에 기인한다. 소비자가 지닌 강력한 부정적인 인식을 긍정적으로 전환하는 데 효과적인 커뮤니케이션과 메시지 전달이 가장 중요한 열쇠이다. 알라푸드 측은 즉각적으로 문제의 카툰을 비난하는 글을 중동 전역에 공식적으로 게재하고, 해당 신문사와의 관계를 끊어 중동에 남을 수 있었다. 이와 비슷한 경우로 스위스의 다국적 기업인 네슬레Nestlé의 사례가 있다. 네슬레가 덴마크에서 밀크 파우더를 공급받는다는 루머가 돌자, 기업은 사우디아라비아의 신문 여러 곳에 광고를 실어 제품의 원산지는 덴마크가 아니라고 소비자들에게 알렸다.

글로벌 리더는 소비자 보이콧이 기업 자체의 행보보다는 정치적 이슈와 관련될 때가 많다는 것을 인지해야 한다. 얼마 전 멕시코의 CEO들과 원산지 효과에 대해 토론할 당시, 2016년 미국 대선 이야기가 주제로 올랐다. CEO들 대부분은 도널드 트럼프가 미국 45대 대통령이 되었을 때 충격과 공포로 얼어붙었다고 털어놓았다. 대선 주자였을 당시 트럼프는 멕시코에 무역 장벽을 높이고, 불법 체류자들을 추방하겠다고 약속했으며, 미국과 멕시코 사이에 장벽을 세우겠다는 협박으로 캠페인을 펼쳤다.

선거가 끝나자마자 멕시코 소비자들은 미국 제품에 보이콧을 시작했다.[95] 맥도날드, 월마트, 코카콜라, 스타벅스 등 미국 기업에 대한 불매운동과 더불어 소셜 미디어에는 '#AdiosStarbucks', 'Goodbye Starbucks'와 같은 해시태그가 유행처럼 뜨겁게 번졌다.[96] 그뿐만 아니라 미국 기업은 공급업체와의 관계도 단절되었다. 손쉽게 성사되었던 공급 계약에 차질이 생겼다. 멕시코 페소에 가해진 충격이 여러 기업에 치명타를 남겼다.

미국 소비자들 또한 원산지 효과에서 자유롭지 못하다. 몇몇 사회과학자들이 텍사스에 거주하는 주민 가운데 무작위로 500여 명을 뽑아 사회 경제적 및 정치적 구조가 다른 36개국을 선택지로 제시하며 어느 나라의 제품을 구매할 의사가 있는지 조사했다. 그 결과 참가자들은 '유럽, 호주, 뉴질랜드 문화권의 경제적으로 발달한 자유국가의 상품을 가장 구매하고 싶다'고 답했다. 다시 말해서 사람들은 자국과 유사한 신념 체계와 문화 풍토가 형성된 국가의 제품을 가장 선호하고, 적대적인 감정을 느끼거나 자국과 다르다고 인식하는 국가의 제품은 원하지 않는다.

모든 시나리오로 프레임을 설정하라

가족사진, 정갈하게 차려진 식탁, 셀카의 경우에도 인물 모드로 사진을 찍을 때는 사진의 구도를 생각한다. 배경 화면은 얼마나 나오게 할 것인가? 어떠한 각도에서 찍을 것인가? 제대로 된 사진을 찍기까지 몇 번이나 셔터를 누른다. 세계적으로 벌어진 위기 상황에 팀을 준비시키기 위해 프레임을 설정하는 것도 이와 유사한 과정을 거친다. 전체적인 풍경을 살피고, 앞에 놓인 위험을 예측한 후에는 세계적인 사건이 초래한 미래의 위기에 대처하기 위해 팀이 어떤 변화를 거쳐야 할지 면밀히 생각해야 한다.

가령 2016년 미국 대선이 치러지기 몇 달 전, 멕시코 CEO들은 상품이나 서비스에 전해질 여파에 대응하기 위해 몇 가지 시나리오를 예측했을 것이다. 즉 배경에서 몇 가지 인물 모드로 전환해 프레임을 설정할 때 현재의 사건이 단기적 그리고 장기적 미래에 어떠한 영향을 끼칠지 능동적으로 예측할 수 있다. 세계적으로 정치 풍조가 점점 양극화되고, 그에 따라 고객의 반응도 극단적으로 표출되는 시대에 능동적으로 예측하고, 가능한 시나리오로 프레임을 설정하는 것이 점차 중요해지고 있다.

새롭게 등장한 코로나바이러스가 전 세계에 걸쳐 빠르게 확산됨에 따라, 이 바이러스에 대한 존재와 위협을 처음 알게 된 2019년 말부터 2020년 초까지 리더들이 보인 다양한 반응은 프레임 설정 능력을 검증하는 시험대가 되었다. 먼저 루이지애나주 뉴올리언스의 리더십을 통해 프레임을 설정한다는 것이 무엇인지 살펴보고자 한다.

전 세계에서 100만 명 이상의 관광객이 찾아오는 마디그라^{Mardi} ^{Gras} 축제를 몇 달 앞두고 미국 정부는 중국에서 발견된 신규 코로나바이러스가 미국 사회에 끼칠 위험 수준이 낮다는 보고서를 발표했다. 뉴올리언스의 보건 책임자와 축제 기획자들과 더불어 시장은 보고서의 내용을 곧이곧대로 믿었다. 이 잘못된 판단은 비극적인 결과로 이어졌다. 2020년 2월 25일에 열린 마디그라 축제에는 140만 명이 넘는 관객이 거리를 가득 메웠다. 같은 날 미국 질병통제예방센터에서 질병이 확산될 가능성을 발표하며, 모든 도시는 감염 예방을 위해 엄격한 조치를 취해야 한다고 촉구했다. 그러나 때는 너무 늦었다. 이미 엎질러진 물이었다. 잘못된 구도로 상황을 바라봤다. 어쩌면 초점이 완전히 빗나간 것인지도 모른다.

그로부터 약 2주 뒤인 3월 9일, 뉴올리언스의 첫 번째 코로나바이러스 환자가 발생했다. 바이러스는 기세가 조금도 약해지지 않은 채 퍼져나갔고, 해당 도시는 미국 내 감염률과 사망률이 가장 빠르게 증가하는 도시 중 한 곳이 되었다. 추후 시장은 축제를 강행하기로 한 결정을 옹호하며 당시 하달된 정보에 따라 행동했다고 주장했다. 연방 정부는 '미국이 팬데믹 위기의 목전에 놓여 있을 가능성'에 대한 경고를 발령하지 않았다.[97] 하지만 치명적인 바이러스가 활개를 친다는 뉴스는 보도된 바 있다. 먼 곳에서 어렴풋이 나타나기 시작하는 위기를 발견하는 것만으로는 충분하지 않다. 조직이 끄떡 없다고 착각할 때, 또는 현실을 외면함으로써 정상 상태라고 믿고 싶을 때, 리더는 위험 신호를 무시한다고 전문가들은 밝혔다.[98] 미국의 다른 여러 도시와 전 세계의 리더들은 해당 상황을 다양한 각도로 비추며 프레임을 잡고, 다방면에서 자문을 구했으며, 다가오는 위협을 파악하고자 노력했고, 할 수 있는 예방조치를 취했다. 뉴올리언스는 가까워지는 폭풍을 프레임 안에 넣지 못해서 또는 그렇게 하지 않아서 심각한 대가를 치렀다.

이와 대조적으로 싱가포르는 중국 우한에서 시작된 신규 코로나바이러스의 치명성을 발견하고 사태의 구도를 파악한 모범적인 사례로 꼽힌다. 아이슬란드, 뉴질랜드, 한국과 마찬가지로 싱가포르는 자국의 감염자 수를 초기부터 통제하고 유지하는 데 대단히 성공적인 행보를 보였다. 국가의 의료보험 체계가 선제적으로 중요한 자원을 보장해준 덕분에 질병의 위협을 막을 수 있었다. 2003년에 발생한 사스를 비롯해 공중보건 위기를 여러 차례 거쳤던 경험을 바탕으로 해당 국가의 리더들은 인물 모드로 렌즈를 전환해 자국민에게 닥칠 다양한 시나리오를 예측했다. 공공 기관과 의료 행정가, 관련 인력 사이에 정확하고도 효율적인 커뮤니케이션 채널이 일찍이 가동되었다. 바이러스를 테스트하고 추적하는 기술도 마련되어 있었다. 국민들은 외출금지 조치의 의도를 잘 이해했다. 여러 방면에서 리더십을 발휘해[99] 전국 규모의 태스크포스를 조직적으로 운영한 덕분에 2020 코로나19 위기를 정확히 파악하고 예측할 수 있었고, 국민들을 비교적 별 탈 없이 지킬 수 있었다. 싱가포르의 리더

들은 다가오는 위험을 포착하고 그에 따라 프레임을 정확하게 설정
했다.

강하고, 다양하고, 경력이 풍부한 팀

2013년에 터키의 몰리나스에게 찾아온 위기는 코로나19 팬데
믹만큼(물론 2020년에도 다양한 사건을 겪었지만 말이다) 가변적이거
나 복잡하지도, 지대한 영향을 미치지도 않았다. 그러나 이런 위기
야말로 글로벌 리더가 주기적으로 마주하게 될 유형에 가깝다. 그
녀가 여러 국가에 걸쳐 운영하던 사업체가 무너지고 있었고, 그것
도 외부적인 사건의 여파 때문이었다. 프레임을 설정할 수 있는 문
제가 아니었다. 그런 상황에서 몰리나스가 가장 먼저 클로즈업 인
물 렌즈의 초점을 맞췄던 대상은 가장 가까운 곳, 바로 자신의 팀이
었다.

몰리나스는 자신의 팀을 "훌륭한 분석가들, 훌륭한 마케터들, 훌
륭한 사람들"이라고 표현했다. 한 명을 제외하고 모두 40대의 여성
이었고, 모두 비슷한 경력과 문화적 배경을 지니고 있었다. 다들 호
흡이 잘 맞다 못해 어떤 일이든 너무나 수월하게 처리했다. 어떤 사
안이 생기면 다들 한마음으로 동의했다. 논의를 거칠 것도 없었다.
몰리나스의 말대로 모두들 "서로에게 무척이나 친절했고, 같은 방
향을 보고 있었다." 누군가의 의견에 반대하는 일도 없었다. 물론 몰

리나스는 만장일치가 사업의 미래에 좋은 징조는 아니라고 느꼈다. 하지만 매출 증대로 상도 많이 받고 있었기에, 그녀는 그런 분위기에 군이 파란을 일으키고 싶지 않았다.

이후 2013년에 위기가 발생했을 때, 몰리나스는 이 완벽한 팀이 골칫거리임을 인정해야 했다. 모두 합쳐 수십 년의 경력이 있었음에도 팀은 시위와 반미 감정으로 빚어진 위기에 대응하여 비즈니스를 새롭게 탈바꿈시킬 준비가 전혀 되어 있지 않았다. 앞으로 벌어질 상황을 적극적으로 예측하고, 경로를 어떻게 전환할지 결정을 내리기 위해서는 현 사안과 문제를 새로운 방향에서 접근하는 팀이 필요했다. 몰리나스는 프레임을 재설정해야 했다.

사실 그녀의 팀은 터키 이외의 중앙아시아 신흥 시장의 소비자를 대할 때 찾아올 정치적 위험과 운영 리스크를 이해하고, 해석하고, 대처하는 데 필요한 경험이 전무했다. 가장 중요한 문제는 사회 전반에 확산된 불안으로 동요하는 비즈니스에 통찰력과 해결책을 제시할 수 있는 사람이 없었다는 점이다. 몰리나스가 신흥 시장의 역학을 이해하고 앞으로 다가올 미래에 선제적으로 계획을 세우려면 다양한 환경에서 온 사람들, 다른 곳에서 신흥 시장을 경험한 적이 있는 사람들이 필요했다.

이러한 통찰력이 단번에 찾아온 것은 아니었다. 몰리나스는 최선의 방향을 찾기 위해 며칠이나 고통스러울 정도로 고심했다고 털어놨다. 출혈을 멈춰야 했지만 그녀의 팀이 할 수 있는 것이 없었다. 몇몇 리더들과 달리, 그녀는 위기에 반응적이고 방어적으로 대응하기보다는 근본적인 문제를 파악하고 경영상 어떤 변화를 취해야 할지 충분히 고민하고 싶었다. 결국 다양한 각도에서 사태를 살피고 당면한 과제를 분명하게 파악한 후, 몰리나스는 대담한 선언을 발표하며 리더십을 발휘했다. "전 세계적으로 최고의 인재를 영입해 중요한 직책을 맡기겠습니다." 그녀는 예측이 어려운 경제 상황과 신흥 시장에서의 비즈니스 경험이 다른 어떤 자격보다도 중요하다는 것을 깨달았다.

그녀는 또한 이렇게 설명했다. "리더십 팀원들 사이에 어느 정도의 불안과 긴장감이 있었지만 해야 할 일이었고, 과감한 결정이 필요했다. 남자 직원의 비중을 높이고 다른 나라 출신의 사람들을 들였다." 그녀는 당시의 경험으로 무엇을 깨달았는지 설명했다. "글로벌 리더에게는 다양한 사고가 중요하다는 것을 배웠다. 훌륭한 경제학자나 훌륭한 재정 전문가만으로는 살아남을 수 없다. 여러 나라의 역학 관계에 대한 폭넓은 이해가 필요하다. 그러기 위해서는 강하고, 다양하고, 경력이 풍부한 팀을 갖춰야 한다."

몰리나스의 통찰력은 최적의 팀 구성을 연구하는 사람들과의 생각과 일치한다. 폭넓은 인구학적 배경, 성별, 종교, 문화로 구성된 글로벌 팀이 인지적인 차원에서 변화에 발맞춰 효율적인 해결책을 찾는 데 가장 적합하다. 개개인의 특별한 관점과 경험이 어우러질 때 독특한 시각을 얻을 수 있고, 궁극적으로 더욱 훌륭한 의사결정을 도출할 수 있다.

2015년과 2016년에 걸쳐 멕시코, 남아프리카, 그리스 출신의 노련한 경영진 세 명이 몰리나스의 리더십 팀에 합류했다. 그녀는 당시의 상황을 이렇게 회상했다. "세 사람이 합쳐 아시아, 러시아, 중동, 유럽 남부, 아프리카, 라틴아메리카에 걸쳐 신흥 시장 스무 곳 이상의 경험을 갖추고 있었다. 남아프리카에서 온 HR 임원은 나미비아와 사하라 이남 아프리카 지역에서 일했다. 마케팅 직원이 거주했던 베네수엘라는 우즈베키스탄의 시장에서 경험하는 어려움과 유사한 지점이 있었다." 그녀는 자신이 책임지는 지역과 비슷한 나라 한 곳 이상에서 관련 경력이 있고, 현재 직면한 상황과 유사한 환경을 경험한 직원을 채용하려 했다.

몇 번이나 되풀이해서 말하지만, 유사한 배경을 지닌 구성원으로 이루어진 팀보다 다양한 배경의 사람들과 함께하는 것이 참신한 해결책을 찾는 데 훨씬 유리하다. 시간이 지날수록 문제를 발견하고 다양한 해결책을 도출하는 데도 더욱 효율적이다. 문제를 파악하고, 통찰력 있고 혁신적인 해결책을 찾는 것이야말로 몰리나스의 팀과 같은 글로벌 팀이 다가오는 위협과 외부의 위협에 대응하는 데 가장 필요한 요소이다.

한편 다양성에 더하여 글로벌 팀은 함께 일을 해나가는 방식에 대해 공통된 가치를 공유해야 한다. 몰리나스가 새로 꾸린 팀의 한 구성원은 팀이 잘 운영되는 이유를 "성실성, 진정성, 정치적이지 않고 임무 지향적인 태도 등 핵심 가치가 통했기 때문"이라고 설명했다. 팀은 서로 협력했고, 의견 차이에 대해 토론하며 성공할 가능성이 높은 해결책을 찾아 나갔다. 팀원들은 행복해했고, 새로운 역할에 맞춰 성장하며 자신의 커리어를 긍정적으로 바라봤다. 몰리나스는 이렇게 덧붙였다. "몇몇 직원을 단기 파견으로 다른 나라에 보냈다. 그곳에서 전보다 더 큰 역할을 맡아 수행하고 있다."

리더십 팀을 하나로 결속시키는 데는 굉장한 노력이 필요했다. 몰리나스는 전략적으로 사고하는 사람들, 특별한 아이디어를 포착할 줄 알고 통찰력을 찾는 과정에 기여하는 사람들을 의도적으로 선택했다. 그녀는 이렇게 말했다. "내 결정에 만족한다. 물론 새로운 팀을 하나의 응집력 있는 집단으로 기능하게 만들기까지 추가적인 노력이 필요하지만 말이다." 과거 그녀와 함께했던 여덟 명 중 두 명만 그녀의 새로운 팀에 합류했다. 품질보장 디렉터는 다양한 구성원이 모인 새 팀에서의 경험을 이렇게 설명했다. "다양성이 좋냐고 묻는다면, 당연하다! 쉽냐고 묻는다면, 그것은 조금 다른 문제이다. 다른 나라에서 온 사람들과 일하는 데 익숙해져야 했기 때문이다. 다양성을 갖춘 팀에서는 각기 다른 관점을 살펴볼 수 있어서 좋지만 비즈니스 문화에서 차이가 있었다. 터키에서는 보통 서로 조심스럽게 대하는 편이다. 공격적인 스타일이 아니다. 제조업체와 일하는 데 가장 중요한 점은 좋은 관계를 유지하는 것이다. 리더십 팀의 새로운 멤버들이 이곳의 문화를 이해하고, 현실에 적응하고, 우리가 일하는 방식에 익숙해지기까지 시간이 필요했다."

품질보장 디렉터가 다양성을 갖춘 팀에서 일할 때 유념해야 할 중요한 지점을 언급했다. 개인의 기질은 물론 문화에 따라 대립과 생산적인 갈등을 편안하게 느끼는 정도가 각각 다르다는 점이다.

상대에게 반대 의견을 제기하는 것을 어려워하는 사람들을 위해 그녀는 팀원들이 먼저 사적으로 친분을 쌓도록 유도했다. 친숙한 관계가 되면 상호 신뢰가 형성되어 반감을 살지도 모른다는 걱정 없이 편하게 반대 의견을 낼 수 있을 것이라고 판단했다. 또한 그녀는 군 경력이 있어서 협력적이고 반복적인 프로세스 대신, 지휘 통제 스타일로 의사결정에 임하는 데 익숙한 두 명의 직원들을 위해 외부 컨설턴트를 고용했다.

상대적으로 유사성을 지닌 이전의 팀은 합의와 효율이라는 팀역학을 만들었지만, 새로운 팀은 혁신적인 해결책을 찾는 데 필요한 열린 토론과 논의, 마찰이라는 건강한 팀 역학을 조성했다. 몰리나스는 자신의 팀이 폭넓은 시각을 갖추었다면서 팀을 UN(국제연합)에 비유했다. 그리고 그녀는 미소 지으며, 이렇게 덧붙였다. "현재 훨씬 건강한 비즈니스를 이끌고, 훨씬 건강한 팀 역학을 경험하고 있다고 생각한다. 이를 유지하기 위해 팀원들은 언쟁을 더 많이 한다. 그 부분이 정말 좋다고 생각한다."

깨달은 순간 행동하라!

몰리나스는 외부의 충격으로 빚어진 위기 덕분에, 다양성이 부족한 팀을 이끌며 오래전부터 느꼈던 한계를 마침내 극복할 수 있었다고 믿는다. 또한 다음의 위기를 준비하며 즉각적으로 행동하는 것이 중요하다는 점도 깨달았다. 그녀는 이렇게 전했다.

> 내가 배운 것은 무엇인가 잘못되고 있다는 것을 깨달은 순간, 그
> 문제의 핵심까지 파고들어 바로잡아야 한다는 사실이다. 그렇게
> 하지 않으면 문제는 꼬리에 꼬리를 물고 커져서 시간만 낭비하
> 게 된다. 조직의 건강과 비즈니스의 건강을 위해 무엇인가를 발
> 견한 순간, 행동해야 하는 이유다. 무엇인가를 감지한 그 순간에
> 말이다.

대부분의 경우, 바로 잡아야 할 대상은 팀 구성이다. 국적, 사회,
문화, 종교, 인종 등 다양한 배경으로 구성된 인적 자원으로 구축
할 수 있는 인지적 접근의 다양성[100]은 위기에 효율적으로 적응하
는 글로벌 팀의 능력을 좌우하는 데 핵심적인 역할을 한다. 적응력
은 변덕스러운 비즈니스 환경에 적절하게 대응하기 위해 지속적으
로 추구해야 할 가치이다. 다양성은 적응력을 발휘하고 변화무쌍한
시장을 대처하는 데 필요한 창의적인 사고를 자극한다. 세계 시장
에서 다양한 경험을 쌓은 팀원들은 새로운 업무 환경, 판이하게 다
른 시장 상황, 정치적 맥락 등 여러 시나리오에 스스로를 맞춰가며
적응하고 조정하는 기술을 이미 통달한 사람들이다. 몰리나스는 새
로운 리더십 팀원들이 다수의 신흥 시장에서 경험한 바를 공유하는
과정에서 통찰력이 탄생하는 것을 깨달았고, 이 통찰력을 적절하게
적용했다. 이를테면 러시아 시장에서 경험을 쌓은 팀원은 중앙아시

아에 접목할 수 있는 통찰력을 제시했다. 정치적 파동과 쿠데타의 역사를 지닌 베네수엘라의 시장을 경험한 팀원은 터키에 활용할 수 있는 통찰력을 지니고 있었다. 베네수엘라의 폐쇄적인 경제 체제는 우즈베키스탄의 시장과도 유사점이 많았다.

　　새로운 리더십 팀을 계기로 몰리나스는 조직을 중앙 집중형 방식으로 탈바꿈시켰다. 위기를 경험하기 전만 해도 그녀가 반대하던 일이었다. 몰리나스는 터키와 중앙아시아에 새 총괄 관리자 직을 만들어 리더십 팀에 합류시켰다. 두 관리자는 본인이 담당하는 시장의 사업 활동을 긴밀히 관리하고, 팀에서 얻은 새로운 통찰력을 재빨리 시장에 적용할 수 있었다.

　　다양한 관련 경험을 나눌 때 리더와 팀은 자신의 시장에 적용할 수 있는 통찰력을 채택해 행동으로 옮길 수 있다. 다양한 역량과 배경은 새로운 비즈니스 모델 아이디어를 탄생시키는 데 필요한 인지적 다양성을 제공한다. 다양성이 기능적 기술의 핵심에 자리한다면 경제 위기 상황에서 주력 사업 부분에 새로운 성장 카테고리를 개발할 수 있다. 다양성을 갖춘 팀을 긴밀하게 운영하는 데 추가 노력이 들지만, 다양성으로 얻어진 통찰력은 현재 맞닥뜨린 문제를 해결하는 동시에 새로운 잠재력의 기회를 여는 열쇠로 작용한다.

　　팀의 구성과 리더의 역할 못지않게 팀을 운영하는 체계 또한 중요하다. 즉 중앙 집중형으로 할 것인지, 분권화할 것인지, 또는 이 두 가지 방식을 혼용할 것인지에 따라 프로세스 역시 달라진다. 중앙 집중형 전략은 현재 어떤 시너지가 있고, 향후 어떤 시너지를 기대할 수 있는지 빠르게 판단할 수 있어 의사결정과 실행이 쉬워진다. 따라서 글로벌 팀에게는 사업 팀을 긴밀하게 관리하며 현지 시장에 필요한 통찰력을 얻고, 그에 따라 재빠르게 추진하는 것이 필수적이다.

에필로그: 코로나19 위기를 기회로 바꾸고 있는 몰리나스

2020년 7월, 몰리나스에게 연락을 취했다. 팬데믹이 발발한 후 처음 몇 달 동안 큰 타격을 입은 매사추세츠주의 신규 감염자 수가 줄어들고 있었고, 내가 사는 동네의 상점들도 다시 문을 열기 시작했지만 미국의 감염자 수는 계속 늘어가는 추세였다. 몰리나스는 코카콜라의 멕시코 지사장으로 취임해 있었고, 멕시코 또한 감염자 수와 사망자 수가 증가 추세였다. 전 세계가 겪고 있는 엄청난 충격에 그녀가 어떻게 대응하고 있는지 궁금했다. 이스탄불에서의 경험이 글로벌 셧다운shutdown 상황을 대비하는 데 도움이 되었을까? 그녀는 어떻게 대응하고 있을까? 직원들과 동료들을 대상으로 어떤 대책을 취했을까?

코카콜라 멕시코 지사는 2020년 3월 17일부터 직원들에게 원격 근무를 지시했다. 몰리나스와 동료들은 인류학자와 사회학자 여럿과 오래 대화를 나누며, 사람들이 현재 정서적, 행동적 차원에서 어떤 경험을 하고 있는지 이해하려 노력했다. 그리고 무엇이 일시적인 변화이고 지속될 변화인지 예측하며 사태를 파악해 나갔다. 또 멕시코는 물론 다른 국가의 정치 리더들이 어떻게 반응할지도 예측했다. 하지만 상황을 파악하려는 노력은 한계가 있었다. 몰리나스는 미래가 어떻게 펼쳐질지 알아내는 것은 "점을 치는 것과 다름없다"고 표현하며, 이런 일에 매달리고 싶지 않았다고 고백했다. 대신 그녀는 팬데믹이 "모든 것을 파괴했다"는 사실을 그저 인정하고, CEO부터 말단 직원까지 누구도 인사 평가 결과를 확신할 수 없는 현실을 받아들이는 편이 훨씬 생산적이라고 여겼다. 확실성 대신에 그녀는 어떤 선택을 내릴 수 있고, 또 그 선택이 그날그날의 업무에 어떤 영향을 미치는지 명확하게 판단하는 데 집중하기로 했다.

새로운 상황에 적응하기 위해 그녀는 가상의 타운홀 미팅을 열어 경영진은 직원의 질문에 답하고, 조직심리학자는 정신 건강을 위험하게 하는 요인에 대해 설명했다. 그러고 나서 리더들이 통찰력을 전하는 자리를 가졌다. 기업이 문을 닫은 바로 다음 날부터 매일 30분 동안의 미팅을 시작했고, 이는 58일 동안 이어졌다. 몰리나스는 일일 타운홀 미팅으로 나누는 소통은 멕시코라는 높은 수준의 상호작용을 나누는 문화에서 더더욱 필요하다고 느꼈다. 코로나 이전, 그녀가 회사 건물 입구에 들어서서부터 직원들과 인사와 포옹을 나누고, 서로의 가족 안부를 묻느라 사무실에 도착하기까지 20분이나 걸릴 정도였다. 궁극적으로 타운홀 미팅이 "모두를 위한 대화와 배움의 장"이 되었다고 그녀는 설명했다.

몰리나스와 동료들은 재빠르게 '위기 100일 동안 회사를 운영하는 데 필요한 다섯 가지 원칙'을 세웠다. 그중 첫 번째 원칙은 '공감을 통해 사람을 가장 중요하게 여기고', '오늘 하루를 잘 운용해 더욱 굳건해지고', '하나의 목소리를 내는 시스템을 만든다'였다. 상황이 달라짐에 따라 '위기 200일 관리 원칙'도 그에 맞게 달라졌다. 그녀가 맡은 지사는 더욱 굳건해지기 위해 현재 우선적으로 해야 할 프로젝트 열여섯 가지를 정하는 것으로 기존 업무량을 50퍼센트 간소화했고, 비즈니스에 중요한 사안에 조직의 역량을 집중시켰다. 코로나19가 한창인 4월에는 혁신 부서를 구축해 예산과 인력 배분을 한 곳으로 집중시켜 관리했다. 또한 그녀는 리더십 팀의 인력 절반을 교체했다. 팀은 매주 의사결정 포럼, 투자위원회, 프로젝트 리더들을 위한 코칭 세션 이 세 가지 일을 진행했다. 또 리더십 팀은 자원의 확보와 배분에 집중했고, 우선순위에 따라 전략을 수립해 착실히 이행해 나갔다.

여러 차례 고비를 겪으며 훈장처럼 얻은 '근육과 흉터'로 어떤 위기든 이겨 내온 몰리나스는 이번 공중보건 비상사태 역시 처음에는 잘 이겨낼 수 있을 거라고 믿었다. 그러나 현재 벌어지고 있는 일은 과거에 닥쳤던 그 어떤 위기보다 '위중하고 복잡하다'는 것을 체험하고는 큰 충격과 함께 '아하' 하는 깨달음의 순간을 경험했다. "이번 일은 내게 귀중한precious 경험이 되었고, 나라는 한 인간에게 심오한 영향을 끼쳤다." 처음에는 그녀가 매우 소중한 무엇인가를 말할 때 쓰는 '귀중한'이란 단어를 쓴 데에 놀랐다. 하지만 이 말은 이례적이고 유일무이한 무엇인가를 가리킬 때도 사용한다. 메리 올리버^{Mary Oliver}의 유명한 시 '여름날^{The Summer Day}'에서 "이 거칠고 소중한 삶"을 걸고 무엇을 하고자 하는지 묻는 마지막 구절처럼 말이다. 곱씹을수록 적절한 단어 선택이다.

기민한 의식으로 위기를 마주한다면, 명민하게 위기를 파악하는 법을 배운다면, 우리가 할 수 있는 최선의 방안으로 신속하게 행동할 수 있다면, 우리와 팀은 심오하고도 '귀중한' 경험을 하게 될 것이다. '레볼루션^{revolution}'이란 단어에는 어떠한 대상의 주변을 공전한다는 뜻도 담겨 있다. 원격 근무 혁명을 통해 우리가 어떤 모습으로 어울리며 공전하게 될지, 이 귀중한 경험으로 무엇을 하고자 하는지는 온전히 우리에게 달려 있다.

어디서나 성공하는 일의 원칙 : 글로벌 위기에 대비하기

■ **글로벌 이슈를 살핀다.** 포괄적 인식을 키우는 첫 번째 단계이다. 세계적인 여러 매체들을 꾸준히 접한다면 글로벌 이슈가 당신의 조직에 어떠한 영향을 미치는지 예측하는 데 도움이 된다.

■ **현 상황과 그 위험성을 파악한다.** 세계적인 사건을 고려하여 당신의 팀이 마주하게 될 미래의 문제에 대비한다. 방어적으로 대응해서는 안 된다. 현명하게 프레임을 설정하고, 여러 각도에서 클로즈업해보며 가능한 최선의 해결책을 찾는다.

■ **동료, 직원, 관련 전문가와 대화한다.** 현재 마주한 위기에 대응하고, 향후 닥칠 위기를 대비하는 최선의 방법은 무엇일지 확인한다. 그리고 나서 동료, 직원, 관련 전문가로부터 통찰력을 얻는다.

■ **즉각 행동한다.** 만족스러운 전략을 수립한 후에는 가능한 빨리 위기에 대응한다.

■ **근본적인 변화를 준비한다.** 위기에 대처하는 전략을 세우고,

구조 개편이나 자원 재할당, 리더십 재조정 등 근본적인 변화를 취해야 할 수도 있음을 이해한다.

실천 가이드

이 책의 '실천 가이드'는 각 장에 담긴 통찰력과 모범 사례를 당신의 업무 환경에 적용하도록 돕고자 수록했다. 각각의 실천 훈련을 통해 책에서 소개한 내용을 좀 더 밀도 있게 파악한다면 성찰과 배움, 적용이 가능해질 것이다. 각 질문은 원격 근무 팀과 리더가 원격 근무의 감각을 키워 팀을 시작하고, 서로를 신뢰하고, 생산성을 높이고, 디지털 도구를 효율적으로 사용하고, 더욱 민첩한 팀으로 진화하고, 다양한 차이를 딛고 협력하고, 비대면으로 팀을 이끌고, 글로벌 위기에 대비할 수 있게 해준다. 또한 실천 가이드에 제시된 질문과 훈련을 통해 팀원들과 이 책에 소개된 내용을 토론하고 적용할 수 있는 방안을 논의하며 유대감을 높일 수도 있다. 여기에 제시된 질문은 당신의 능력을 테스트하기 위함이 아니다! 당신이 어디서나 성공하도록 돕는 것이 목표이다.

이 실천 가이드는 다양하게 활용할 수 있다. 각 장을 읽은 뒤, 곧바로 해당 실천 훈련을 하며 정보를 흡수하고 마음속에 새길 수도 있다. 또 현재 상황에 가장 필요한 훈련부터 실행할 수도 있다. 몇몇 리더는 팀원들에게 실천 훈련 양식을 보내 작성하게 한 뒤, 이를 바탕으로 디지털 매체를 통해 회의를 갖기도 한다. 또 다른 경우 리더가 온라인 협력 도구에 질문지를 올리면, 팀원들이 비동시적이자 익명으로 참여하기도 한다. 마지막으로 팀 상황이 변화함에 따라 실천 훈련을 다시 논의하고 수행할 수 있음을 기억하길 바란다.

1장 | 론치와 리론치: 당신의 원격 근무 팀은 재평가 시간을 갖고 있는가?

이 훈련은 원격 팀이 원격 근무 혁명의 첫 단계이자, 가장 중요한 단계인 팀 론치 시간을 잘 진행하도록 돕는 역할을 한다. 다음의 문항을 이정표로 삼아, 좀 더 정확하게는 론치를 위한 발판으로 삼아 팀 론치를 기획하고 시작할 준비를 하길 바란다. 팀은 성공적인 론치 시간에 필요한 핵심 사항을 모두 결정해야 한다. 즉 팀 공동의 목표를 정립하고, 의사소통 규범을 확립하고, 각 팀원의 기여와 제약을 이해하고, 성공에 필요한 자원을 파악하는 것이다. 리더라면 팀의 성공을 이끌기 위해 어떤 헌신을 할 것인지도 밝힌다.

위에 언급된 사항들은 리론치 시간을 가질 때마다 반복적으로 조율해야 한다. 1장에서 설명했듯이, 론치 시간을 처음 시작할 때만 행하고 잊는 일회성 이벤트로 취급한다면 성공하기 어렵다. 론치와 리론치는 팀, 특히 원격 팀의 라이프 사이클 동안 지속되는 하나의 과정이다.

1. 팀 공동의 목표를 설명한다.

_____

_____

_____

2. 팀의 의사소통 규범을 설명할 수 있는가?

_____

_____

_____

3. 아래의 표에 현재의 의사소통 규범을 향상시키기 위해 리론 치 시간에 논의해야 할 점이 무엇이라고 생각하는지 기록한다.

의사소통 규범	영향력

4. 아래의 표에 팀원 개개인의 기여와 제약이 무엇인지 정리한 다.(보기 참고)

팀원	기여	제약
제니	20년 동안 근무한 베테랑으로 회사의 사정을 누구보다 잘 알고 있다.	팀 다수와 다른 시간대에 원격으로 근무한다.

5. 아래의 표에 필요한 자원을 정리한다. 팀이 목표를 달성하려면 무엇이 필요하고, 팀이 성공하는 데 이 자원이 어떤 역할을 하며, 어디에 배치해야 하는지를 정리한다.

자원	역할	위치

6. 당신이 팀 리더라면 론치와 리론치 시간에 팀을 향한 헌신을 어떻게 보여줄 것인지 세 가지 아이디어를 적어본다.

1. _____
2. _____
3. _____

_____

_____

2장

신뢰 쌓기:
만난 적 없는 동료를 어떻게 신뢰할 수 있을까?

다음의 실천 계획은 가상 환경에서의 팀원들 사이에 신뢰를 형성하는 데 필요한 핵심 개념을 설명한다. 즉 신뢰곡선, 인지적 충분 신뢰, 인지적 신속 신뢰, 정서적 신뢰, 직접적 지식, 반사적 지식이 그것이다. 신뢰의 유형과 정도는 원격 근무 팀이 처한 상황에 따라 달라진다. 다음의 훈련을 통해 당신의 원격 근무 팀이 팀원 간의 관계는 물론 고객과의 관계에서 어떤 신뢰를 추구해야 하는지 파악할 수 있다.

1. 팀이 목표를 달성하기 위해 필요한 신뢰 수준을 파악하는 데 신뢰곡선이 어떤 도움을 주었는가? 구체적으로 설명한다.

_____

_____

_____

_____

_____

_____

2. 신속 신뢰와 충분 신뢰의 차이는 무엇인가? 당신의 원격 팀에 대입해 설명한다.

_____

_____

_____

_____

3. 지난 6개월 동안 당신과 원격으로 정서적 신뢰를 형성한 사람이 누구인지 적는다. 신뢰가 형성되었다고 생각할 만한 말이나 행동이 있었는가?

_____

_____

_____

_____

4. 가상 환경에서 팀원들의 성격과 행동 규범을 더욱 깊이 이해하기 위해 직접적 지식을 쌓을 계획을 세운다.

_____

_____

_____

5. 가상 환경에서 팀원들이 당신을 어떻게 보는지 이해하고, 그들에게 더 깊은 공감을 발휘하기 위해 반사적 지식을 쌓을 계획을 세운다.

_____

_____

_____

_____

6. 가상의 고객과 인지적, 정서적 신뢰를 쌓는 데 도움이 될 만한 아이디어 세 가지를 생각해본다.

_____

_____

_____

_____

_____

_____

_____

3장 | 생산성 향상:
원격 근무 팀은 생산성을 창출할 수 있을까?

이 책을 통해 입증된 생산성의 조건 세 가지는 원격 팀워크에서 빛을 잃는 것이 아니라 더욱 빛을 발한다. 그 조건은 ① 결과를 도출하고, ② 개인의 성장을 도모하며, ③ 팀의 응집력을 키워야 한다는 것이다. 팀 차원에서 다음의 실천 사항을 따른다면 팀의 생산성을 정확하게 분석하고, 혹시 있을지 모를 맹점을 파악하고, 팀의 응집력을 높일 수 있다. 개인 차원에서는 실천 사항을 통해 자신의 원격 작업 수행 능력을 높일 뿐만 아니라 팀 동료들의 기여도 향상시킬 수 있다.

1. 지금까지의 팀의 아웃풋을 평가한다.(보기 참고)

결과	기대치를 달성했는가? (그렇다, 그렇지 않다로 응답)	기대치를 초과했는가? (그렇다, 그렇지 않다로 응답)	자세히 설명한다
새로운 웹의 앱 도구	그렇다.	그렇다.	프로젝트 데이터 공유라는 고객의 니즈를 충족시켰고, 여기에 그치지 않고 사용자 친화적 인터페이스를 만들었으며, 자연어 처리 기능을 추가했다.

매출 목표	그렇지 않다.	그렇지 않다.	목표치의 16퍼센트에 미달했다.

2. 원격 근무가 당신 개인의 성장을 향상시키는 데 어떤 도움을 주었는가?

_____

_____

_____

_____

3. 팀의 응집력을 평가한다. 그동안 어떠한 변화가 있었는지 파악하고, 다음 단계를 계획한다.(보기 참고)

팀 응집력의 증거	생산성에 미친 영향	다음 단계
소그룹 단위의 가상 회의 횟수를 두 배로 늘렸다.	가상 환경에서 팀원들 사이에 긴장감이 낮아졌고, 유대감이 높아졌다.	가상 환경에서 일일 접촉을 늘려 이 조치가 팀의 응집력을 더욱 키우는 데 도움이 되는지 한 달 후에 재평가한다.

4. 원격 근무 팀에서 팀원의 소속감을 높이기 위해 당신이 할 수 있는 일은 무엇인가? 구체적으로 설명한다.

_____

_____

_____

_____

5. 원격 근무자로서 당신의 재택근무 환경을 묘사하는 특징을 적고, 각 특징이 직무 만족도와 생산성에 어떤 영향을 미치는지 평가한다.

_____

_____

_____

_____

4장 | 올바른 디지털 도구:
원격 협업할 때 디지털 도구를 어떻게 활용해야 할까?

디지털 도구는 원격 팀워크의 기반을 마련한다. 디지털 도구 없이는 커뮤니케이션이 어려워질 뿐만 아니라 불가능할지도 모른다. 하지만 4장에서 살펴봤듯이, 모든 디지털 도구가 기능 면에서 동일하지 않다. 상황에 따라 다른 매체를 채택해야 한다. 다음의 실천 훈련은 당신의 팀에 가장 효율적인 디지털 도구를 선택하는 데 무엇을 고려해야 하는지 생각해볼 기회를 제공할 것이다. 훈련을 통해 개인 차원에서는 어떤 상황에, 어떤 디지털 도구를 사용해야 하는지 선택하고, 각각의 매체를 활용해 의사를 전달하는 법을 배울 수 있다. 팀 차원에서는 팀원 사이의 지식 공유를 활발하게 하고, 하나의 팀으로 더욱 협력하도록 이끌 수 있다.

1. 가장 최근에 테크 피로감을 경험했던 때를 설명한다. 앞으로 테크 피로감을 방지하기 위해 어떻게 해야 할 것인가?

_____

_____

_____

_____

2. 대면 상호작용과 디지털 커뮤니케이션의 가장 큰 차이점은 무엇인가?

_____

_____

_____

_____

3. 팀원들과 논의한 후, 조직 내에서 사용할 수 있는 디지털 도구 가운데 각각의 번호에 가장 적합한 도구가 무엇일지 선택한다. 예를 들면 조율 항목에서 동시적 리치 매체로 화상회의를 고를 수 있다.

	리치	린
동시적	1. 조율 2. 토론 3. 협업 4. 팀 빌딩	7. 조율 8. 정보 교환
비동시적	5. 콘텐츠 개발 6. 팀 선발	9. 콘텐츠 개발 10. 정보 교환 11. 단순한 조율 12. 복잡한 정보처리

1.	7.
2.	8.

3.	9.
4.	10.
5.	11.
6.	12.

4. 당신의 팀은 정보 공유가 잘되고 있는가? 당신과 당신의 팀이
개선해야 할 점은 무엇인가?

_____

_____

_____

_____

_____

5. 사적인 소셜 미디어 도구로 팀과 소통할 때 장단점은 각각 무
엇이라고 생각하는가?

_____

_____

_____

_____

_____

5장

원격 애자일 팀:
어떻게 원격으로 애자일 팀을 운영할 수 있을까?

100년 된 다국적 거대 기업부터 디지털 기술 스타트업에 이르기까지 규모와 역사를 막론하고 인상적인 성과를 보이는 팀은 애자일 방법론과 원격 팀을 결합하여 시너지를 발휘한다. 다음의 실천 훈련은 반복적인 단계를 통해 디지털과 원격 근무가 성공적으로 결합할 수 있도록 돕는다. 그 단계란, 팀에 애자일 방법론의 원칙을 더하고, 애자일 방법을 팀의 목표에 적용하고, 원격 팀에 적합한 애자일 방법을 고민하고, 이 결합을 매끄럽게 해줄 디지털 도구를 의도적으로 활용하는 것이다. 하나씩 단계를 따르다 보면 애자일 철학을 하나의 개념으로 완벽히 이해하고, 당신의 원격 팀의 맥락에 적절한 방식으로 애자일 철학을 구현하게 될 것이다.

1. 원격 애자일 팀에서 비동시적 커뮤니케이션 도구를 활용해 실시간 토론을 매끄럽게 진행하려면 어떻게 해야 하는가?

_____

_____

_____

_____

2. 애자일 방법이 당신의 팀에 어떤 도움을 줄 수 있는가?

_____

_____

_____

_____

3. 원격 근무가 애자일 팀의 프로세스를 어떻게 향상시킬 수 있는지 설명한다. 구체적인 사례를 두 가지 이상 적는다.

_____

_____

_____

_____

4. 원격 애자일 팀원으로서 경험을 향상시킬 수 있는 방법은 무엇인가? 구체적으로 설명한다.

_____

_____

_____

_____

6장	**차이와 다양성:**
	어떻게 글로벌 원격 팀이 차이를 딛고 성공할 수 있을까?

다음의 실천 훈련은 당신과 당신의 팀원 사이에 공통점과 차이점은 무엇이고, 차이점으로 인해 과거에 어떤 문제가 있었으며, 그 간극을 메우고 공동의 팀 정체성을 확립하기 위해 적용해야 할 구체적인 규범은 무엇인지 생각해볼 계기를 제공한다. 아래의 문항에 답하며 개인은 동료와 심리적 거리감을 줄일 방법을 찾을 수 있다. 팀 차원에서는 공동의 확고한 정체성을 구축하는 훈련을 통해 더욱 응집력 있고, 더 협력적인 팀으로 거듭날 수 있다.

1. 팀에 하나의 정체성을 심어주기 위해 어떻게 해야 하는가?

_____

_____

_____

2. 글로벌 분산 팀에서 낯선 신념이나 기준을 맞닥뜨렸던 상황을 적는다. 어떤 기분이었는가?

_____

_____

_____

_____

3. 문화적 배경이 다른 팀원과 공통점을 느꼈던 상황을 적는다.
어떤 기분이었는가?

_____

_____

_____

4. 팀원에게 배우고 싶은 점은 무엇인가? 당신은 그들에게 무엇
을 가르쳐줄 수 있는가?

_____

_____

_____

5. 지난 달 원어민 또는 비원어민과 소통하며 어려움을 느꼈던
상황을 적는다. 어떤 점에서 힘들었는지 설명한다. 상대방에게
는 어떤 점이 힘들었을지도 생각해본다.

_____

_____

_____

7장

비대면 리더십:
원격 근무 팀을 이끌 때 중요한 것은 무엇일까?

대면 세계에서 발휘했던 리더십 도구를 가상 근무 환경에 적용하고, 공동 근무 팀에서 자연스럽게 형성되는 팀워크의 기틀을 다지기 위해 의도적인 노력을 기울여야 한다. 다음의 실천 훈련이 (지위의 격차, 지리적 분산, 문화적 차이 등의 결과로 형성된) 폴트라인의 위험한 영향력에 맞서고, 팀원 각각의 잠재력을 극대화하며, 궁극적인 목표를 중심으로 팀을 단합시키는 원격 리더십 도구를 강화시켜 줄 것이다.

1. 사무실 환경에서의 근무와 가상 환경에서의 근무를 이끌 때 가장 큰 차이점은 무엇이라고 생각하는가?

_____

_____

_____

_____

2. 당신의 팀에서 지위의 격차가 어떤 식으로 드러나는가? 이 격차를 최소화하기 위해 당신이 할 수 있는 일 세 가지는 무엇인가?

1.
2.
3.

3. 당신이 진정성 있는 모습으로 소통하고 있는지에 대해 팀원들의 평가는 어떨 것 같은가? 어떤 점을 개선할 수 있는가?

4. 아래의 표에 집단의 목표를 달성하는 데 도움이 되는 팀원의 강점을 적는다.

팀원	강점

5. 팀에 부정적인 영향을 끼칠 수 있는 폴트라인이 무엇인지 파악하고 평가한다.

폴트라인	팀에 끼치는 영향력

8장 | 글로벌 위기:
글로벌 위기에 팀을 어떻게 대비시킬 수 있을까?

위기를 딛고 성장하는 능력은 세 가지 자질에 달려 있다. 그것은 바로 포괄적인 인식, 적극적인 예측, 즉각적인 실천이다. 다음의 실천 훈련을 통해 당신과 동료들이 어떤 뷰카 환경에 놓여 있는지를 파악하도록 한다. 뷰카 환경으로 인한 난관에 직접적으로 대응하는 데 이 세 가지 자질이 각각 어떤 도움을 줄 수 있는지 생각해본다. 각 질문에 답하며 8장에서 다룬 보편적인 개념을 당신의 원격 근무 팀이 처한 특수한 상황에 적용해본다.

1. 뷰카 환경에서 당신의 팀이 직면한 어려움은 무엇인지 적는다.

_____

_____

_____

2. 팀원의 다양성이 뷰카 환경이 제시한 어려움에 대응하는 데 어떤 도움을 주는가?

_____

_____

3. 원산지 효과가 당신과 당신의 팀에 어떤 영향을 미칠 수 있는가?

_____

_____

_____

4. 글로벌 위기에 팀이 어떻게 대비하고 있는가?

_____

_____

_____

5. 아래의 표에 위기 상황 속에서 팀의 포괄적 인식, 적극적 예측, 즉각적 실천 능력을 평가한다. 가능한 상세한 사례를 들어 설명한다.

포괄적 인식	적극적 예측	즉각적 실천

1장

론치와 리론치
당신의 원격 근무 팀은 재평가 시간을 갖고 있는가?

1   J. Richard Hackman, Collaborative Intelligence: Using Teams to
    Solve Hard Problems (Oakland: Berrett-Koehler, 2011), 155.

2   Ruth Wageman, Colin M. Fisher, and J. Richard Hackman, "Leading
    Teams When the Time Is Right: Finding the Best Moments to Act,"
    Organizational Dynamics 38, no. 3 (2009): 194.

3   Wageman, Fisher, and Hackman, "Leading Teams," 193–203.

4   Wageman, Fisher, and Hackman, "Leading Teams."

5   John Mathieu, M. Travis Maynard, Tammy Rapp, and Lucy Gilson,
    "Team Effectiveness 1997–2007: A Review of Recent
    Advancements and a Glimpse Into the Future," Journal of
    Management 34, no. 3 (2008): 410–476.

6   Michael B. O'Leary, Anita W. Woolley, and Mark Mortensen,
    "Multiteam Membership in Relation to Multiteam Systems," in
    Multiteam Systems: An Organization Form for Dynamic and

Complex Environments, ed. Stephen J. Zaccaro, Michelle A. Marks, and Leslie DeChurch (New York: Routledge, 2012), 141-172.

7 Mark Mortensen and Martine R. Haas, "Perspective—Rethinking Teams: From Bounded Membership to Dynamic Participation," Organization Science 29, no. 2 (2018): 341-355.

8 Alex Pentland, "The New Science of Building Great Teams," Harvard Business Review 90 (April 2012): 60-69.

9 Mark Mortensen and Pamela J. Hinds, "Conflict and Shared Identity in Geographically Distributed Teams," International Journal of Conflict Management 12, no. 3 (2001): 212-238.

10 Amy C. Edmondson, The Fearless Organization: Creating Psychological Safety in the Workplace for Learning, Innovation, and Growth (Hoboken, NJ: John Wiley & Sons, 2019).

11 Timothy D. Golden, John F. Veiga, and Richard N. Dino, "The Impact of Professional Isolation on Teleworker Job Performance and Turnover Intentions: Does Time Spent Teleworking, Interacting Face-to-Face, or Having Access to Communication-Enhancing Technology Matter?," Journal of Applied Psychology 93, no. 6 (2008): 1412-1421.

2장

신뢰 쌓기

만난 적 없는 동료를 어떻게 신뢰할 수 있을까?

12 Daniel J. McAllister, "Affect-and Cognition-Based Trust as

Foundations for Interpersonal Cooperation in Organizations," Academy of Management Journal 38, no. 1 (1995): 24 – 59.

13　Roy Y. J. Chua, Michael W. Morris, and Shira Mor, "Collaborating Across Cultures: Cultural Metacognition and Affect-Based Trust in Creative Collaboration," Organizational Behavior Human Decision Processes 18, no. 2 (2012): 116 – 131.

14　Tsedal Neeley and Paul M. Leonardi, "Enacting Knowledge Strategy Through Social Media: Passable Trust and the Paradox of Non Work Interactions," Strategy Management Journal 39, no. 3 (2018): 922 – 946.

15　Brad C. Crisp and Sirkka L. Jarvenpaa, "Swift Trust in Global Virtual Teams: Trusting Beliefs and Normative Actions," Journal of Personnel Psychology 12, no. 1 (2013): 45.

16　Crisp and Jarvenpaa, "Swift Trust," 45 – 56.

17　P. Christopher Earley and Cristina B. Gibson, Multinational Work Teams: A New Perspective (Mahwah, NJ: Lawrence Erlbaum, 2002).

18　Daniel J. McAllister, "Affect- and Cognition-Based Trust as Foundations for Interpersonal Cooperation in Organizations," Academy of Management Journal 38, no. 1 (1995): 24 – 59.

19　Mijnd Huijser, The Cultural Advantage: A New Model for Succeeding with Global Teams (Boston: Intercultural Press, 2006).

20　이것은 글로벌 가상 팀에 관한 사례 연구에 소개된 여러 사례를 취합해 만든 이야기이다. Sirkka L. Jarvenpaa and Dorothy E. Leidner, "Communication and Trust in Global Virtual Teams," Organization Science 10, no. 6 (1999): 791 – 815. This paper is the earliest and most cited study on the concept of swift trust in virtual teams.

21　Norhayati Zakaria and Shafiz Affendi Mohd Yusof, "Can We Count on You at a Distance? The Impact of Culture on Formation of Swift Trust Within Global Virtual Teams," in Leading Global Teams: Translating Multidisciplinary Science to Practice, eds. Jessica L. Wildman and Richard L. Griffith (New York: Springer, 2015), 253–268.

22 Debra Meyerson, Karl E. Weick, and Roderick M. Kramer, "Swift Trust and Temporary Groups," in Trust in Organizations, eds. Roderick M. Kramer and Tom R. Tyler (Thousand Oaks, CA: Sage, 1996), 166–195.

23 D. Sandy Staples and Jane Webster, "Exploring the Effects of Trust, Task Interdependence and Virtualness on Knowledge Sharing in Teams," Info Systems Journal 18, no. 6 (2008): 617–640.

24 Lucia Schellwies, Multicultural Team Effectiveness: Emotional Intelligence as a Success Factor (Hamburg: Anchor Academic Publishing, 2015).

25 Mark Mortensen and Tsedal Neeley, "Reflected Knowledge and Trust in Global Collaboration," Management Science 58, no. 12 (2012): 2207–2224.

26 Paul C. Cozby, "Self-Disclosure: A Literature Review," Psychological Bulletin 79, no. 2 (1973): 73–91; Valerian J. Derlega, Barbara A. Winstead, and Kathryn Greene, "Self-Disclosure and Starting a Close Relationship," in Handbook of Relationship Initiation, eds. Susan Sprecher, Amy Wenzel, and John Harvey (New York: Psychology Press, 2008), 153–174; Kathryn Greene, Valerian J. Derlega, and Alicia Mathews, "Self-Disclosure in Personal Relationships," in The Cambridge Handbook of Personal Relationships, eds. Anita L. Vangelisti and Daniel Perlman (Boston: Cambridge University Press, 2006), 409–427.

3장

생산성 향상

원격 근무 팀은 생산성을 창출할 수 있을까?

27 Bobby Allyn, "Your Boss Is Watching You: Work-From-Home Boom Leads to More Surveillance," NPR: All Things Considered (blog), May 13, 2020, https://www.npr.org/2020/05/13/854014403/your-boss-is-watching-you-work-from-home-boom-leads-to-more-surveillance.

28 Chip Cutter, Te-Ping Chen, and Sarah Krouse, "You're Working from Home, but Your Company Is Still Watching You," Wall Street Journal, April 18, 2020, https://www.wsj.com/articles/youre-working-from-home-but-your-company-is-still-watching-you-11587202201?mod=searchresults&page=2&pos=18.

29 Clive Thompson, "What If Working from Home Goes on . . . Forever?," New York Times, June 9, 2020, https://www.nytimes.com/interactive/2020/06/09/magazine/remote-work-covid.html.

30 "The Deloitte Global Millennial Survey 2020," Deloitte, June 2020, https://www2.deloitte.com/global/en/pages/about-deloitte/articles/millennialsurvey.html#infographic.

31 J. Richard Hackman, Leading Teams: Setting the Stage for Great Performances (Boston: Harvard Business School Press, 2002).

32 Work-Life Balance and the Economics of Workplace Flexibility, prepared by the Council of Economic Advisers (Obama Administration), Executive Office of the President (Washington, D.C., March 2010), https://obamawhitehouse.archives.gov/files/documents/100331-cea-economics-workplace-flexibility.pdf.

33 Tsedal Neeley and Thomas J. DeLong, Managing a Global Team: Greg James at Sun Microsystems Inc. (A). Harvard Business School Case No. 409-003 (Boston: Harvard Business School Publishing, July 2008).

34 Nicholas Bloom, James Liang, John Roberts, and Zhichun Jenny Ying, "Does Working from Home Work? Evidence from a Chinese Experiment," Quarterly Journal of Economics 130, no. 1 (2015): 165–218.

35 Prithwiraj (Raj) Choudhury, Cirrus Foroughi, and Barbara Larson, "Work-from-Anywhere: The Productivity Effects of Geographic Flexibility," Academy of Management Proceedings, (2020, forthcoming): 1–43.

36 Donna Weaver McCloskey, "Telecommuting Experiences and Outcomes: Myths and Realities," in Telecommuting and Virtual Offices: Issues and Opportunities, ed. Nancy J. Johnson (Hershey, PA: Idea Group, 2011), 231–246.

37 Timothy D. Golden, "Avoiding Depletion in Virtual Work: Telework and the Intervening Impact of Work Exhaustion on Commitment and Turnover Intentions," Journal of Vocational Behavior 69, no. 1 (2006): 176–187.

38 Ellen Ernst Kossek, Brenda A. Lautsch, and Susan C. Eaton, "Telecommuting, Control, and Boundary Management: Correlates of Policy Use and Practice, Job Control, and Work-Family Effectiveness," Journal of Vocational Behavior 68, no. 2 (2006): 347–367.

39 David G. Allen, Robert W. Renn, and Rodger W. Griffeth, "The Impact of Telecommuting Design on Social Systems, Self-Regulation, and Role Boundaries," Research in Personnel and Human Resources Management 22 (2003): 125–163.

40 Stefanie K. Johnson, Kenneth Bettenhausen, and Ellie Gibbons, "Realities of Working in Virtual Teams: Affective and Attitudinal Outcomes of Using Computer-Mediated Communication," Small Group Research 40, no. 6 (2009): 623–649.

41 Timothy D. Golden, John F. Veiga, and Richard N. Dino, "The Impact of Professional Isolation on Teleworker Job Performance and Turnover Intentions: Does Time Spent Teleworking, Interacting Face-to-Face, or Having Access to Communication-Enhancing Technology Matter?," Journal of Applied Psychology 93, no. 6 (2008): 1416.

42 Nick Tate, "Loneliness Rivals Obesity, Smoking as Health Risk," WebMD, May 4, 2018, https://www.webmd.com/balance/news/20180504/loneliness-rivals-obesity-smoking-as-health-risk.

43 Timothy D. Golden and Ravi S. Gajendran, "Unpacking the Role of a Telecommuter's Job in Their Performance: Examining Job Complexity, Problem Solving, Interdependence, and Social Support," Journal of Business and Psychology 34 (2019): 55–69.

44 Cynthia Corzo, "Telecommuting Positively Impacts Job Performance, FIU Business Study Reveals," BizNews.FIU.Edu (blog), February 20, 2019, https://biznews.fiu.edu/2019/02/telecommuting-positively-impacts-job-performance-fiu-business-study-reveals/.

45 Ronald P. Vega and Amanda J. Anderson, "A Within-Person Examination of the Effects of Telework," Journal of Business and Psychology 30 (2015): 319.

4장

올바른 디지털 도구

원격 협업할 때 디지털 도구를 어떻게 활용해야 할까?

46 Tsedal Neeley, J. T. Keller, and James Barnett, From Globalization to Dual Digital Transformation: CEO Thierry Breton Leading Atos Into "Digital Shockwaves" (A). Harvard Business School Case No. 419-027 (Boston: Harvard Business School Publishing, April 2019).

47 David Burkus, "Why Banning Email Works (Even When It Doesn't)," Inc., July 26, 2017, https://www.inc.com/david-burkus/why-you-should-outlaw-email-even-if-you-dont-succe.html.

48 Max Colchester and Geraldine Amiel, "The IT Boss Who Shuns Email," Wall Street Journal, November 28, 2011, https://www.wsj.com/articles/SB10001424052970204452104577060103165399154.

49 Burkus, "Banning Email."

50 Catherine Durnell Cramton, "The Mutual Knowledge Problem and Its Consequences for Dispersed Collaboration," Organization Science 12, no. 3 (2001), 346–371.

51 John Short, Ederyn Williams, and Bruce Christie, The Social Psychology of Telecommunications (London: Wiley, 1976).

52 Richard L. Daft and Robert H. Lengel, "Organizational Information Requirements, Media Richness, and Structural Design," Management Science 32, no. 5 (1986): 554–571.

53 Alan R. Dennis, Robert M. Fuller, and Joseph S. Valacich, "Media, Tasks, and Communication Processes: A Theory of Media Synchronicity," MIS Quarterly 32, no. 3 (2008): 575–600.

54 Jolanta Aritz, Robyn Walker, and Peter W. Cardon, "Media Use in Virtual Teams of Varying Levels of Coordination," Business and Professional Communication Quarterly 81, no. 2 (2018): 222–243; Dennis, Fuller, and Valacich, "Media, Tasks."

55 Roderick I. Swaab, Adam D. Galinsky, Victoria Medvec, and Daniel A. Diermeier, "The Communication Orientation Model Explaining the Diverse Effects of Sight, Sound, and Synchronicity on Negotiation and Group Decision-Making Outcomes," Personality and Social Psychology Review 16, no. 1 (2012): 25–53.

56 Swaab et al., "Communication Orientation Model."

57 Arvind Malhotra and Ann Majchrzak, "Enhancing Performance of Geographically Distributed Teams Through Targeted Use of Information and Communication Technologies," Human Relations 67, no. 4 (2014): 389–411.

58 Paul M. Leonardi, Tsedal B. Neeley, and Elizabeth M. Gerber, "How Managers Use Multiple Media: Discrepant Events, Power, and Timing in Redundant Communication," Organization Science 23, no. 1 (2012): 98–117. 중복적인 커뮤니케이션은 처음 소통할 때 전달되었던 것과 동일한 정보를 포함한다. 새로운 정보가 더해지거나 수신자에게 새로운 일을 지시해서도 안 된다. 다시 말해서 두 번째로 전달된 메시지에 먼저 전달된 메시지를 지칭하는 '앞서 말했듯이' 또는 '~을 기억해주세요'라는 문구를 덧붙여 첫 번째 메시지와 표현은 달라질 수 있어도 새로운 정보가 담겨서는 안 된다. 일반적으로 메시지의 80퍼센트가 동일할 때 커뮤니케이션이 중복되었다고 볼 수 있다. 정보의 양이 동일할 때 우리는 첫 번째와 두 번째 사용되었던 매체를 중복된 커뮤니케이션으로 보고 하나의 코드를 부여했다. 가령 매니저가 팀원에게 전화해 보고서에 어떤 수치를 포함시키라고 알린 후, 얼마 후에 매니저가 같은 수치를 같은 팀원에게 이메일로 보냈을 때 우리는 두 건의 중복된 커뮤니케이션을 '전화→이메일' 코드로 표시했다.

‹

59 Pnina Shachaf, "Cultural Diversity and Information and Communication Technology Impacts on Global Virtual Teams: An Exploratory Study," Information & Management 45, no. 2 (2008): 131–142.

60 Anders Klitmøller and Jakob Lauring, "When Global Virtual Teams Share Knowledge: Media Richness, Cultural Difference and Language Commonality," Journal of World Business 48, no. 3 (2013): 398–406.

61 Norhayati Zakaria and Asmat Nizam Abdul Talib, "What Did You Say? A Cross-Cultural Analysis of the Distributive Communicative Behaviors of Global Virtual Teams," 2011 International Conference on Computational Aspects of Social Networks (CASoN) (2011): 7–12.

62 Tsedal B. Neeley and Paul M. Leonardi, "Enacting Knowledge Strategy through Social Media: Passable Trust and the Paradox of Non-Work Interactions," Strategic Management Journal (in press).

5장

원격 애자일 팀
어떻게 원격으로 애자일 팀을 운영할 수 있을까?

63 Kent Beck, Mike Beedle, Arie van Bennekum, Alistair Cockburn, et al., "Manifesto for Agile Software Development," 2001, https://agilemanifesto.org/.

64 Jeff Sutherland and J. J. Sutherland, Scrum: The Art of Doing Twice the Work in Half the Time (New York: Crown, 2014), 6.

65 Stephen Denning, The Age of Agile: How Smart Companies Are Transforming the Way Work Gets Done (New York: Amacom, 2018).

66 Beck et al., "Manifesto."

67 Subhas Misra, Vinod Kumar, Uma Kumar, Kamel Fantazy, and Mahmud Akhter, "Agile Software Development Practices: Evolution, Principles, and Criticisms," International Journal of Quality & Reliability Management 29, no. 9 (2012): 972–980.

68 Sutherland and Sutherland, Scrum.

69 Alesia Krush, "5 Success Stories That Will Make You Believe in Scaled Agile," ObjectStyle (blog), January 13, 2018, https://www.objectstyle.com/agile/scaled-agile-success-story-lessons.

70 Paul LaBrec and Ryan Butterfield, "Using Agile Methods in Research," Inside Angle (blog), 3M Health Information Systems, June 28, 2016, https://www.3mhisinsideangle.com/blog-post/using-agile-methods-in-research/.

71 Hrishikesh Bidwe, "4 Examples of Agile in Non-Technology Businesses," Synerzip, May 23, 2019, https://www.synerzip.com/blog/4-examples-of-agile-in-non-technology-businesses/.

72 Andrea Fryrear, "Agile Marketing Examples & Case Studies," AgileSherpas, July 9, 2019, https://www.agilesherpas.com/agile-marketing-examples-case-studies/.

73 William R. Kerr, Federica Gabrieli, and Emer Moloney, Transformation at ING (A): Agile. Harvard Business School Case 818-077 (Boston: Harvard Business School Publishing, revised May 2018).

74 Tsedal Neeley, Paul Leonardi, and Michael Norris, Eric Hawkins Leading Agile Teams @ Digitally-Born AppFolio (A). Harvard Business School Case 419-066 (Boston: Harvard Business School Publishing, revised February 2020).

6장

차이와 다양성
어떻게 글로벌 원격 팀이 차이를 딛고 성공할 수 있을까?

75 Tsedal Neeley, (Re)Building a Global Team: Tariq Khan at Tek. Harvard Business School Case 414-059 (Boston: Harvard Business School Publishing, revised November 2015).

76 Georg Simmel, "The Stranger," in The Sociology of Georg Simmel (Glencoe, IL: Free Press, 1950), 402－408.

77 Tsedal Neeley, The Language of Global Success: How a Common Tongue Transforms Multinational Organizations (Princeton, NJ: Princeton University Press, 2017).

78 Adapted from Tsedal Neeley, "Global Teams That Work," Harvard Business Review 93, no. 10 (2015), 74－81.

7장

비대면 리더십
원격 근무 팀을 이끌 때 중요한 것은 무엇일까?

79 Frances Frei and Anne Morriss, Unleashed: The Unapologetic Leader's Guide to Empowering Everyone Around You (Boston: Harvard Business School Press, 2020).

80 이 책에서 팀의 구조는 팀의 물리적인 배치를 의미한다. 본래 팀워크 분야에서 말하는 팀 구조란 업무 할당, 권한, 역할과 책임, 규범, 상호작용 패턴 등

훨씬 넓은 개념을 아우르는 것이 일반적이다. See Greg L. Stewart and Murray R. Barrick, "Team Structure and Performance: Assessing the Mediating Role of Intrateam Process and the Moderating Role of Task Type," Academy of Management Journal 43, no. 2 (2000): 135 – 148; Daniel R. Ilgen, John R. Hollenbeck, Michael Johnson, and Dustin Jundt, "Teams in Organizations: From Input-Process-Output Models to IMOI Models," Annual Review of Psychology 56 (2005): 517 – 543.

81 Michael Boyer O'Leary and Jonathon N. Cummings, "The Spatial, Temporal, and Configurational Characteristics of Geographic Dispersion in Teams," MIS Quarterly 31, no. 3 (2007): 433 – 452; Michael B. O'Leary and Mark Mortensen, "Go (Con)figure: Subgroups, Imbalance, and Isolates in Geographically Dispersed Teams," Organization Science 21, no. 1 (2010): 115 – 131.

82 David J. Armstrong and Paul Cole, "Managing Distances and Differences in Geographically Distributed Work Groups," in Distributed Work, eds. Pamela Hinds and Sara Kiesler (Cambridge, MA: MIT Press, 2002), 167 – 186.

83 Jeffrey T. Polzer, C. Brad Crisp, Sirkka L. Jarvenpaa, and Jerry W. Kim, "Extending the Faultline Model to Geographically Dispersed Teams: How Colocated Subgroups Can Impair Group Functioning," Academy of Management Journal 49, no. 4 (2006): 679 – 692.

84 Paul M. Leonardi and Carlos Rodriguez-Lluesma, "Occupational Stereotypes, Perceived Status Differences, and Intercultural Communication in Global Organizations," Communication Monographs 80, no. 4 (2013): 478 – 502.

85 Dora C. Lau and J. Keith Murnighan, "Demographic Diversity and Faultlines: The Compositional Dynamics of Organizational Groups," Academy of Management Review 23, no. 2 (1998): 325 –

340.

86 Katerina Bezrukova, Karen A. Jehn, Elaine L. Zanutto, and Sherry M. B. Thatcher, "Do Workgroup Faultlines Help or Hurt? A Moderated Model of Faultlines, Team Identification, and Group Performance," Organization Science 20, no. 1 (2009): 35–50.

87 Pamela J. Hinds, Tsedal Neeley, and Catherine Durnell Cramton, "Language as a Lightning Rod: Power Contests, Emotion Regulation, and Subgroup Dynamics in Global Teams," Journal of International Business Studies 45, no. 5 (June–July 2014): 536–561.

88 Bezrukova et al., "Workgroup Faultlines."

89 Naomi Ellemers, Dick De Gilder, and S. Alexander Haslam, "Motivating Individuals and Groups at Work: A Social Identity Perspective on Leadership and Group Performance," Academy of Management Review 29, no. 3 (2004): 459–478.

90 Doreen B. Ilozor, Ben D. Ilozor, and John Carr, "Management Communication Strategies Determine Job Satisfaction in Telecommuting," Journal of Management Development 20, no. 6 (2001): 495–507.

91 Donna W. McCloskey and Magid Igbaria, "Does 'Out of Sight' Mean 'Out of Mind'? An Empirical Investigation of the Career Advancement Prospects of Telecommuters," Information Resources Management Journal 16, no. 2 (2003): 19–34.

92 Jeffrey Polzer, "Building Effective One-on-One Work Relationships," Harvard Business School No. 497-028 (Boston: Harvard Business School Publishing, 2012).

8장

글로벌 위기

글로벌 위기에 팀을 어떻게 대비시킬 수 있을까?

93 Richard H. Mackey Sr., Translating Vision into Reality: The Role of the Strategic Leader (Carlisle Barracks, PA: U.S. Army War College, 1992).

94 Robert D. Schooler, "Product Bias in the Central American Common Market," Journal of Marketing Research 2, no. 4 (1965): 394–397.

95 Jack Jenkins, "Why Palestinians Are Boycotting Airbnb," ThinkProgress, January 22, 2016, https://archive.thinkprogress.org/why-palestinians-are-boycotting-airbnb-d53e9cf12579/; Ioan Grillo, "Mexicans Launch Boycotts of U.S. Companies in Fury at Donald Trump," Time, January 27, 2017, http://time.com/4651464/mexico-donald-trump-boycott-protests/.

96 Grillo, "Mexicans Launch Boycotts."

97 David Montgomery, Ariana Eunjung Cha, and Richard A. Webster, "'We Were Not Given a Warning': New Orleans Mayor Says Federal Inaction Informed Mardi Gras Decision Ahead of Covid-19 Outbreak," Washington Post, March 27, 2020, https://www.washingtonpost.com/national/coronavirus-new-orleans-mardi-gras/2020/03/26/8c8e23c8-6fbb-11ea-b148-e4ce3fbd85b5_story.html.

98 Erika Hayes James and Lynn Perry Wooten, "Leadership as (Un) usual: How to Display Competence in Times of Crisis," Organizational Dynamics 34, no. 2 (2005): 141–152.

99 Li Yang Hsu and Min-Han Tan, "What Singapore Can Teach the U.S. About Responding to Covid-19," Stat, March 23, 2020, https://www.statnews.com/2020/03/23/singapore-teach-united-states-about-covid-19-response/.

100 Katherine W. Phillips, Gregory B. Northcraft, and Margaret A. Neale, "Surface-Level Diversity and Decision Making in Groups: When Does Deep-Level Similarity Help?," Group Processes & Intergroup Relations 9, no. 4 (2006): 467–482.

Remote Work Revolution

보이지 않는 팀의 시대, 어떻게 관리할 것인가
리모트워크 레볼루션

1판 1쇄 인쇄 2022년 12월 7일
1판 1쇄 발행 2022년 12월 14일

지은이 세달 닐리
옮긴이 신솔잎
펴낸이 고병욱

기획편집실장 윤현주 **책임편집** 장지연 **기획편집** 유나경 조은서
마케팅 이일권 김도연 김재욱 오정민 복다은
디자인 공희 진미나 백은주 **외서기획** 김혜은
제작 김기창 **관리** 주동은 **총무** 노재경 송민진

펴낸곳 청림출판(주)
등록 제1989-000026호

본사 06048 서울시 강남구 도산대로38길 11 청림출판(주) (논현동 63)
제2사옥 10881 경기도 파주시 회동길 173 청림아트스페이스 (문발동 518-6)
전화 02-546-4341 **팩스** 02-546-8053
홈페이지 www.chungrim.com
이메일 cr1@chungrim.com
블로그 blog.naver.com/chungrimpub
페이스북 www.facebook.com/chungrimpub

ISBN 978-89-352-1399-3 03320